回族小人物世界里的百变人生研究丛书

丛书主编/孙振玉

漫漫百年路

记回医文化传承人张宝玉

MANMAN BAINIAN LU

JI HUIYI WENHUA CHUANCHENGREN ZHANGBAOYU

魏远莹/著

黄河出版传媒集团
宁夏人民出版社

图书在版编目(CIP)数据

漫漫百年路：记回医文化传承人张宝玉 / 魏远莹著. —银川：宁夏人民出版社，2016.11
(回族小人物世界里的百变人生研究丛书 / 孙振玉主编)
ISBN 978-7-227-06547-0

Ⅰ. ①漫…　Ⅱ. ①魏…　Ⅲ. ①张宝玉—生平事迹
Ⅳ. ①K826.2

中国版本图书馆 CIP 数据核字(2016)第 311372 号

回族小人物世界里的百变人生研究丛书
漫漫百年路：记回医文化传承人张宝玉　　魏远莹　著

责任编辑　杨　皎　管世献
封面设计　马吉庆
责任印制　肖　艳

黄河出版传媒集团
宁夏人民出版社　出版发行

出 版 人　王杨宝
地　　址　宁夏银川市北京东路 139 号出版大厦（750001）
网　　址　http://www.nxpph.com　　http://www.yrpubm.com
网上书店　http://shop126547358.taobao.com　　http://www.hh—book.com
电子信箱　nxrmcbs@126.com　　renminshe@yrpubm.com
邮购电话　0951—5019391　5052104
经　　销　全国新华书店
印刷装订　宁夏银报印务有限公司
印刷委托书号　(宁)0003868

开本　880 mm×1230 mm　1/32
印张　8.5　　字数　200 千字
版次　2016 年 12 月第 1 版
印次　2016 年 12 月第 1 次印刷
书号　ISBN 978-7-227-06547-0
定价　32.00 元

总 序
——我所知道的他

孙振玉

一、小人物

说到“小人物”，这是我们为这个研究课题设定的核心概念。所谓小人物，是指生活在社会底层，属于草根社会的人物。任何人，只要他生活在社会底层并属于草根社会，就是小人物。与“小人物”概念相对应的，是“大人物”，他们属于上层社会，属于精英阶层。有学者讲道：“在日常生活史考察中，人们大抵把这个概念想成一个单独的领域，一个跟许多重要系统相对立并与之区分开来的‘小人物世界’。在这种模式中，一边是实行统治的精英人物、制度机构和意识形态，一边是日常。在日常这一边生活的人，他们虽然是被统治的和受管辖的，然而却拥有许多‘固执的’可能性和‘弱者的计谋’。”①这里所讲的“日常”，显然是指小人物的日常生活，其实，大人物也有日常生活，只是那可能是“高大上”的。

---

①〔瑞士〕雅各布·坦纳:《历史人类学导论》,白锡堃译,北京大学出版社,2008 年,第 88 页。

小人物在社会中，是多数；他们处在社会底层，是基础；他们属于草根社会，是生命。所以，小人物可能命“贱”，但人不“贱”；可能事平庸，但人不平庸。小人物靠个人劳动为生，不管是依靠体力，还是依靠脑力。他们作为个体，可能有时决定不了自己的命运，但是，作为整体，却在创造世界。所以，毛泽东讲：“人民，只有人民，才是创造世界历史的动力。”然而，遗憾的是，史学往往着眼于大人物，小人物则常常是被忽略的，这是因为每当历史的关键时刻，他们在大人物耀眼的光环之下，总是变得黯淡。历史学可以不写他们，但民族学或人类学要写他们，这是我们这个学科的独特之处。

小人物离真实的世界相对最近，对世事的跌宕起伏也体会的相对最真切，他们切己的生活也相对最真实。小人物为了生存和生活，不得不跟各种困难做斗争，所以就磨练出了他们的真智慧；小人物为了生存和生活，不得不探索他们周围的世界，所以就创造出了真知识；小人物为了生存和生活，不得不体验生命之不易，所以就拥有了真性情、真情感。因此，小人物的人生是丰富的、饱满的，但小人物的人生也是充满个性的，因为每个人的人生是不可以代劳的，他们必须自己度过，必须亲自一天天、一点点地度过。小人物或许可以有代表性、典型性，但是，我们在意的是个别性或个性，因为这才是基本的，是常态。包括人在内的世界上的事物难道是可以原样复制的吗？真的可以成为代表和典型吗？

就像精彩的故事充满情节一样，小人物精彩的人生也充满细节，只是故事的情节可能是虚构的，小人物的生活细节则是真实的。“真实”最能写出他们的朴实感人之处。民族学的人物传记细节决定一切！表达方法是格尔兹所讲的“深描”，即深度描写。“细”与“深”没有底线，只有尽可能的细，尽可能的深，细到无法再细，深到无法再深。该简约的只是故事，而不是情节。只有细而深，才有丰富多彩的情节，这是一种原貌，是个性特征的真实所在。我们的口号是：绝不拒绝细节！要跟细节决战！我们绝不要“公分母”式的小人物，我们只要不可化约的“分子”。

德国著名哲学家康德曾讲过一段名言：“有两种东西，我对它们的思考越是深沉和持久，他们在我心灵中唤起的赞叹和敬畏就会越来越历久弥新，一是我们头顶浩瀚灿烂的星空，一是我们心中崇高的道德法则。”这句话在他死后被用作墓志铭。在康德的心目中，能与星空相比较而值得探索的，就是人的心灵。小人物的一生，同样闪烁着亮点，在他们的心灵深处，更拥有人性的光辉，在芸芸众生之中，他们就像星空中那些离我们遥远的星星，容易被耀眼的明星所遮蔽，研究就是要发现他们，让他们在我们心灵的星空中，大放光亮，让他们宝贵的经验和智慧，照亮未来人的前行之路，使他们的世界不再黯淡。

二、小人物世界

说到“小人物世界”，这也是本研究课题的核心概念。要理解这个概念，得从两方面着手：一个是客观世界，一个是主观世界。客观世界就是小人物日常生活的物质世界，是他们所在的草根社会世界，这是一个时间和空间概念，有其相对的确定性和有限性，但也有变化性和复杂性。草根社会既自成独立时空体系，也向上层精英社会敞开，在国家意识形态和政府体制内，受其渗透和操控，并建构为其内在固有的组成部分。人的一生就像流水，总是流动不居，这个客观世界也是流动不居的。小人物的流动人生，有时可能是横向的，有时可能是纵向的，有上有下，有下有上，他们的客观世界亦随之。小人物的一生，所以要面对多个客观世界，在每个客观世界中，他们都得重活人生。不同的客观世界中，有不同的人事关系，有不同的生活条件，就得处理不同的人事关系，适应不同的生活条件。正是客观世界的变动性和复杂性，决定了人生的色彩缤纷。

小人物的主观世界是他们的精神世界。主观精神世界对应于客观物质世界，不是后者的原样摹写，也不可能是原样摹写，因为在摹写的过程中，介入了小人物的人生体验，客观中包含有主观的创造。小人物颇具个性色彩的知识结构、性格特点、观点立场、情绪特征及认知和情感等种种因素，会使其创造产生出异彩纷呈的结果，从而形成他们不同的世界观和人生观，形成不同的价值结构，不同的利益诉求。小人物的主观精神世界与其客观物质世界的关系，打个比方，就像将一个泥人打碎，再用他们自己的审美情趣和艺术创意，重塑一个新的泥人出来。这样，旧的泥人只是提供了素材，产品是又一个新的作品。不是这样吗？然而，正是这样一种主观精神世界，或主观精神境界，一步步决定着小人物的人生演绎。思维决定行动，选择决定方向，情感决定力度，一切都要打上主观精神烙印。

小人物世界就是我们的方向，是我们的目标，是我们的目的地，是我们的工作场，只有走进这个世界，只有走进这个工作场，才能找到那个真正的小人物，创作那个小人物，不进入这个世界，或离开这个世界，就会迷失那个真正的小人物，就会英雄无用武之地。所以，迷失就意味着失败。

三、另一位小人物

这另一位小人物就是我们自己，就是我们所谓的课题“研究者”。每部书都有一位小人物，也都有另一位小人物，他们是谁可以选择，但都是小人物则没得选择，因为这是实验研究的设定。谁说研究一定是研究者的专利？谁说研究比生活更有特权？我们的实验就是要把研究还原到生活，把研究者的专利让渡给生活中的小人物们。所以，出场的全部都不是民族学家或人类学家，甚至不是经过如此这般训练的。出场的是清一色的小人物，他们也都有自己的“小人物世界”，是不可化约的性情中人。实际上，生活中的人才更具研究者本色，他们不研究，怎么生活，怎么创造有意义的人生？生活不是研究，但生活中没有研究吗？研究能离开生活，但离开生活还能研究人吗？所以，即使民族学或人类学家，也一定要深入生活之中。这不仅是一个研究过程，更是一个向生活学习的过程，向生活要真知、要洞见，体验真情感的过程。

本课题设定的实验场景是：这另外一位小人物，带着满脸的茫然，带着对未知的犹豫，却又满怀期待地，像被抛出去一样，走进了回族小人物的世界中。在芸芸众生之中，他们寻找那位缘分注定的小人物。找啊找，找啊找，功夫不负苦心人，终于找到了。于是两个小人物的故事开始了。接下来的情景是：两个小人物经常“约会”，一起聊天，一起说笑，一起交心，说到动情处，也许会哭。两个小人物还经常煲电话、浪微信，会一起访亲会友，一起出出入入，就这样，他们一天天由陌生变得熟悉，变得相知，成了好朋友。过了相当长的一段时光，这另一位小人物，静下心来，满脸肃穆，坐在灯前，打开电脑，认认真真地，一个字一个字地，历历在目地，若有所思地，敲出了那段珍贵的生命或精神之旅，敲出了所知道的他，也让历史停留在那一刻：这就是那个时代的小人物，还有小人物身上映射出的那个时代、那个社会的有留存价值的剪影。

新黑格尔主义者布拉德雷完全在黑格尔的意义上认为：“历史学家从这些杂乱无章、真假难辨的材料中得出什么，取决于他本人是什么，取决于他带给这项工作的那种经验整体。历史学家接受证词，就意味着使见证人的思想成为历史学家自己本人的思想，亦即在历史学家自己的心灵里重演那种思想。”[①]的确如此，应该如此！本课题的每一位另外一位小人物，就是带着他们本色的自己，带着他们的“经验整体”，在自己的心灵里重演那位坐在他们面前的小人物的人生，以致最终，他们成了那位小人物的形式。这

①张志伟、冯俊、李秋零等：《西方哲学问题研究》，中国人民大学出版社，1999 年，第 237 页。

正是亚里士多德也表达过的思想，即认知者当然不是被认知的事物，却是被认知的事物的形式。[①]

四、说话

本研究课题更深刻的指向是人的生命，这不仅仅是对生命的探索，对另一位小人物而言，还是一场生命体验。著名的新康德主义哲学家狄尔泰，曾从本体论立场提出生命是世界本原的命题，并主张通过内心体验或理解，来领悟人生意义。我们可以这样来理解他的意思，即人们要从内心来体验自己的生命，因为这是最直接最亲切的方式，以此实现理解自己生命的同时，也能理解他人的生命，以致理解一般生命的意义。理解生命，的确是一项最庄严的使命，它期待于每一位来到这个世界上的人。本课题就是对这一庄严感召的认真的回应。问题是：怎么才能理解呢？本课题找到的方法，就是说话，是互动地发生在小人物世界里的、两个小人物之间的说话。这种说话，就是要他们各自讲出自己的生命故事，交换生命体验，分享对生命意义的理解。只有真诚地说话，才能相互走进对方的“小人物世界”，尤其是他们的主观精神世界，即走到对方的心里面去。在后现代主义民族学或人类学中，这一方法，有的说成是“对话”，有的说成是谈话或交谈，同时也重视生命史的研究，我们虽然不一定赞成其对跨文化比较等方法的排斥，但觉得这个方法在这里是有用的，只是需要进一步

①张汝伦：《现代西方哲学十五讲》，北京大学出版社，2003年，第205页。

向中国本土日常生活中还原：我们的方法是“说话”，即在“他们在说话”“他们说的没完没了的”的意义上使用。在说话和理解的实验情景中，没有外来的研究者，“移情”作为极其重要的社会认知概念，是必要的，由此可以进入并拥有他人的感受和情感，主位和客位视角[①]则多余了，这是因为，前者本来是社会意义的，后者则是学术意义的。小人物和另一位小人物，不是研究对象和研究者的关系，他们只是另一类社会生活中的说话者。

生命的意义就是活着的意义，这是一种创造性地活着的意义。每个人都有活着的权利，都有创造性地活着的权利，但各自的情况不同，活出的意义也不一样，所以这个世界才有无数种生命意义。这样就为每个人提出了同一个课题，这就是，人们不能光顾自己活着，还应该知道别人怎么活着。有这个必要吗？对一些个人也许没有必要，但对于人类整体，是非常有必要的。自然造物，唯独使人成为人，成为生命的最高承领者，这是极大的恩赐。人类没有辱没使命，生命的意义是人自己提出来的，也必须由人自己来回答，由每个人用其鲜活的生命来回答。人类不仅要理解自己生命的意义，还要理解宇宙的生命，狄尔泰也是这个意思。要完成这一使命，不理解他人活着的意义能行吗？不互动地说话能行吗？

我们不仅要理解生命，还要呈现生命，呈现生命的本

①所谓“主位视角”，是指研究者设身处地地站在被研究者的地位上，以他们的方式，去感知和认识；“客位视角”是研究者自己的视角。

事也是自然造物给予人类的。生命固然可以通过哲学的形式呈现，以论理的方式呈现，但这样做，一定会失去某些生命固有的鲜活色彩，所以，还要艺术地呈现。艺术具有感染力，可以产生震撼效果，生命的震撼无处不在，只要有足够的感受力，就会体会得到，只要有足够的艺术表现力，就能呈现得出来。恰好，如今的民族志已经艺术化、文学化、诗化。民族志的艺术手法是“真实的虚构”，它要求内容一定要真实，但怎样呈现，给予其以什么样的形式、体裁，可以实验。所以，我们要大胆实验，要大胆地显示个性，不要顾及什么标准，标准之下，一定不会有艺术，不会有真正的呈现！

作物生长需要有土壤、阳光和水，这是它们演绎生命的条件。小人物的成长也需要有演绎他们生命的土壤、阳光和水，这是一种比喻：小人物的土壤就是他们的生活，就是他们的生活关系，阳光和水是他们生活中各种不期而遇的社会条件和机会，学术上叫作“语境”。小人物必须放在这种语境中才能理解，才能书写。作物生长会遇到风霜雨雪、病害虫鸟之灾，这是它们演绎生命中的命数。小人物也会有各种不期而遇的困难或危机，这也是他们的命数，他们的语境。命数是一种生命的必然性，是决定生命方向和归宿的语境矢量。在命数面前，人们会表现出不一样的意志，是抗拒？是顺从？是超然？依于主客观条件的选择不同，命运也不一样。人们常说“红花得要绿叶配”，个人的人生就好比是红花，他生命中的人和事就好比是绿叶，两者相配的法则是：只有“绿”的精彩和个性才配“红”

的精彩和个性。研究需要对此敏感，要有真切的体验、理解与同情。必须指出的是，主体不会自动生成意义，语境也不会自动生成意义，只有特定的主体在特定的语境中的实践才会生成意义，这就要求意义的理解必须回到已被特定主体和特定语境深刻规定的实践中去。

五、比小人物更多

为什么要纠结小人物？有句话说得好：一滴水可以照出世界。小人物就是这滴水，他可以照出人的社会世界，可以照出我们这个时代的社会世界。研究小人物，其实就是研究这个社会世界！这是我们的方法，是我们的追求，也是我们的信念。所以，请用我们的认真，用我们的真情，用我们充满创意的智慧，打开小人物世界，见证他们的百变人生，写出他们生命的故事！

为历史存照！

前　言

在最初设计本书研究提纲的时候，有一个问题一直困扰着我。

提起本书的研究对象——张宝玉，他为人所熟知的主要是其具有回医特色的张氏正骨手法与疗效神奇的骨伤回药膏和烫伤回药膏。正如武侠小说中描写高手受伤只需吞服神丹妙药即可痊愈那样，张宝玉的正骨恰好具有“不开刀、不打石膏，不用金属物穿刺牵引，不伤元气”这样神奇的疗效。

张宝玉从事骨伤医疗工作半个多世纪，他与“骨”已密不可分，“张氏回医正骨”是祖辈留下的技艺，是留给儿女子孙的财富，更是他作为一个小人物人生的全部意义所在。所以，要了解张宝玉这样一个具有特定职业特点的人，必须先了解与他相关的知识。但这让我不可避免地面临一个问题：若在书中对“张氏回医正骨”的背景知识介绍太多，有替他们“打广告”的嫌疑，似是在为张宝玉的回医正骨做宣传推广一般。若不介绍其历史背景，少了铺垫，有些突兀，对理解后文中的讲述也有障碍。因为难免有些人会对回医产生“什么是回医?”“只要是回族的医生”，甚至“少数民族文盲草根医学，大部分相传于中东，起源于阿拉伯国家的民间传说疗法……”这样的错误理解。

背景知识，要还是不要？

这样的困扰一直持续到《回族小人物世界里的百变人生研究丛书》项目组第二次研究会议上。

那次会议上，评审导师看到本书的提纲时问道：“引子中的内容都是在介绍回医正骨的起源，不短的篇幅里好像并没有你的受访对象出现其中，能解释一下你这样安排章节的用意吗？这和你所要讲述的对象有什么关系呢？”

被问到这个问题时，我沉思了许久才给出了我的回答：

“我认为本研究的重点是研究对象的‘百变’与‘人生’。通常习惯下，我们会采用以时间为顺序的叙述方法，将研究对象的人生经历一步步地展现出来，每个对其人生轨迹产生影响的重点事件都会对应在相应的时间节点上，以此为逻辑塑造出研究对象完整的人生经历。而提纲的最初设定也是以研究的时间顺序为基础。但是，在采访张宝玉的过程中，我发现他的‘百变’与‘人生’受时间的影响不大，更多的受到来自‘骨’的影响。换言之，不了解‘张氏回医正骨’就没办法了解张宝玉这个人。

“在采访他的过程中，他的一切讲述无不在围绕着‘骨’而展开，可谓三句不离本行——童年、成人、成家、立业到现在有所成。他的每一个故事中，‘骨’是唯一不变的主线。假使将本书比为人体来解剖，每一段故事的讲述只是血肉，血肉附着的、支撑全身的骨骼就是张宝玉的‘骨’这一条主干，即‘张氏回医正骨’。他将人生毫无保留地全部奉献给了‘张氏回医正骨’，从父辈的传承到他的努力发展，与其人生轨迹始终伴随的是‘张氏回医正骨’的发展轨迹，这几乎也成了他人生的唯一标签。因此，我选择将张宝玉的人生轨迹紧密联系在‘张氏回医正骨’的发展轨迹之上，把它作为全文展开的脉络。了解‘回医起源’‘张氏回医正骨’，对了解研究对象张宝玉有着十分重要的作用。”

没有背景的讲述，无异于无源之水、无根之木。张宝玉并非是“张氏回医正骨”发展长河的源头，却是使其能源远流长的一处壮丽景色。

在解决了这一困扰后，我对将要开展的研究也有了自己的规划与设计。

首先是研究方法的确定。毫无疑问是采用访谈对话和参与观察为主的民族学田野调查方法，经过长期深入的田野作业，收集到大量丰富的一手资料，以后现代民族志的形式对张宝玉做“回医”与“小人物”这两个社会角色背景下的具体展示。

其次是写作内容上的确立。在我的设计中，全文分为三大部分九章，将从横纵两个方向出发，通过参与观察研究对象的生产生活，深入描写张宝玉从幼儿到现在的成长经历及张氏对回医文化传承与创新所做的工作等。在这一过程中，我将通过不断的换位思考，尽量避免刻板印象、知识领域差异带来的各种问题。田野调查的内容也将围绕以下几个问题展开：小人物在日常生活中如何平衡工作与家庭间的关系；作为一个回医，他所处的回医群体目前的生存现状，以及如何处理在社会发展中西医文化与中医文化二者之间的碰撞；在面对社会热点问题——“医患问题”上，回医是如何处理医患关系的；如何通过现有的社会资源，来延续和发展非物质文化遗产……除此之外，反思也必不可少，研究过程中，我有可能会被对方的情绪所影响和感染，做出一些非理性的思考，为了保持严谨性，我需要不断的反思来保持理性。对非物质文化遗产传承人的思考也不能落下。在经济快速发展的今天，“非遗”是应顺应时代和文化的发展逐渐退出历史舞台？还是成为存在于“社会博物馆”中的“活文物”？抑或是在政府及社会各界的支持下可以焕发生机——甚至引领一种文化潮流？

相信随着研究工作的进行，以上问题将逐一得到解答。当然我也没有忘记在研究开始前孙振玉教授对我们的期望：“我们的研究并不仅仅只是研究一个个人，在研究你的‘小人物’时，还要尝试走进他（她）的生活，学习他（她）的智慧。你们将相互走进彼此的生命，成为别样的‘生命伴侣’。”

我，能做到吗？

魏远莹

2016 年 5 月

目录

引　子

第一节　回医与回医正骨的起源

一、回医的起源

医学是一门博大精深的实用科学，而回医药学更是“隐藏着一个庞大的前所未闻的医学体系”[①]，回医药学是阿拉伯—伊斯兰医学的继承。

随着阿拉伯人与邻国的交往，邻国文化随之在阿拉伯诸国渗透，并互相补益，医学上也是如此。先知穆罕默德曾说过：“学问虽远在中国，亦当求之。”中阿651年正式友好往来，医药方面的交往也兴于此时。因此，许多阿拉伯学者，特别是一些哲学家不断总结自己民族的医疗实践经验，同时还将其他国家的医学著作译成阿拉伯文。

阿拉伯—伊斯兰医学诞生于阿拉伯文明发源地。从750年至1258年，500年间这个位于亚洲西南、北接叙利亚、东接波斯湾、南滨印度洋、西濒红海的诸民族联合体，不仅拥有与基督教堂同样巍峨的清真寺，更重要的是，其在“百年翻译运动”中对希腊、罗马、波斯、印度几乎所有典籍的完整保存，

①宋岘：《回回药方考释》，中华书局，2000年，后记。

伊斯兰文明不仅发明了代数学，介绍了印度的十进位和零的学说，更为重要的是，为世界贡献了直到19世纪还在欧洲医药院校教授的医学巨著。

回医药学的形成就是一个复杂的东西方医药文化交融、结合、积淀的过程。于中世纪后叶，随中亚、西亚穆斯林大批迁徙到中国后，输入并与中国本土传统医药文化交融、结合过程中形成的。自汉以来，张骞及其继任者们通使西域，开通了与西亚、中亚地区的文化经贸交流。历代通过陆上“丝绸之路”和海上“香药之路”来华的阿拉伯人、波斯人、突厥人一手拿着《古兰经》、一手拿着香药，来到中国传播阿拉伯—伊斯兰医药文化。

唐代，一些阿拉伯人沿丝绸之路开始往来或定居于中国，其中不乏术士与医师。据史料记载，当时的西域阿拉伯人、波斯人被称为大食人，他们大部分居住在长安西市一带，从事西域奇香异药的经营。到唐末五代时，最负盛名的西域医药家李珣（人称“李波斯”），他的药学著作《海药本草》为总结唐代海外药物临床应用的本草学著作；另外，还有郑虔的《胡本草》。与此同时，一些医疗技术也传入中国，如《千金翼方·养性》中关于“悖散汤”的记载就源于波斯医方。

宋代随着海上丝绸之路的兴盛，大量进口的阿拉伯香药以及西域胡医方术的传入，进一步推动了中国药物制剂方法和中医医术的发展。《太平惠民和剂局方》是宋代官方和剂局的成药配本，书中以香药命名的医方不下30种，其中有不少名方，如苏合香丸、至宝丹、牛黄清心丸等延传至今。宋代开封都城就有回医梁氏接骨。

元代，在汉语中，“回回”一词成为对信仰伊斯兰教者的主要称谓之一，随着蒙古大军的西征，征召的回回医生服务于军中。元朝建立后，朝廷设置京师医药院“广惠司” 和回回医官。1291年，又先后在大都、上都建立“回回药物院”。同时期回回医术也开始在民间广泛流传，元末明初的杭州就有私人的回回医院“鄂施曼尼雅”。据陶宗仪撰写的《南村辍耕录》言，元大都（今北京）“有一小儿头疼不可忍。有回回医官，用刀划开额上，取一小蟹，坚硬如石，尚能活动，顷焉方死，疼也遄止”。在伊斯兰医书中，“蟹”又作癌肿、毒瘤解，“取一小蟹”，实是回回医官为小孩做了一次切除脑肿瘤的手术。陶宗仪又讲，平江城阊门处有“过客马腹膨胀倒地，店中偶有老回回见之，于左腿内割取小块出，不知何物也。其马随起即骑而去。信西域多奇术哉”。从以上事例可知，阿拉伯—伊斯兰医学在元代被称作“回回医”，并得到了朝野上下广泛的重视与欢迎，达到了“登堂入室”的程度，其影响已家喻户晓。足以说明，回医有过光辉灿烂的历史，而且疗效显著，医术有奇。

金元之际，回族医药发展到了鼎盛时期，出现了集阿拉伯医学与中医学为一体、具有中国特色的大型综合性医著《回回药方》。《回回药方》标志着回回医药学的形成，全书共36卷，现残存4卷，其中第34卷分金疮、折伤（骨折）、针灸、汤火伤、棒疮、齿伤6门10类。“折伤门”包括伤损、接骨、骨脱出、脱臼四大类。对不同类骨伤在诊断时用特殊方法以确定“伤损动静”和碎骨在肉内。治疗采用膏剂帖敷、接连、移骨、固定等系列手段，仅骨脱出类项就分十余种，极为细致。《回回药方》中的“折伤门”基本包括了古今骨科的内容。

明清时期从上自下推行“汉化”“儒化”政策①，回族医

---

①自20世纪初，国内国外学者开始进行关于中国伊斯兰教思想体系的研究，经搜集文本、研究后提出“汉化”“儒化”。如日本学者桑田六郎的“明末清初之回儒”，“回儒”一词经他提倡，基本上得到学界认可。

药及其医药人才，长期处在儒、释、道文化汪洋大海的浸泡之中，历代回族医药从业者难免受到冲击和影响。原先的父传子、口传心授及零散的医药教育已不能使大夫继续以回族医药公开行医授徒。他们或改头换面，或隐居乡里，或走街串户，或深居寺院拱北。清末，回医非但得不到保护发展，还不断遭受鄙视和摧残，几将淹没。回医只得“潜伏”民间，很多医术治验就这样被民间保存了下来。秘藏于民间的医术，又受社会环境和家族习俗影响，不能普及推广，仅靠家族父子口耳相传，才得以流传保存至今。

二、回族医药学与回医医德

回族医学是中国传统医学与阿拉伯—伊斯兰医学相结合的产物，是两种医药文化交流的结晶。既有本民族的医药特色，又受着本民族以外医药文化的影响，从而形成一元多体的医药文化。

回族医药学是属于回族文化的范畴，回族文化又受着伊斯兰哲学思想的影响，中国的穆斯林学者兼收并蓄宋明理学的客观唯心主义世界观，在理学家的“太极论说”与伊斯兰教“认主独一”的教义基础上，提出伊斯兰认主学的基本理论“真一说”。并将“真一说”这一理论作为回族医学基本理论之一。“真一说”认为“真一”是万事万物的根源，是造化天地人物的本体。中国的穆斯林原则上接受宋明理学的“太极说”，承认万物统一五行，五行统一阴阳，阴阳统一太极，太极而本无限的观点。太极不过是万物的原果，无极也仅仅是万物的原种，这两者之先还有一个造化的原主，这就是“真一”，又叫“真宰”，是万物的主宰。真一有万殊之理，而后无极有万殊之命。太极有万殊之性，两仪有万殊之形。《天方典礼择要解》卷《真宰篇》只有真宰才能是造化天地万物的本体，真宰无形，而显有太极，太极判而阴阳分，阴阳分而天地成，天地成而万物生，天地万物备，而真宰的妙用贯彻乎其中。《天方典礼择要解》卷《原教篇》具备了天地万物这些条件后，真宰又“集气、火、水、土四行的精”而成天、地、人、生物。

回族医学的基本理论在其历史的发展过程中受到“回儒”思想的影响，而形成具有浓厚的中国风格的伊斯兰哲学：如“真一”“元气”“阴阳”，“气、火、水、土”四奇行，“金、木、活”三偶行，而回族医学认为元气生化阴阳，阴阳两分而后有四元三子，气、火、水、土谓之四元，金、木、活类谓之三子，四元三子谓之七行，七行分布，万物而成，揭示形气万物生化之枢。

因此，回族医药学是在伊斯兰哲学思想指导下，以吸收、改造两种医药文化遗产及生态医学思想和原理，以人天混同的观念为核心，以真一元气学说为基础，以阴阳四元三子、四性、四液为理论框架，来研究人体结构、形态、心理及平衡，并进而研究人体失衡的动因、机制及防治方法的医学；是以认识、预防、治疗人的心身性质疾病为手段，以保持、恢复、增强人的心身健康与天地自然适应能力为目的的医学体系。

回族医药学作为一门学科，有其自己的体系，就分科而言，涉及内、外、妇、儿、眼、神志、食疗、皮肤、骨伤等，其医术有灸（化脓灸）、烙、放血、清泻、灌肠术、药饵、内病外治，医药同炉。制剂工艺有药露、丸衣、糖浆、滴鼻剂、漱口剂。在外科、骨伤科有关节脱位整复术、止血术、开颅术、整形术。“回回善用香药，香药来自回回”，香药问世，独辟门径。在促进方剂发展，推动剂型改革、拓宽临床应用、提高重危急症的救治，除臭、灭虫、防腐、净化环境、预防保健、控制疫情，防治结合等方面，丰富了祖国医学宝库，功不可没。

回族医生行医执业注重医德，其医德思想遵循伊斯兰根本经典《古兰经》和“圣训”的教导，又结合中国传统的医德《大医精诚》的思想，形成具有中国特色的“回回医德”。

在《回回药方》典籍及《正教真诠　清真大学　希真正答》、《清真指南》等名著中均见有关记载，回族医生的医德集中表现在以德养心、心存敬畏的医德规范，教导医者在医疗实践中，提高创造性，增强敬畏感，涵养德性，使医者成为有德之人，行有德之举，一心奉献社会，把行医看作善举，“圣道立勤，以尽天道”，欲求名医先明德，有学无德是愚医。元时，大都回族医疗机构“广惠司”把“疗孤寒者”作为自己的服务对象，回族民间医生及回坊中精于医术者，把医疗服务当做善事，以“课散”之。

回族医生在医学教育方面注重生命论理道德教育，认为一个完整健康的人必须具有理论思维能力，否则就等于丧失性命。《正教真诠　清真大学　希真正答》指出：“归真可以认主，明心可以见性，修身可以治国，认主之学若性命，明心之学若衣食，修身之学若医药，缺一不可的。”

回族医德中强调医者的献身精神，回族古医人不远万里来华，开设回回药物院，著书立说，传世后人，造福人类，把阿拉伯—伊斯兰医学和中国传统医学有机结合，充分体现了回族医生为社会奉献的精神。回族医生行医问病，重视民族习惯，忌用回族忌用的药物与制剂，尊重回族习俗，是医者必备的道德之一。这些道德规范培养了一批医德高尚、技术精湛的回族医生，为回族和各族人民的健康做出了贡献。

三、回医正骨的传入

宋元时期，大批阿拉伯、波斯、突厥血统的伊斯兰医师携带着医书药典，通过海上香药之路和陆上丝绸之路先后来到中国，以售药行医为计，治病救人，遂形成阿拉伯—伊斯兰医学大举输入中国之势。其传入的伊斯兰医学称作“回回医”“回回医药”，这些外国医师被称作“回回医人”“回回医官”，而伊斯兰医学较之中医学，正是以骨伤科、外科及化解各种毒物见长，他们的回回医术颇令中国人神奇。“元世祖忽必烈相继成立了京师医药院、广惠司……”“元成宗大德三年（1297年）春正月庚寅日‘诏遣使问民疾苦。……置各路惠民局，择良医主之’……”[①]说明回回医术在元代时得到官方认可，并在民间大力推广。

回医正骨学，可以说是在伊斯兰医学思想和回医基础理论指导下，以《回回药方》折损、接骨类医论据为典要，结合元代传入的古希腊、罗马医学理论及技术，总结回族医人在中国几百年的骨伤诊治医疗实践经验，并与中国传统医学融汇结合过程中形成的中国化了的回医正骨医术。回医正骨疗法是以回医药学理论为依据，博采中西医治疗骨伤病的优点，通过反复地大量临床实践，不断改进而逐步形成的。它既不是中医和西医方法的相加，也不是局部改进，而是继承了回医，吸收部分中西医精华，并在此基础上加以发展提高形成的中国回医特色治疗方法。

回医正骨是在伊斯兰哲学文化思想指导下的自然生态医

①宋岘：《古代波斯医学与中国》，经济日报出版社，2001年，第89页。

学，其所体现的价值观念，是以人为本，不能加重伤害人之身心的道德观念。这是回医自身的绝对观念和价值，也是回族及信仰伊斯兰教的民族传统文化的绝对价值。回医也是健康医学，担负着保护生命的重托，实施各种疗法以恢复人的身心生理功能，以还原一个便于生活和工作的肢体为宗旨。

在治疗各类骨伤中，回医正骨不开刀、不打石膏，不用金属物穿刺牵引，不伤元气，使骨折患者免受手术治疗之苦；运用手法复位与药剂相结合并以夹板固定，治疗用药具有消瘀退肿止痛、舒筋活血、接骨续筋、祛腐拔毒生肌等功效。

第二节　张氏回医正骨的起源

清朝同治年间，张氏回医正骨的始祖张华坤从今甘肃张家川到今宁夏吴忠高闸乡郭桥村居住。张华坤是一位德高望重的大阿訇，略知回族民间医药。清同治年间回民起义后，左宗棠在金积堡期间购进外国洋炮，一颗炮弹落在村前麦场上，围观的群众感到好奇，便有人在石磙上欲砸烂炮弹取出火药用。张华坤路过时，这颗哑炮弹突然爆炸，张华坤的左小腿被炸断（20 世纪 70 年代初移祖坟时补诊结果为：左胫骨结节下开放性粉碎性骨折），血肉模糊，昏倒在血泊里后经马化龙介绍，退至宁夏的白彦虎“十八大营”随营医生“马接骨匠”（回族，姓名已无从考证，是当地百姓对他的尊称）前来用其回族正骨医疗技术为张华坤治疗腿伤。

张华坤耳濡目染并亲身经历了随营医生“马接骨匠”制药、看病的全过程，直到康复。在军医给乡里许多百姓看病时，张华坤逐渐成了军医的好帮手。随着时间的推移，张华坤也掌握了一些回族医术，军医见张华坤待人诚恳，便将其家传的回回正骨术及诸多回回药物的制作等医疗技术传授给张华坤，意在使更多的乡亲解除病痛。

张华坤得其真传后，自清同治年间起在今宁夏吴忠市利通区马莲渠乡开设医馆和药铺，并在民间广泛收集回回药方，研究回回正骨术，行医至百岁归真，其医术单传于儿子张成仁(张宝玉的父亲)。由张成仁进一步实践完善，张宝玉及其子女推广发扬，张氏回医正骨技术形成了一套完整的以回族医学理论为基础，以祖传回医正骨方法为特色，后经四代相传，又博采各家之长，结合现代医学科学技术，反复实践，不断归纳总结，形成了独具特色而又简洁、方便、易操作、无创、低值等优势的正骨技术。

张氏回医正骨崇尚自然疗法，回族医药的医学理论观念与医疗实践，正与现代医学模式“生物—心理—社会”相沟通。由回族医生行医问病，重视民族习惯，忌用回族忌用的药物与制剂，保持回族习俗，是医者必备的医德之一。

第一章　万事开头难

第一节　电话两头的距离

项目组开题会议结束之后，我思考最多的一件事就是如何与张老取得第一次联系：是直接去他的医院上门找他呢？还是打听他的联系方式打电话与他电话约见呢？

思前想后，总觉得这两个办法都有欠稳妥。在和母亲沟通过之后，母亲笑我："咱们有个现成的可以牵线搭桥的人你不用，你在这瞎琢磨啥呢？"经母亲一提醒，突然想起张老的二女儿艳萍姐——她是我已经认识交往了很多年的姐姐。都说女儿是父亲的贴心小棉袄，有她出面帮我沟通这件事，岂不是事半功倍？

于是我赶忙拿起电话，拨通了她的号码。"哎，小魏，是你呀！"许久没和她联系了，她仍一下听出了我是谁，我亦很开心地与她聊了起来。在聊到彼此的生活状况时，我说自己正在参加一个有关研究回族小人物的课题，随后便具体向她介绍了项目的背景、内容、效果、辐射面及访谈对象在这个过程中获得的利弊等。

艳萍姐听后很欣喜，也有些茫然，她问我："你跟我讲这么多你的研究项目是要干啥呢?”

“因为我想要访谈研究的对象就是张老，您的父亲呀!”我解释道。

“那这是好事呀，正好我爸最近想找人给他写点东西呢，这样子你跟他一联系，他肯定很开心。”

听到艳萍姐这样说，我瞬时信心倍增，我问她能不能帮我向张老约个时间，或是提前向张老说明情况征求下张老的意见。艳萍姐听后稍微有点犯难：“这个要不你跟我弟弟联系下吧。”

‘为什么要和您弟弟联系呢?”我不解地问道。

“是这样的，我们家姐弟 6 个人么，在家里在医院里都各有各的分工，老父亲是一家之长，不是所有事情都亲自参与管理的。现在好多事情都交给大弟弟来做的，大弟弟是家里的大儿子么，顶梁柱，有啥事呢让他去跟父亲说也比较容易，而且他负责的工作有一部分就相当于是家里的宣传部部长，这些事找他最合适了。”

听完艳萍姐的解释，我也觉得先和张老的大儿子张金东联系会比较好，于是从艳萍姐那里取得了她的弟弟张金东的电话号码。

打铁要趁热，找人不拖拉。拿到号码的我立刻拨打了过去。拨通号码之后，接起电话的对方声音听起来温和有礼，“喂，您好，哪位呀?”

我便先做了自我介绍，之后我把与艳萍姐讲过的有关项目的内容向张金东又复述了一遍，他听后也表示十分高兴，说：“这样，我先跟父亲说下这个事，然后你啥时候有空了就来银川的医院这边，我们面谈一下。”

就这样，我们算是有了初步的约定。

这之后过了几天，我都没等到张金东的回复，不知道他与自己的父亲沟通得如何了。

一天下午，大约是刚上班的时间，我再次拨通了张金东的电话。

许是中午刚休息过，张金东的声音听起来干脆利落充满精神。他说他已经和父亲说过了，但是可能因为我当时是口头跟他讲的，有些内容解释得不是很清楚，再加上中间有他的转述，所以张老对这个项目还不是很了解，因此张金东就建议我直接给他的父亲打电话，让我直接和张老沟通。

“丁零零……”

张老很快接了电话，我想这算是个好的开始吧。于是按照之前脑海中排练过的那样，将项目的内容详细地告知了张老。

怎料电话那头张老的表现却是有些冷淡，他沉默了一会儿，再开口时一下提出了很多问题：“这个项目是什么性质的？最后书的版权在哪儿？我配合访谈会牵扯隐私问题吗？最后能否购买到书的版权？”

张老的问题问得很突然，好在前期开项目会议的时候项目组组长都提到过张老问的那些问题，我短暂地思考了一下，总算顺利地在电话里回答了张老的疑问。

可以说，开始的沟通中张老对我所说的“小人物”存有诸多疑虑。

经过这次电话上的沟通，倒是给了我一个很重要的提醒：如果去医院和张老面谈的时候仅仅是口头的表述，恐怕太缺乏说服力了，应该有一些正式的文件才能让沟通的效果更好。

想到在孙老师的办公室里见到过项目执行计划书和孙老师为丛书作的总序，如果和张老见面的时候能给他看这 2 份书面的资料，对他理解我们的项目并最终同意是十分有帮助的！于是我动身赶往学校，准备去孙老师的办公室找他借用一下那两份资料。正巧孙老师刚上完课回到办公室，待我说明来意后，孙老师将项目执行计划书和总序打印了2份给我。

“你把这个带去就行啦。”

“孙老师，要不要在署名这里盖个公章呢？看着更正式一些。”我还有些不放心地说。

“不用，你的名字就在执行计划书里呢，去的时候带上你的证件就行了。他要是还有什么疑虑的地方，让他给我打电话，我给他解释。”孙老师豪气地一挥手，给我加油壮胆。

有了孙老师的这句话，我心里踏实了不少。

第二节　工地上匆匆初见

几天之后，我接到了张金东的电话，他说他父亲这两天会来银川，让我和他父亲联系一下，沟通一下见面的事情。

本以为见面的事儿八字已经见了一撇，余下的无非就是打个电话确定见面时间和地点，没想到实际情况确是一波三折，差点没能见到张宝玉老人。

这天早上九点的时候我给张老打去电话，电话响了几十秒都无人接听。隔了几分钟，我再次拨打张老的电话，这次张老接通了电话，说自己正在银川开会，这会儿正忙，让我下午三点再打电话给他。在等待中时间悄然而逝，下午三点我准时打电话给他的时候，张老说他正在新医院的工地上，今天一天都很忙，他问我见面的时间能不能改天……

我本来打算就此妥协，之后再与张老约见面的时间，但突然想到一句话“机会都是争取来的”，于是到嘴边的那句“好的，那您哪天有空时我再去找您”变成了“您是在银川新医院的工地上吗？”

“是的。”

“我知道工地在哪儿，如果您不介意的话，我去工地上找您一趟吧。”

张老说：“也行，你大概多久能过来？”

我抬头看了眼墙上的挂钟，我住的地方离张老的新医院并不远，从出门下楼到过马路坐公交车 10 分钟就可以到，但为了保险起见，怕自己迟到，我跟张老说：“15 分钟我就能到您那边。”

张老说：“那好，你过来给我打电话，我不知道你过来了我还在这边不？”

也许是我多心了，可能张老确实是真的很忙，但当时在我听来就是感觉张老不太想见我，甚至可能是不太在意访谈的事情。

为了表示诚意，也为了能够抓住这次见面的机会，我还是压下心中的猜想利落地准备好东西，一路跑着奔向了公交站。到新医院工地，公交车只有 3 站路，我下车后看了一下表，距离打电话的时间过去了不到 10 分钟。

走入工地，医院主体大楼已基本完工，只在大门处还搭设着五层楼高的脚手架。外墙颜色是现下流行的青灰色，工人在做着大楼外墙的装修工作，一个个尖拱装饰充满了伊斯兰特色。在医院和马路之间有条树木制成的隔离带，高挺笔直的白杨树掩映着医院大楼。

我在工地的医院楼前转了两圈也没找到张老，不禁嘀咕起来：“说是在工地呢，为什么不见人呢？”再次拨通张老的电话，张老说他就在工地大楼后面的院子里。

呵，光顾着在前院找人了，都没想过去工地后院看看，我笑叹一下，向工地里面的院子走去。大楼南侧有一条坑坑洼洼的土路，宁夏的气候干燥少雨，即便前不久刚下过一场秋雨，干涸的土地已将水分吸收干净，只留下尘土静静地趴在地上。一辆拉材料的货车从旁经过，轮胎带起了一地尘土。

为了给张老留下个良好的第一印象，我特地穿了双“能凸显女性气质的”高跟鞋，眼下面对这条尘土飞扬的小道，只能掩住口鼻趔趔趄趄地走在路上。

好不容易走到了后院门口，我猛地摇摇脑袋，深吸一口气，向不远处指着大楼不知道正在说些什么的那群人走去。

走近便看到其中一位穿着黑色皮衣的老先生，面色白净，气色红润，头发黝黑，他指着大楼对站在旁边的几个中年人语速很快地说着：“……这都快冬天了，这些都要抓紧呢！”看着老先生精神抖擞的模样，我就知道他一定是张宝玉了。

“张老，您好，我是刚才给您打电话的小魏。”我走上前去打招呼。

张老收回指着大楼的手，两手交叠置于身前，笑着回应道：“你好，你好。”张老旁边的人都以审视的眼光上下打量着我。

接着我向张老自报家门，说明来意，这个过程中张老有些心不在焉，他笑眯眯地打断我：“你稍等下，我跟旁边这儿把话说完。”我赶紧停下站在一旁。

这个老爷子挺严肃的，不苟言笑，有些严厉。我面上保持着微笑，却在心里悄悄地想着。

张老和一旁的人讨论起之前的问题——冬季楼上留的洞怎么封堵。从进工地到现在，我只和张老讲了几句话，更多的是我单方的表述，而张老则寥寥数语，我们连交流都算不上，现在听到张老讲建筑上的问题了，我灵光一现：家中有一位建筑设计师，这不正好是一个打开话题的好机会吗？

于是我赶紧和张老说：“张老，您这儿建筑上是有什么问题么？我这边正好有个亲戚是建筑设计师，您要是有啥问题的话，我现在就可以帮您打个电话咨询一下。”

张老听了这话之后突然眼光一亮，他侧过身以商量的口吻说：“这会儿方便不？要方便的话就给打个电话吧。”于是我拨通电话，与电话那头的人大概讲了一下，就将电话递给了张老。

张老接过电话向设计师说起自己工地的情况，如想要冬季施工，怎么保温之类等，语调语音比刚才和中年人说话时柔和了不止一点点。隔行如隔山，建筑上的事情我是一窍不通，听他们讲电话也听得云里雾里不明所以，只能安静地站在一边，看张老一边讲电话一边对着大楼比比画画。

四五分钟后，张老面露笑意地说：“嗯嗯，谢谢啊。”

挂断电话他转向我：“那个，你……你……”

呃……我在心里默默地安慰自己：张老刚才在忙，没听到你的自我介绍，莫要多想……

“我姓魏，您叫我小魏就好了。”

“哦，小魏，你刚才这个亲戚跟我说了个好办法呀，市场上买个专门的保温帘一挂就好了。”旁边的人紧跟着说：“我刚才就跟你说挂个帘子就行了么。”“哎，你说这个不专业，别有专门冬季施工用的保温帘呢，我要问了这个专业的人心里才踏实呢。”

经过这么一件事，张老终于算是真正注意到我了。随后简单地聊了几句，我注意到张老的语气比刚开始时缓和了许多。

张老说：“这么个，我等下还要回医院开个会，你这个项目的事我们家老大金东给我说了，我最近也一直是太忙了，吴忠医院装修和银川新建医院两头跑，给我的材料我也没顾上看，今天晚上我看看这些，看过了给你答复，好不好？”张老又想了一下说道：“明天，最迟明天下午我给你答复，怎么样？”

张老这话的意思是他还有事要忙，但同时也明确地说明了他会在明天给我一个答复。此行目的已达到，我便很有眼色地说：“好的，没问题，那我就等您的好消息了。”

临别时我问张老：“张老，您有我的电话号码了吧？”

张老翻起了手机通话记录，“你给我打过来了嘛，是哪个号来着？”“就是尾号××××那个。”张老找了找：“哦，这个，好，我知道了，这个号码是你的，我记下了，再打电话我就知道了。”

尽管张老说会尽快和我联系，但在走出工地大门向不远处的车站走去的路上，我已经做好了最糟糕情况的心理准备。在工地这样一个简陋的环境里，以及短暂的十几分钟交谈，虽然我向张老抛出了诱人的橄榄枝，但是否真的感兴趣以及接受与否的最终决定权在他的手里。接下来我所能做的，只有静静地等待。当然，能努力将事情向我的预期发展推动的时候，我也会毫不犹豫地行动起来。

第三节　喝水拉近距离

几日后，我和张老电话约定了见面时间，见面地点就在位于银川市清河街金三角以北的张氏回医正骨医院。

到达医院二楼院长办公室的时候，张老和儿子张金东还有另外一位老先生在商议工作。见他们正在忙，我侧身隐在门外，想待他们谈完事情后再进去。

张老穿了件对襟奶白色长褂，他坐在办公桌后，拿着一份文件对张金东说着什么，而张金东不时应声回应父亲。接近不惑之年的张金东戴着一副眼镜，他站在张老后侧方，穿着一袭白大褂，说话的时候语速快而不急。父子俩明明是医者，却都温和儒雅的像古代的文士。

“小魏你过来啦，先进来坐会儿。”张老放下文件，看到了站在门外的我，遂热情地招呼我进门坐下。

“不好意思啊，先喝点水，刚才有点工地上的事情要处理，你在外头等了好一会儿了吧？”说着他便让张金东从桌子边拿出一个大水桶，又从办公桌对面的柜子中取出两个一次性纸杯，将两个杯子叠放在一起后才开始倒水。

屋子里有饮水机有暖壶，为何要从水桶里倒水呢？我不解，看到桶身上冒着淡淡的白气，就问道：“张老，这个水是专门冰镇过的吧？”

张老挑眉一笑，没有直接回答我的问题，却反倒问了我一个问题：“小魏，你是回族还是汉族？”

“汉族。”我如实回答。

“汉族？那正好，您肯定没喝过这个水！这水可不同于一般的泉水、井水，是家里的朋友去麦加朝觐带回来的圣水，千里迢迢的也不好带，昨天才飞机托运回来的，专门给我们家送了半桶子过来！今天正好赶上了，遇到就是缘分嘛，来来，您尝尝这个圣水。”张金东放下水桶，将纸杯递给我。

我双手接过纸杯，旁边的老先生看着我笑呵呵地问道：“小姑娘以前没喝过这个圣水吧？”

我说没有，我是汉族，只是听说过，但从来没接触过。

“你尝尝，咱们科学角度说，这个水不一定真是有啥治疗效果，但是你尝尝看，看有啥不同？”说着老先生笑眯眯地看了眼张老父子，3 人一同鼓励我道：“尝尝，尝尝。”

我心怀忐忑地双手小心翼翼地捧着水杯，轻轻地抿了一口，像品红酒那样，用舌头从舌尖、舌侧到舌根都细细品味了一番，想尝出圣水到底有什么神奇的味道。

“咋样，有啥味道?”张老看着我。

我皱皱眉，有点犹豫地说道：“没什么特别的味道的……”

老先生笑道：“哈哈，就是没啥味道，和一般的水一样。”

我有些纳闷：“既然和一般的水一样为什么要叫圣水呢?”

张老说：“这个圣水是麦加那边一口特殊的泉里的水，只有那口泉里的水才叫圣水……”

“这就是一种分享喜悦和精神享受的过程，”张金东跟着解释说：“味道是没什么特别的，不怕你笑话呢，这么远带回来，一般的水放几天就坏了，我还在担心你喝了会不会拉肚子呢。”他带着点打趣的口吻说道。

“没关系，要是喝了拉肚子才证明是真的圣水呢。”我说。

他们听后都很奇怪，一脸疑惑地看向我。

“这样才能在净化我的心灵的同时也洁净我的身体。”我端正身体，很认真地说道。

老先生听罢愣了一下，随即哈哈大笑：“有意思，你这个话我喜欢。”

张老也笑着说：“你这么说我心里就踏实了，你首先就认可我们这个穆斯林的文化了。”

取得田野对象的认同是田野调查的第一步，来之前我曾设想了很多可能遇到的困难，没想到只是一句发自内心的真话就达到了预期效果。心里高兴激动的同时，我也没忘记谦虚严谨：“我是学民族学的，从小在宁夏长大的，很尊重回族的风俗习惯也很感兴趣。但我毕竟不是穆斯林，风俗礼仪上知道的只是些皮毛，如果以后在和您沟通交流的时候有什么不到位的地方，您可千万记得提点我一下！毕竟从宗教和文化上讲，还是存在一些差异。”

张老点点头，说：“就冲你刚才说‘圣水净化心灵洁净身体’，我觉得我们以后沟通不会有啥问题！我觉得你是一个好打交道有活力有幽默感的人。”

闻言我心里更踏实了。拿出预先准备好的项目执行计划书和丛书总序，我向张老详细讲解了项目的内容。一旁的老先生在听完我们的谈话后似乎很感兴趣，他眼镜片后的双眼亮晶晶的，凑过来问我：“你们后面还有这种项目吗？”

我看了看老先生，又看了眼张老，确定他口中的“项目”是指我的“回族小人物”后才试探地回应道：“您有什么事情吗？”

老先生说：“我叫单于德，不知道你听过没，你回去网上搜搜应该能搜到我呢。”单老先生怕我不知道，又专门拿纸和笔写下了自己的名字，“我原先在回医研究院工作，现在退休了就在这边帮他们整理文献材料。他们做的是回族医疗技术方面的研究，我做的是回族医药文化研究。以前还有个说法叫‘回医四老’，其实也不止我们 4 个，就是宁夏这一片做回族医药研究的，好多人呢，我们一块儿在一起。”

“您也是‘回医四老’之一吗？”我问张老。

张老有些羞涩地摆摆手，说：“那就当时的一个说法而已，你别听他说……”

“他当然是啊，好几个人呢！就跟武侠小说里门派一样，要有个长老嘛，我们几个就相当于是宁夏回医门派的长老。”单老大手一挥打断了张老。在讲起“长老”时，周身的气场也随之发生了变化，让人不禁联想到金庸笔下深藏不露的扫地僧。

这时张老的电话响了，在他接电话的工夫里我和单老先生便接着聊。“我跟你说这个呢，就是想问问明年你们这个项目还继续不？要是以后还有项目你们也可以来研究我，我也有好多东西给你们研究呢。”听到单老这番话，我看向对面的张老，在心里长长地舒了一口气——既然单老对项目都这么感兴趣这么积极，想必张老肯定也会对这个项目有兴趣的。

张老放下电话，拿着文件说稍等一下，便出了办公室。不一会儿，他就回来了，刚才带出去的一份文件也变成了两份，原来他是去隔壁的办公室复印去了。张老将其中一份放在办公桌上的文件夹中夹起收好，另一份则递还给我，并说道：“小魏你看这样，我等会还有事情要忙，材料我都留下了，项目我也明白了，完后有什么需要配合的地方，你联系我，或者联系张金东都行。这个事情我之前也没接触过，咱们一起努力，更快更好的促成这个事情。”见状，我明白张老还有事情要忙，便起身与他告辞。

第二章　童年，最深刻的记忆

人生最需要珍惜的时刻，无非就是天真的童年，激情的青年，享乐的中年，天伦的老年。

2015 年 3 月 9 日。

张老总是很忙，想见他一面不难，难的是见面后能说上话。

前一天晚上，我给张老打电话约今天见面，张老很痛快地答应了，让我 10 点过去。

9 点 40 分，我乘坐的大巴车驶入了吴忠汽车站。离约定的时间还有 20 分钟，但是我已经如热锅上的蚂蚁一样坐立难安，心里默念着：快停车快停车，我今天可不能迟到啊……

车刚停下，我就一个箭步跳下了车，一手拎包，一手拎着保温水杯，以百米冲刺的速度拔腿向外奔去。还没到出站口，就看到几辆空出租车正停在路边等着拉客。没有在意旁人诧异的眼光，我径直跑向最近的一辆车，“师傅，去开元大道的张氏正骨医院!”

不一会儿，目的地就到了。

看看表，9 点 55 分。我不禁呼了口气，还好，提前 5 分钟到达。提前到达是约见他人的基本礼仪，也是留下良好印象的第一步。站在大门外，整理了一下刚才因为奔跑而略显凌乱的头发，我抬腿迈入医院大门。

医院正在装修，大厅的角落里堆放着两大包沙石，装修工人搬着材料在进进出出，而楼内电钻头的嗡嗡声也不时响起。环境虽嘈杂了些，但这一点也不影响医院的人气，3 米宽的楼道内满满是排队等候看病的患者。

穿过排队的人群后，终于在一间诊室里找到了张老，他正在给一位 70 多岁的老人家做膝关节部位的手法治疗。初春的天气虽暖了些，但储存了一冬的寒气还未完全散去。正在专注治疗的张老白大褂有些空荡地挂在身上，显然穿得并不怎么厚实，但他的脸上却有了一层薄汗。

进入诊室，我寻了个角落站下，过了好一会儿还是在病人的提醒下张老才注意到我。他连忙说："不好意思，你先等等啊，这个病人的治疗还有几分钟就结束了。"

大约 10 分钟后，张老结束了治疗。在向老人家细致地交代了一些注意事项后，张老才擦了擦额头上的细汗，看向我："今天早上忙得很，想着这个（病人的治疗）一会会儿就结束了，结果中间耽误了一阵子，让你久等了，不好意思啊！"

张老诚挚的眼神和解释，让我有些受宠若惊。我连忙应道："您太客气了！刚才正好也是我观察您工作的机会呢！"

张老体谅我从银川过来一趟不容易，也想尽可能多和我聊聊，所以上午的工作他都提前安排完了。眼下，我们来到了医院 4 楼的办公室。张老坐在靠窗的沙发上，对于接下来要聊些什么，他有些迷茫。

"张老，给我讲讲您童年的事情吧。"童年的记忆是人生轨迹的起点，童年的经历给每个人打上的烙印将一直影响人的一生，于是我便从童年经历开始问起张老。

张老手指叩着桌面，指节有节奏地一下一下，他眼中若有所思，似在看着我，又似在注视着远方，童年一幕幕似浮现眼前不知从何说起。

“要不，您先给我讲讲您父母的爱情故事吧。”我先给张老开了个头。

“哈哈，那会儿可不像你们现在生在社会主义国家，条件好，那会儿可没有什么浪漫的爱情故事。”张老笑着说道，便讲起了他父母那时的事情。

第一节　父母那不浪漫的爱情故事

这个故事我前不久才给孩子们讲过。

首先要先从我的爷爷说起。清朝同治年间，爷爷张华坤从现在的甘肃张家川到今天位于宁夏吴忠高闸乡的郭桥村居住。爷爷是一位德高望重的大阿訇，略懂回族民间医药。清同治年间回民反清斗争后，左宗棠在金积堡期间购进外国洋炮，一颗炮弹落在村前麦场上，当地围观的老百姓感到好奇，便有人在石磙上欲砸烂炮弹取出火药来用。爷爷路过时，这颗哑炮弹突然爆炸，炸断了爷爷的左小腿，据说是血肉模糊，人直接昏倒在血泊里。20 世纪 70 年代初移祖坟时，我对爷爷的遗骨做了番检查，补诊结果为：左胫骨结节下开放性粉碎性骨折。

当时经马化龙介绍，退至宁夏的白彦虎“十八大营”随营医生“马接骨匠”前来用其回族正骨医疗技术为爷爷治疗腿伤。在军医给乡里许多的百姓看病时，爷爷逐渐成了军医的好帮手。随着时间的推移，爷爷也掌握了一些回回医术，军医见我爷爷待人诚恳，就把家传的正骨术还有一些回族药物的制作技术传授给他，也算是让爷爷去为更多的乡亲解除病痛。

后来爷爷被马化龙招募，成了他手下的一名阿訇，还参与了一次反清斗争。在那次反清斗争中爷爷中了枪伤，反清斗争失败后，被充军到固原萧关。在那人迹罕至的地方，缺医少药，爷爷又拖着一身伤病，他就用军医教他的医药知识自己配药治疗，硬是治好了自己的病！经历了那次磨难，再次回到吴忠的爷爷就过起了“两耳不闻窗外事，一心只读圣贤书”的日子。并且，爷爷感受到了医学的魅力，不再是一个纯粹的阿訇，他开始在民间行医，在今天宁夏吴忠市利通区马莲渠乡那里开设医馆和药铺，借助当时阿訇的便利身份，广泛收集回回药方，研究回回正骨术，行医至百岁时归真。

父亲从小受爷爷的熏陶和感染，再加上天生对医药感兴趣，在读经的同时也跟爷爷学习了医术。父亲那时已经可以开学，但是爷爷为了锻炼他，让他出远方去历练历练。爷爷还说，想当一个优秀的阿訇必须要见多识广，只守着眼前的一亩三分田是无法深刻解读《古兰经》的。

说到这个阿訇的身份啊，首先阿訇这个词是从波斯语音译过来的，属于回族伊斯兰教教职中的一个常见称谓。翻译过来的意思是“教师”，但是这个“教师”一定是指那些在清真寺主持教务，经堂任教，为信众诵经和举行宗教仪式的人。其中担任寺坊宗教首领和任教“经文大学”的阿訇，我们称其为“开学阿訇”或“教长”。不在清真寺内任职，受教徒邀请外出念经，比如去主持婚姻及殡葬仪式等宗教活动的阿訇，我们则称为“散班阿訇”。

阿訇资格的取得，一般是满拉[①]在学完规定的经典之后，

---

①满拉：在清真寺学习宗教经典、知识的学生或学员。

能讲能诵，功修较深，通过上层宗教组织和经学家的考核，达到毕业水准后，方可举行“穿衣”仪式，承认其“阿訇”资格。现在这个资格的取得方式在不同时代背景下是有区别的。现在的阿訇都是要经过政府考试的，通过考试取得资格了才能开学，而我父亲那会儿的阿訇，则是靠经验和学识来博取大家的认可的。具体来说，就是谁把《古兰经》讲得越通透就越厉害！《古兰经》不厚，但是用阿拉伯文写的，并不是所有的穆斯林都会用阿拉伯语，所以阿訇就要像解读文学作品那样，将《古兰经》中的内容解读出来。当然，加上一些个人的发挥想象是很必要的。

父亲读过书，又从小就跟着爷爷读经，所以早早地就开始到寺上给爷爷帮忙。早些年那会儿，正是军阀战乱的年代。父亲虽然是个阿訇，可是因着是年轻力壮的小伙子，即便有大阿訇掩护也躲不了被抓去当兵。爷爷深知战争的残酷，听说父亲被抓了去，就赶紧找上几位老人去司令那里说情。可是父亲被放回来没多久，就又被抓了去。反反复复好几次，最后一次连爷爷都放弃了，说这就是父亲的命，命里注定要去军队里走一遭，回不回得来就看命数了。可喜的是，没多久父亲就完好地回来了。具体原因父亲没细说过，但是每次他说起来的时候都会不自觉地抚摸着药箱，所以我猜测多少是和父亲会医术有关。

回来后，父亲就老老实实在马莲渠老家讲经治病。

爷爷那时在灵武开学，就是现在的瓷窑堡再往南那边。那会儿父亲每隔一段时间就骑着毛驴去猫猫[①]爷爷，带些生活用品和衣物过去，去了后就住在爷爷所在的那个寺上。寺上负责

①猫猫：方言，看一看。

安排食宿的满拉和父亲年纪相仿，两人没事就约到一起谈心聊天。一来二去的，两人关系越来越好，最后干脆小伙子的热血劲儿上来，他们结拜了弟兄。那个满拉，也就是我母亲的哥哥，看父亲还是个光棍秃小子，一拍大腿说："我有个妹妹挺适合你，给给你算了。"都说长兄如父，就这样母亲被舅舅许给了父亲。

母亲家在当地是个大家族，即便到现在，家族里还有几百口人。母亲家的条件比较好，按父亲的话说就是一到白天漫山遍野跑的牛、羊、马都是母亲家的，可想在当时那个年代是怎样富足的条件了！最初，爷爷对母亲和父亲的婚事没有立即给出答复，因为心里头还有些矛盾。一方面为儿子寻了个好媒而开心；另一方面，老人家担心这位大小姐嫁到山里会吃苦受累——与灵武相比，马莲渠就是偏僻的山窝窝。话说我这舅舅也是真心把父亲当自家兄弟看待，不等爷爷给个明确答复，就带着父亲偷偷地去见了自己妹妹。父亲说他远远地看了一眼母亲，就觉得这辈子就是这个姑娘了！回来后就找爷爷商量，张罗着找个媒人去提亲。

爷爷一看自家小子已经动心了，而姑娘家也看得上这个女婿，既然是两厢情愿的好事儿，他还犹豫什么？当即寻了个当地有声望的媒人，牵着羊，揣着聘礼，捧着《古兰经》，带上自家小子去上门提亲。

现在想想啊，父亲对母亲也算得上是一见钟情了！

"所以就是因为哥哥和别人关系好，便把自个儿妹妹嫁过去咯。"我总结道。张老笑着一拍手，"哎，对咯，就是这么个！"

"过年那会儿给孩子们讲的时候，他们还打趣说有句歌词用来形容这段爱情故事最合适。"张老补充道，一脸期待地看着我，“你猜猜?”

歌词？我搜刮了一下大脑中存储不多的歌曲，突然脑中灵光一现！难道是……想着就唱了出来：“只是因为在人群中多看了你一眼，再也没能忘掉你容颜……”

“哈哈，好！好！好！孩子们说的就是这句!”张老一连用了 3 个“好”，眼睛都笑眯了。

第二节　对病痛的初次接触

“母亲叫杨玉花。在那个年代上过学的不多，母亲读过私塾，是有文化的人，记得不是 1952 年就是 1953 年那会儿，政府还给母亲发了普选证。有一次在老家整理的时候无意间翻出来了，我就拿本书把它夹里面保留着了。”张老说着，因着自豪和骄傲，脸上有特别的光彩。但转瞬，张老轻叹一声，眼底有着一抹淡淡的忧伤，“母亲走得早，50 岁的时候就去世了。”

长久的寂静。

受张老低落情绪的感染，我亦噤声默坐一旁，偌大的房间里只有墙上的挂钟在滴答滴答地响着。

一阵装修的“咚咚”声响起，终于打破了这过分安静的环境。

张老回过神儿来，他搓了搓脸颊，声音有些许的低沉。“童年在我最需要父母的时候，我的母亲就去世了，所以说我的童年是很苦很苦的。”张老回忆着，脸上的皱纹轻微地动动，似也在诉说他那童年便经历的风霜。

母亲去世的时候，我还不到 10 岁，却是已经开始记事的年纪。可以说是在最需要母爱的年龄，我就永远地失去了母爱。在我之上有6个哥哥姐姐，但是大多已经结婚成家，虽然还没有分家，可也有各自的小家，自顾自忙去了。母亲去世不久后，父亲不得已做出了分家的决定。房、地、衣服，就连家里的盆盆碗碗都拿出来分了，因为我和弟弟还小，不能自己过活，最终，只有我和小我五六岁的弟弟没被分出去，留下来和父亲一起生活。我们3个相依为命。

我的出生应该算是个意外。记得小时候母亲讲过，说本来生完老六之后她打算再不生了，不想隔了9年又生下了我和弟弟。

自打记事起，母亲的身体就不太好，她经常肚子疼，有时候疼得整个人都蜷缩起来。我那阵子还小，唯一能做的只有在母亲疼痛难忍的时候陪在她身边。母亲有时会把我拉到旁边，让我摸她的肚子，说妈妈肚子疼你摸摸这儿。现在回忆起母亲肚子里有这么大（张老圈起手指比画了一个鸡蛋大小）一个块块子。

“我说块块子，你懂是什么意思吧？”张老怕我不理解，特意问道。

中华文明的源远流长和地域的广阔，造就了各式各样五花八门的方言。在讲方言的老一辈眼中，从小受标准普通话教育的我们在听到方言时的表现就像初出洞府的懵懂小白兔，眨巴着漂亮的大眼睛但是一脸迷茫。所以虽然同为宁夏人，张老依然担心我听不懂他的吴忠普通话。

感受到张老的好意，我连忙回应：“大概就是现在说的肿瘤吧？”

见我理解正确，张老这才笑着点点头继续讲下去。

那会儿母亲不能太劳累，也不能生气，不然一生气就肚子疼。偏巧我大嫂脾气不好，两人没少生过气。

说到我大嫂，她是母亲的侄女，就是舅舅的丫头。母亲是从灵武嫁过来的，那阵子交通不方便，灵武到马莲渠那就是远得很了，5 里地以上就算是出远门了，更不要说灵武到马莲渠要 150 多里路，就算骑着小毛驴也要有整整一天。离娘家路程远，再加上老人讲的“嫁出去的闺女泼出去的水”，我母亲有什么事情都自己想办法解决，尽量不麻烦娘家。到后面，母亲生了我的哥哥姐姐后，舅舅怕母亲一个人照顾这么多孩子应付不来，正巧我大哥到了适婚年龄，舅舅就把他的丫头嫁了过来，一方面是亲上亲，姑侄加婆媳拉近两家关系；另一方面都是一家人，大嫂也可以多照顾照顾自己的姑姑。可是我大嫂的脾气像极了舅舅，都属于那种倔强型的，干啥都说一不二，为此没少和母亲闹别扭置气。

后来我当了医生，职业习惯让我一直对母亲去世的病因耿耿于怀——到底腹部肿瘤是不是母亲病逝的罪魁祸首？

也是一次机缘巧合，我发现母亲得过另一种病。

1967 年、1968 年老家那边要迁坟，母亲的坟是我亲自去起的。在起坟前突然记起母亲以前经常说胳膊疼得抬不起，我就想能不能从骸骨上发现些线索？

所以在迁坟的过程中，我特意仔细地检查了母亲的骸骨，果然在母亲胳膊尺骨上发现了点问题。就在这个位置（张老在右臂上比画起来）有个不到 1 厘米长的小骨刺，位于尺骨和桡骨中间。到底是增生还是骨瘤呢？我也说不准，没有做检查我也不知道凸起的那块到底是什么，但心中可以确定这与母亲的去世一定脱不了关系。20 世纪 60 年代的医疗条件你也知道，不像现在我就弄个切片去看看这到底是个什么东西了。

也许就是因为小时候目睹了母亲的病痛，我在潜意识里倾向了从医这条路。再加上经常和父亲出诊，耳濡目染，即使后来到了生产队从事劳动，我也没有放下行医。

第三节　美好的童年学堂

要说起小时候上学的条件，可真是艰苦。

我出生后几年，新中国才成立的，在那之前到处都是打仗，社会动荡不安。所以哥哥姐姐们都没去上过学，我是第一个去学校读书的。

那会儿已经成立了金积县，刚成立的时候有位姓马的老爷办了一所小学，应该是县上的唯一一所吧。教室是打倒地主后收回来的教堂，教书先生就是我们的校长。教室里只有几张简易的桌子和板凳：桌子是用两块木头板拼在一起，下面加上 4 条腿做成的，桌面也不是很平整，像老案板；板凳则是长条凳，偶尔有几个独立的小板凳，孩童的身体坐上去都吱吱呀呀响个不停，总担心不知道什么时候会散架。

先生教书的时候有很多规矩，我们必须都要遵守。比如背书的时候要坐得端正，手要背到后面，不能把手伸出来，更不能没个样子地趴在桌子上。如果不听话被先生看到了，是要挨打的！一般是用教鞭打手，有时候还打肩！再有就是用粉笔砸脑门。一个粉笔头头飞过来，肯定准准地打到脑门上！我们那会儿念书真是受了不少教育了呢。

每年最难过的季节就是冬天，坐在教室里头呼出来的气都是白色的。教室里有个黑铁炉子，那是唯一的温暖来源，自然靠近炉子的位置也是极抢手的——除了暖和身体，还能顺带暖和点别的。我记得班里有比较调皮的小尕子①，去了后抢不到

①小尕子：宁夏方言，指年轻小伙子。

座位的话，就把从家带的馍馍拿出来放炉子上烤，不一会儿烤馍馍的麦香味儿就飘得满教室都是。一群半大的小娃娃哪能经得住诱惑，闻到馍馍香味儿后一会儿你就能听到边上同学“咕咚咕咚”吞咽口水的声音，但是大家都是偷偷地悄悄地吞口水，因为如果不幸被先生听到那就惨啦！

先生收拾我们的办法只有一个——第二天早起来给教室生炉子。

数九寒天，就算正常时间来教室，天都是麻麻黑的，更别说还要早早来生炉子。想想又黑又冷的教室，鸡皮疙瘩都要起好几身。那会儿班里同学年龄都小，班长年龄比我们大，平常时候是班长排值日，安排第二天来得早的同学生炉子，不过印象中这个活儿一般都是班长在做；遇到调皮捣蛋被惩罚了的同学，有时候班长也默默地帮忙做了……

生炉子用的“法拉”[①]要我们自己准备，每个学生每年冬天带多少“法拉”去都是有定数的。为了冬天不挨冻，夏天的时候我们就早早开始准备过冬用的“法拉”。通常是把煤粉、土、木头渣渣放一起和成泥，再放模具里或者弄成5厘米厚的饼饼，晾干了就放干燥处摞起来。等到冬天要生炉子了，我们就把“法拉”背到学校去，每天早上背上够今天用的，余下的第二天再背。生火的时候要把“法拉”削掉一半，整块的太大了，放进去不好烧。

有时候遇到下雪天，“法拉”受了潮，那生火的时候可就有得受啦！“法拉”不好点燃不说，还有好多呛人的烟，费了老大劲儿好不容易生上火了，那肯定是呛得鼻涕眼泪直淌，再加上一张花猫般的黑灰脸。

---

①法拉：也称“煤饼”“煤坷垃”，是农村冬季生火取暖的材料。在吴忠地区方言中，回族人称其为“法拉”。

回想起读书时的趣事儿，还有生炉子的狼狈相，张老笑得前仰后合，整个人看着都年轻了好几岁。

第四节　穷人的孩子早当家

但是好日子没多久，就在我刚上到初小二年级的时候，母亲便去世了。

按照那时回民的传统，娘家兄弟要过来送送自家妹子，顺便看看葬礼上夫家准备得是不是合他们心意。可是母亲去世的时候天气热，从灵武过来时间长，怕母亲受苦，父亲没等舅舅过来就安葬了母亲。

回族主张人亡后简葬、速葬。简单快速到什么程度呢？3丈白布裹身，不用棺材，不穿寿衣，不放置随葬品，按照《古兰经》讲的深坑埋；在埋葬时间上一般是晨亡午葬，埋体不过3天。所以尽管舅舅来了没见到母亲最后一面，但是也对父亲的做法很满意。

母亲去世后，我便休学了一年，在家照顾父亲和弟弟。

按理说我那时还小，父亲也还算年轻，上头又有那么多哥哥姐姐，照顾人这种事情是轮不到我这个小子的。但是那会儿我们这儿搞家庭农庄，各家有各家的忙，家里几个哥哥又应征去西干渠那里挖渠；姐姐是嫁出去的姑娘，也顾不上照顾娘家。再加上分家时我和弟弟分给了父亲，一老两小，父亲一个大男人既要谋生又要照顾家中我和弟弟，生活艰辛也可想而知，如果我继续去学堂，那弟弟就没人照顾了。

穷人家的孩子早当家，我对这句话可是深有感触。

休学后，我就在家照顾父亲和年幼的弟弟。说是照顾，其实现在想想就是带弟弟，还有做些力所能及的家务，比如扫地擦灰、弄菜做饭什么的，当然像洗衣服这种大活儿我做不来。至于饭的味道，好不好吃不知道，反正父亲出诊回来总能吃到一口热饭。

说到做饭，有一次让我记忆特别深刻。

农村做饭往往最难的地方就是生火，但这个对我很容易。母亲还在的时候，我因为年龄小，经常跟在母亲身边，就连她做饭的时候我也在一旁待着，帮忙洗菜或者添煤添柴火拉风箱，所以做饭的基本流程我都知道。但是第一次自己做饭的时候，出洋相了。

我那会儿才是个 10 岁的娃娃，个子小小的都够不着灶台上的锅，要炒菜煮饭必须先搬个木墩子踩上面才行。那天父亲早早就出诊去了，我就想着做上一锅稀饭，等父亲回来了就可以吃上饭了。早些时候家里兄弟姐姐十几口人住在一起，吃饭的人多，所以做饭用的锅也特别大，我踩着木墩子上上下下地舀了好几次水才将将填了大半锅。然后正准备舀米往锅里倒呢，也不知是没站稳还是怎么的，大半个身子就掉锅里了！还好火小锅大，刚舀进去的水还凉着，不然，啧啧，不敢想啊。但是就那也吓了一大跳，手脚并用地赶紧从锅里爬出来，特别有意思的是出来后我想的第一件事儿居然是“这锅水浪费了，要重新烧水煮饭”。

完后也没换衣服，当然那会儿穷，也没几件衣服可以换的，就浑身湿嗒嗒地重新舀水煮饭。正好天也热，饭煮上了我就带着弟弟在院子里耍，倒也借着阳光晒干了湿衣服。晚上父亲回来后就吃上了热腾腾的稀饭，至于我掉进锅那件事儿则完全不敢让父亲知道。

小时候是觉得自己犯了错误不敢让知道，至于后来和父亲居住在一起的几十年里也从未提起过，则是怕父亲伤感自责。

“年纪小小的时候生活的担子就压在肩上了！”张老叹道。

“现在回想起来也没什么了，”时光过去，童年的艰辛磨炼对张老来说却早已释然了，“那会儿时代的原因吧，社会条件的限制，都很穷，家里生活都不好，我们这一代人小的时候可都没少吃苦。”

“小时候吃点苦也挺好，受些锻炼，长大了就能知道吃苦奋斗。你看现在不是还提倡什么小孩的吃苦教育呢嘛，是吧？”张老笑着说道。

我也笑着点头同意，我这一代人小时候的生活虽不能算养尊处优，但也是衣食无忧了，已经体会不了张老童年的风霜，像张老这一辈人艰苦奋斗的精神还真是从小就培养起来的。

“休学后没多久，我就跟上父亲给他当帮手，也算是那会儿开始学医的。”张老说道。

我正想问张老是何时如何开始学医的，张老便讲到了这儿，我赶紧聚精会神地听他接着往下讲。

第五节　二人学堂

那会儿这片儿有金积和吴忠两个集，按农历算初二、初五、初八是金积过集，初三、初六是吴忠过集。不仅是买东西要赶集，连看病也是要到集上才能遇到郎中。

家里有头小毛驴，那是父亲去赶集时的“专属座驾”。遇到赶集日，我就一大早起来喂毛驴，喂饱了再给它带上点草。毛驴的草料都是闲的时候带着弟弟去地里割的。父亲那会儿都是在街上摆摊，不像现在的医生都有门市部（门诊）。去到集市上，寻个合适的地儿，父亲就在街上摆张桌子，把治病用的药放桌子上，再支个幡，谁要看病了自个就会寻过来。

那时候我才开始跟着父亲帮忙，小娃娃别的不行，但是取药跑腿什么的那都完成得特别好。

多数情况下来看病的是看外伤、刀伤、砍伤，偶尔碰上个小孩不小心脱臼啊，不小心从驴子上摔下来把锁骨绊断的。那时候不像现在交通发达，在农村大家都是骑毛驴，所以经常有摔下来受伤的。那会儿我就经常帮着老父亲处理这些。

休学快一年的时候，正好赶上学西医，每天晚上 8 点是集合上课学习的时间。当时父亲参加了金积卫生学会，学会还给发了个章——金积县卫生协会，那个章我到现在还保留着。由于经常跟着父亲打下手，学习的时候父亲都会带上我一起。学习时间一般是 2 个小时，等结束散了都 10 点了，我们爷俩就晃悠回家收拾收拾睡觉。每日早出晚归，回想起来那段日子挺辛苦也挺开心的。也许这算不得真正意义上的学医，但对行医产生浓厚兴趣却是从那时开始的。

“家传的手艺学会了虽然也可以从医，但终究是‘土郎中’，如果后来没再接着上学，我肯定不是现在的‘张宝玉’了。”张老讲到此处感慨起来。

我便饶有兴致地问道：“那是什么契机又让您重新回到了学校读书呢?”

“就是刚才跟你说的我和父亲一起上课学习那会儿。”

学习的时候都是些老先生，就我一个小娃娃，所以每次去我都是坐在父亲边上。有一次卫生局的局长也来学习会了，看到父亲身边的我，就好奇道：“张先生，这个孩子是哪家的?几岁了?”

那会儿大家都管大夫叫先生，所以他才称呼父亲为张先生。

父亲回答：“这是我的孩子，现在在家给我帮忙呢。”然后又说了些其他的情况。

一听我还小，局长就问父亲为啥不让孩子继续念书呢，念书方便不方便，等等。

父亲也如实回答，说学校就在跟前，不远。

局长很着急地说方便就赶快让他继续念书。

结果晚上回家后，父亲也没有问我想继续念书呢还是不念书。

可是他不问不代表我就不在意这事儿啊！虽然那会儿年龄还小，可是也已经知道局长是当官的领导，人家领导都说让念书呢，那念书应该是很必要的吧？晚上躺在床上，看着外面明晃晃的月光，我回想起了学堂里先生拿着课本带我们念书的场景，还有同学们的笑脸，以及书本上飘着的淡淡纸墨香……可同时父亲的药箱，弟弟瘦小的身影也浮现在眼前。一面是学习，一面是亲人，整整一个晚上，我都在思考：书，到底念还是不念？

后来回想起，如果没有那位局长的催促，可能我这辈子就不会再念书了，现在的生活也一定是另一种光景。

这之后又隔了一段时间，期间我仍然跟着父亲每天早出晚归。关于那位局长的话，还有自己一整夜的思考，我都没有再和父亲说起过。初四和初七是父亲的休息日，也是我的休息日。

记得那天休息，我带着弟弟出门去玩耍，回来的路上遇到了校长。

校长问我："张宝玉你怎么不来念书了？"那阵子学校里一个班的学生不多，校长几乎认得每一个孩子。而校长还给我教过课，对这位先生我是又怕又敬，当即把家里发生的事情如实告诉校长：母亲去世了，哥哥姐姐都分家了，我还有个小弟弟，家里父亲没办法一个人生活。

说完后校长弯下腰看着我的眼睛，问我："那你是念，还是不念？"

我没有立即回答……

校长的话像投入湖里的一颗石子，在张老的心里激起层层涟漪。前段时间局长和他父亲的对话还声声在耳，还有那晚月色下的不眠思考也让他再次直面这个问题：念，还是不念？

我回家想了又想，如果去念书，那这都开学一个多月了，去了还能跟上不；如果不去念书……我想不出第二种如果会有什么情况。犹豫了两天后，终是在一个清晨，我跑向了学校，我又回到了原来的班。

正巧班里还有一张桌子，两个空板凳，其中一个板凳的腿子摇摇晃晃都快散架了。我也没在乎，直接就坐在那里。进来上课的老师是位新老师，姓沙，他一眼就发现班上多了一个学生，于是奇怪地问大家我是谁。

同学们七嘴八舌地给老师说我原来就在这个班，之前不念了，现在又回来了。

沙老师听得一知半解，就让我站起来，自个儿说说情况。

于是我就站了起来，一五一十地跟老师讲了情况。

沙老师蹙眉道："你先出去。"

他让我先出去，我就不出去！真都想不通自己当时哪来的勇气！后来想想沙老师的意思不是撵我走，而是因为我落下了不少课程，留在这里可能会耽误其他学生的学习进程。可是我就不出去！僵持了一会儿后，老师不再叫我出去，可是也没让我坐下。我就站在座位上，一直站着把那堂课上完。

课后沙老师应该是去找校长说了我的情况。毕竟我回来前没有给任何人说，就那么大剌剌地冲进教室，还硬生生赖着上完了一节课。但是校长对我很关心，或者说他对每一个愿意学习的孩子都很关心。校长告诉沙老师，他愿意回来学，你就教他。

后来校长还专门把我叫去谈了谈，他说这个班已经开学一个多月了，你再随这个班，随不随得上？我记得那会儿自己主意特别正，给校长说："老师你不管我随不随得上，你先让我跟着念，跟得上我就一起念，跟不上我就跟下个班（下一个年级）一起念，好不？"

那时候的我，没有书本，又耽误了两个学习的课程。

那个年代什么都匮乏，课本是限量的，没有也买不上。

校长让我去找老师商量一下，看能不能用老师的教案学习。沙老师也没说啥，直接把他的教案给我。那上面有他做的笔记，重点难点都勾画了出来，我就看着教案自己补落下的课程。

白天和班里同学一同上课，只有下课后才有时间补习功课，而下课回到家的时间除了学习还有很多家务要做。一回去放下书包我就手脚麻溜地收拾屋子，打水劈柴烧饭一气呵成，煮饭的时候就拿着书，蹲在炉子旁边，一边看书一边看炉子。

初小 3 年级期末会有升学考试，通过了就能升到高小，继续后面 4、5、6 年级的学习。我跟着原来的班上了一学期的课程，就到了升学考试。

对我这个插班生，老师也没说让不让参加考试，但凡事总是要争取的。考试那天我按时到了学校，可是没有我的卷子！

我就找老师，说："老师你给我个卷子么，我考得上我就上，考不上我随下一个班一起上么。"

这样才拿到了我的考卷。虽然老师对我没抱太大希望，但考试时我依然认真答卷，仔细验算，每一笔每一画都用心完成。没想到的是班里 39 个学生，加上我一共 40 个学生，最后卷子批完发下来我还考进了前十名！前十名啊，哈哈，想想都开心啊！于是我顺利地通过升学考试，升到了高小。

又过了几年，弟弟也大了，和我一起在学校念书。但是随着时间的推移，父亲逐渐老去，身体大不如从前。懂事的弟弟为了能让我专心读书，主动放弃学业在家照顾父亲。那会儿弟弟才是3年级。

往后我就专心读书，一直读到了初中，还考上了名牌中学呢！但是不巧赶上了“文化大革命”，学习不得已被中断了，没能读完初中……不过后来又去卫校学习，加上父亲给传下的医术，算是正式走上了从医这条路。

张老说到“学习不得已被中断时”语气沉闷了许多，看得出他至今还在为当年未能继续学业而感到遗憾。

“那位卫生局长真是您的贵人呢。”我打趣道，同时也成功地将张老的注意力从没能继续把书读下去的遗憾中转移了出来。

“没有他催促我回去读书，我就没法读到初中，更没法读到卫校！如果没有知识文化、没有系统学医，只有份家传手艺，那我现在可能就只是个街头摆摊的游方郎中呢，你说是吧？”张老说道。

张老谈起自己如何走上学医的道路时，语气平淡轻松。但他决定返校时思想斗争中那“窗外明晃晃的月光”，回到学校时“摇摇晃晃快散架的板凳”，还有拒绝走出课堂时“不知道哪里来的勇气”，这些细节时至今日张老仍历历在目。在一个人生的岔路口作出了影响一生的重要决定，轻描淡写中我读到了这转折点在张老一生中留下的深深的烙印。

人一定要受过伤才会默默专注，无论是心灵还是肉体上的创伤，对今后的成长和发展都有益处。

我开始不由地崇拜起张老的“我记得那会儿自己主意特别正”起来了。

重要时刻的一句“提点”只是一个契机，张老彼时一个少年人的坚定信念，以及他自己都没意识到的“远见卓识”才是他能将回医正骨发扬光大的真正奠基吧。

第三章　从接骨匠到医生

第一节　“非法”行医的那些年

张老办公室有一本自制的剪报，里面全是他行医以来新闻媒体对他的采访和报道。翻开这些报纸，最早的一份是《宁夏日报》1988 年 3 月 3 日第 2 版，文章题目为《乡村华佗——记马莲渠乡回族乡村医生张宝玉办家庭骨专科医院的事迹》。往后翻，还有 1993 年的宁夏《银南报》、2003 年的《西部创业报》、2008 年的《新消息报》及《中国中医药报》《香港文汇报》等。张老把它们一一折叠整齐，夹在了剪报里。

“想不到您还这么细心，把这些报道都保留了下来。”我不由感叹道。

“每次采访完，文章发到报纸上了，人家记者就给我两份让看。第一次看到的时候激动的呀，想着‘上报纸了！’当时条件也不好，但还是找了本大点的杂志，把报纸夹在里面。孩子小，怕他们给我拿着弄丢了，就让老伴儿放柜子里收好。后头这些报纸好些都是孩子们给我保存的。几年前收拾老房子，顺带把这些资料也整理了出来。”张老说。

我又细细地翻看了一遍剪报，回想起前几次和张老聊天时他只讲到了初中时期，那时大约是1960年。而第一份报纸是1988年，这中间的28年里，张老都经历过什么？

我将自己的问题说了出来，想更多地知道他那时候的故事。

“1986年的时候办了个家庭病院，我给你讲那之后……”张老一下子跨过26年，这让我意识到中间的26年可能有很特别的事情发生过，或许会有他从未对外人讲起过的故事，于是我赶紧打断张老：“1986年之前呢？”

“看病呀，”张老眨眨眼，“卫生所上班。”

不对，一向健谈的张老居然只说了这样一句“没营养”的话，这其中必有乾坤。

我说：“张老，您能给我细讲一下从您初中结束到现在的经历吗？”

张老：“就是给乡亲看病么。”

我继续道：“对啊，您细讲一下呗。”

张老：“和现在没啥区别。”

“没区别我也听听么，这样才对您的生活经历了解得更多。”我坚持不懈。

张老：“……”

张老打迷糊眼，我也就跟着装糊涂，他越是不想讲那段经历，企图三言两语一带而过，我越要想办法挖出来。或许我这只“小狐狸”的心思早就被他看了出来，但俗话说得好，“世上无难事，只怕有心人”，张老就算今天不说，那还有明天、后天，这周不行还有下周、下下周，我就不信找不到突破口。内心做好了“持久战”的准备，我也不急于一时，反而轻松地看着张老。我们一老一少就这么僵持着，脸上都挂着微笑，更像是在比赛看谁笑得更好看更持久。

过了一会儿，张老终是受不了我那“纯真（赖皮）”的目光，无奈道：“我当过红卫兵，说出来怕别（人）误解我。”

“是非公道自在人心，您就讲讲吧。”我说。

一、不一样的“红卫兵”

“刚从初中出来那几年，我天天跟着老父亲给病人看病。不仅仅是骨伤、烫伤，乡亲有个头痛脑热的也来家里寻上服药。那时候跟着父亲学手艺，称得上‘十八般武艺样样俱全’——从接骨到配药制药，就连针灸我都会，身上的穴位到现在都记得清清楚楚。”张老说着，从柜子里翻出了一本泛黄的册子。“你看，这上面记的都是我当时的学习笔记，有啥难点要点，父亲讲完我都整理出来记在本子上，没事就拿出来翻着看看，直到全部记住为止。”

“看病是大事，容不得半点马虎。老父亲让我背医书、背经络图，都要背得滚瓜烂熟才行，就这（样）还是要先站一旁见习打下手，一直到16岁了才第一次让我上手。”张老回忆道。

“那您开始行医之后呢？”我问道。

张老望向前方，他的思绪也随目光一起回到了几十年前。“十几岁的尕子（男孩）么，脑子再好使，经验还是不够么。父亲走哪儿给人看病都把我带上，有时候遇到病情不复杂的，他就让我自己治，慢慢地我的经验也多了起来。头[①]到后面老父亲把越来越多的病人交给我治，我都给治地好好的，在乡里乡亲间也有了点名气！有时间走到路上，遇到治好的病人，别冲我打招呼，(我）就开心得不行！特别有成就感！”

“那时候，又是在农村，大家都穷得很，可是呢，穷归穷，心里头都可开心了！我和我们兄弟两个小子，要长身体，邻居家做了啥好吃的，像是大米白饭，就叫上我们过去一起吃；我

---

①头：宁夏方言中的语气词，无实际意义。

们家要是做了白面馒头，也给邻居掰两个馒头。乡间邻里的关系都特别好，人人见面都笑呵呵的。那时的社会治安也好，家家户户到晚上都不用锁门。”

“头到1966年了，‘文化大革命’刚开始的时候，几乎所有的学生和年轻人都写申请想当红卫兵，我和几个同学还有同村的一起写了申请交上去。”

“那都批准了吗？”我问道。

“没有！最后就批准了几个个。我的批准了，我们有几个尕子没被批准，他们想不明白就跑去问呢，别说要‘学习好、人品好、思想先进、家里成分好’的才有资格选上。后来那几个见到我不服气的，把我脖子一勾垂着肩膀说：‘你咋运气这么好呢。’说的时候可羡慕我了！那会儿我觉得戴上红卫兵袖章，是光荣的象征，是一种自豪、进步的标志。我们被批准的几个人，就觉得这么光荣的标志戴在胳膊上，那我们做什么都要对得起这份光荣。老人说：‘见字如见人，字是门面。’我就努力练字，要写一手漂亮的字；干农活的时候也跑到前头，比别人多干点。干啥都想着往前赶，往好干，生怕做不到最好！”说到激动处，张老眼睛亮闪闪的。

“那会儿您还行医吗？”我又问。

“就没停过！”张老喝了口水，说道：“吃饭的手艺，啥时候都不能扔下。那会儿当了红卫兵，觉得啥都要领先，医术上更要努力，我还跑到乡上去借书，西医、中医，只要是医学方面能借到的书都借过来学。你想白天要出去给病人看病么，只有晚上有时间学习，经常学到大半夜。也是年轻身体好，放现在肯定不行了。”

“有次我让一个同学从银川给我借本书，别家在银川有亲戚，学西医的。说好能借着看半个月呢，头到第三天的时候，别（他）就给我说过两天就要上银川呢，让我赶紧看了别好带上去。两天哪能看完呢么！虽然已经看了一些，但后面的内容还没看到呢，两天就算看完了不能理解透彻，我只能点上蜡烛连天连夜开始抄，最后抄完把书还给别的时候，就成这么个了。”张老夸张地抖着右手，比画道。

在那个年代，张老能够不忘本心，还是很难得的。

二、大水坑的记忆

24 岁时，张老结婚了。

新婚妻子比他小 6 岁，虽然按现在的说法不到法定结婚年龄，但与当时农村回族早婚的情况相比较，已经算得上是“大丫头”了。结婚后，张老就举家搬到大水坑住了几年，关于在大水坑的日子，他很少和孩子们提起过，现在回想起来，那段日子也是今天生活的奠基。

张老说就是那段时间，他把妻子从一个“医学知识零基础的人”，以“半教授半逼迫”的方式改变成了他最得力的助手。

我们刚结婚那阵，家里就来了个病人，也是我带着她看的第一个病人。那是汉渠的一个小伙子，过去干活用的机械老旧粗糙，提供动力的那种螺杆式机子，皮带是裸露在外的。机器工作的时候皮带滑脱掉了，惯性让机子还转着呢，那个小伙子就去伸手去拿皮，胳膊直接被卷到了机子里。送到家里来的时候那个血流的，半个身子都是血。人的血液血腥味儿特别重，妻子哪见过这种场面，当即吓得躲在一边不敢看，病人的胳膊又叫机子绞得血肉模糊的，我看着都有些发怵，别说是她了。

可是你当医生的，病人需要治疗的时候你不能说自己难受不给看啊？

病人疼的早就晕了过去，我只能咬牙硬忍着。

给家属交代了一些事情后，我去厨房让妻子熬了药水净手消毒。拿着同样消毒了的手术刀回到病人那儿时，自己这颗心啊，都快跳到嗓子眼儿了！病人家属看我进来了，怕他们打扰我治病，就自觉地到院子里等着，屋里静静地只剩下我和病人两个。平复了一下心情后，我用手术刀割开了伤口处的烂肉，徒手把断骨拼接好，捏着弯针将伤口处的皮肉粗粗缝合到一起，怕伤口发炎，又用芦苇秆舀上药粉一点点均匀地撒在伤口处，整个处理完包好的时候，满手都是血。到我忙完去洗手的时候，妻子才敢凑过来问我："那个伤，妈哟，你望着你难受不难受啥?"

"那有啥办法呢啥。"她就再不敢言喘（说话）。实际是我就算再难受也只能忍着，能有啥办法。

那是妻子第一次遇到这种情况，后面见的多了，也就胆子变大了适应了。

那时候就已经开始制作骨伤药膏了，最早是从爷爷那辈儿开始，爷爷传给父亲后一直是父亲在制作。到我结婚时，老父亲早已不做药膏了，他把方子都传给我，一切事务都交给我让我去办。一开始我给病人用药膏的时候，把妻子叫过来学习，给她讲咱们家的这个药膏能让病人骨头上的伤还有皮肤上的伤一起长好，她还不相信呢！说:"哪有你说的那个（那么）神奇呢!"直到以后她自己亲自体验过了，才知道药膏好用。有次她做饭干啥的把手割了，把药上上，立即止疼，还高兴地给我说："你这药咋这么神奇。"我就笑她非得自己尝试了才知道。

外父（岳父）有文化，把妻子送到学校读过书，虽然没有读很久，但是也坚持着读完了高小6年级。

妻子认得字，可是给我帮了大忙了。

我培训她按方子输液、扎针。刚开始教的时候，妻子不会，我还说过她：“咋这个都学不会”。其实后来想想也不能怪妻子学得慢，她不像我，从小跟着父亲给乡亲看病还读过卫校，医疗方面的事她是两眼一抹黑，什么都不知道。妻子是个不轻易服输的人，有好几次我都发现她自己躲到厨房去练习，最初是在菜上练扎针，白菜、冬瓜、萝卜都被她拿着练过手。后来，菜上扎顺溜了，她就自己给自己扎，拿自己练。了不起得很呢！从那以后，我写方子，她按着方子给病人输液换药，到现在她扎针都没问题。

古代阿拉伯医生给病人正骨的时候，要 3 个人一起合作。1 个按住病人，1 个把伤患处拉展，这时医生才可以用手法给病人复位。

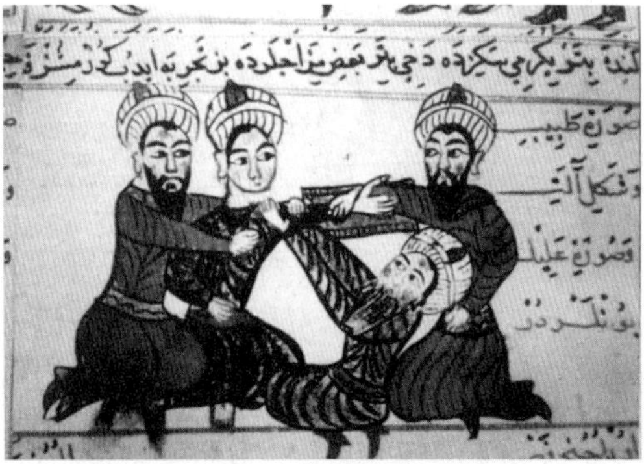

伊斯兰古籍中的骨折治法图（采自江润祥编《回回药方》影印本）

为什么要按住病人呢？因为用手法给骨伤复位的时候一般不用麻药（麻醉剂），需要病人靠毅力强忍疼痛。事实上 20 世纪七八十年代的农村也很难买到麻药，为了防止病人忍不住疼胡乱挣扎，开始治疗前就会有一个人按住病人，以防一会儿疼痛挣扎时影响骨头的复位情况。那会儿父亲年龄大，除非遇到特别严重的病人他才和我一起看，其他时间都是我和妻子两个人。两个人忙不过来，按住病人的活就让陪病人来的家属干，妻子则负责伤患处的拉伸工作，胳膊还是腿呢，哪条要治她就拉着哪个。

除此之外她还要给烫伤病人换药，做敷料、棉球等，都是她自己动手做。我给别说要干啥，别就弄得好好的。了不起得很！

再说那时候所有人都是生产队的成员，每天都要去生产队参加劳动。我比妻子大 6 岁，从知道有这么个姑娘，到结婚，中间只有 2 个月的时间。那个年代，我们没有对唱过“花儿”的浪漫，没有现在年轻人的看电影谈恋爱，直到结婚后才开始相互了解对方。

刚结婚的时候她好多事情不会做，我就帮她一起干，天天夫妻二人一起去生产队工作，下工的时候再一起回家。我那时有个老二八自行车，每天往返生产队的路上，都是我载着妻子。年轻人，总有要体现自己帅气一面的时候，我也不例外，每次用自行车载她的时候我先跨在自行车上，单腿支着地，等她坐上来坐稳了，就猛地一蹬脚，蹬上车子就走……

听着张老的叙述，眼前不禁浮现出一幅场景：清晨农村的土路上，年轻的张宝玉稳稳地蹬着老式自行车，他唇角上扬着，风将他的脸蛋吹得红红的。后座上坐着新婚的妻子，她双手交叠在腿上，前面男人的后背为她挡住了凉风。她微侧着头看着路上的风景，阳光透过两侧老槐树的枝叶投在地上，光影斑驳，恬静而美好。

三、张接骨是个“张大胆”

记得 2013 年 1 月的时候，中央电视台播出了“寻找最美乡村医生 大型公益活动颁奖典礼”。当时是和家人一起看的节目，看完后深受感动，还写下了一段文字记录。

他们在广袤的土地上捍卫生命的尊严，他们在用道德坚守着自己的岗位，他们在用自己的生命呵护着农村百姓们的生命，他们就是“最美的乡村医生”。

昨天看了央视“寻找最美乡村医生”的颁奖盛典，那些乡村医生用他们的真诚、善良、美丽的举止，生动诠释了医生救死扶伤的奉献精神，也因此赢得了“最美乡村医生”的赞誉。他们带来的不仅仅是感动，更是心灵的震撼、灵魂的洗涤。

医术自古被称作“仁术”，在相对贫困的农村地区，广大乡村医生用简单的医疗条件，守护起千百万乡亲的身体健康，克服重重困难，坚守着“医者仁心”。风雨不变的坚持最是难得，那些点点滴滴的岁月，能将一切绚丽的虚华都对比得毫无色彩。

在零下 25 度的天气里，他翻越雪山，冒着生命危险在极地行走，守护着牧民的身体健康，悬崖峭壁、激流险滩，跋山涉水护送病婴，无数次的行医马背上总有他艰难行走的身影。20 多年来，为了给病人看病，他一直在这极其恶劣的环境下来回行走，几次都与死神擦肩而过。

她的丈夫，就是她的双腿。一双脚两个人，为了患者少走一些危险山路，而他们却在漆黑的夜里，在数千个台阶上毅然决然地摸爬着。

身患尿毒症的他，为了给病人看病，选择了隐瞒病情，带着重病出诊。挑着 50 多斤重的担子，经常天不亮就出发，回来时已是半夜三更，履行着随叫随到的承诺。在村民知道他的病情向媒体求助后，术后仅仅两个月，他就回到了百姓身边。“我不知道自己能活多久，但是，只要我活着就要在山村的小路上，为村里人送医，为他们看病。”

…………

外貌上，他们朴实无华，一个药箱，一间陋室，即使登上了央视，面向全国观众时，他们也只是换上了一件干净的外衣；语言上，他们朴实无声，简单的话，纯粹的心，无论是采访中的讲述，还是颁奖台上的激动，他们说着最淳朴的话语；行动上，他们朴实无名，走山路爬雪山是常事，留守乡村几十年是习惯，送药照看是工作……如果没有这次公益活动，没有媒体的寻找，他们一样穿梭在乡间的小路上，挎着药箱，无声无息。

每位乡村医生都有感人至深的行医故事，他们用无私大爱诠释了生命之大美，用淳朴的行动点亮了生命的希望，他们是守护疾苦百姓的生命之神。“他们是用生命守护生命，就像一股暖流融化了冰雪严寒温暖人心，他们是最美的人生写照，是乡村中国的骄傲”。他们把自己置于脚下，把病人端在心头，把生命举过头顶，想尽办法帮村里的老百姓解除痛苦，有钱没钱让所有的老百姓都能看上病，哪怕自己欠债累累，这就是乡村医生的价值。

我在观看他们的故事时，亦被那一件件小事、一句句话语所感动。他们平凡的工作因坚持而伟大，平常的身姿因忙碌而伟岸。写下这段文字，以表达对他们的一种敬意和祝福！

再次看到自己写过的这段文字，当时的感动之情即刻涌动在心间。

亦记得张老说过，他于 1966 年毕业于宁夏吴忠卫校，毕业后在乡卫生院工作过一段时间，曾经也是一名乡村医生。

若没有走出农村，或许他现在也是一位“最美乡村医生”吧！

几日后，正好张老有空，我们就约在银川的医院见面，期间，张老讲起了他在乡卫生院工作时的情况。

“那时还没有‘乡村医生’的说法。农村人最初看病，都是找‘先生’看，也有一些不找‘先生’，自己去问神求药的。20世纪50年代的时候，农村的卫生条件很不好，非常恶劣，有些地方是各种疾病肆意流行。在那会儿严重缺少药品的情况下，政府就提出把卫生工作的重点放到农村，培养和造就了一大批赤脚医生。大家都是‘半农半医，一根针、一把草治病’。赤脚医生主要是三部分人：有医学世家背景的；高中毕业，而且稍微懂点医术病理的；还有一些当时上山下乡的知识青年。”

张老在乡卫生院的时候，遇到了一位被沥青严重烫伤的病人，他回忆道：“过去青铜峡这边修路修得早，工人把沥青拉来了，准备往路上浇倒的时候也没往后头看，谁知道后面站着个人。沥青呼啦就浇脸上了，你想沥青要多烫啊！”

“那阵子有病了都往银川跑，去大医院接受西医治疗。修路的老板一看把人烫伤了，找了辆车拉起就跑银川送到附属医院里去。附院检查后发现就是皮肤烫伤了，眼睛什么的没受到影响，就建议那个病人回家开点消炎药，自己慢慢养伤。病人不干啊，烫成这样医院总得给治么！可是附院（医生）说：‘都烫成这个样子了，肯定是毁容了’，意思也别在医院花钱了，回家该怎么办怎么办。那会儿还没有医学整形，毁容就没办法了么。”

“这个病人也不知道从哪里打听到的‘张接骨有治烫伤的药’，直接跑我家去了。那会儿我在卫生院，刚出门准备去给一个崴了脚的老爷子看病去，我妻子就跑来了：‘有个脸烫花了的，你快回去给看看！’我一听，二话不说，背上包就赶紧朝回跑！虽然说有个崴了脚的老爷子等我去看，但是崴脚和烫花脸哪个更严重，一目了然。脚崴了晚半天治疗，没什么事儿，烫伤可是时间拖得越久留下疤痕的可能性就越大。”

治病如救火，一刻也耽搁不得，但是烫伤并非骨伤，牵扯到了“面子”问题，作为医生面临的压力十分巨大。如果医治效果达不到理想情况，不仅是病人得不到医治，就连医生本人也会名声受到影响。听到这儿，我不禁为张老的贸然决定捏一把汗：“您就直接接下这个病人了？这可是大医院都不接的病人啊！”

“也是年轻胆子大，二话不说就接下了！”张老说，“接下后心里也担心的，这要是给别没治好咋整呢。以前治过的烫伤都是身上的多，不留疤就行了，但是这个小伙子是脸上的烫伤，光治好不行啥！咋也要给别弄得和之前差不多的情况呢么。后来想，不管怎么说，他在我这儿一天我就尽心给他看。以前都是两天换一次药，他这儿我就给一天两次的换药治疗，而且怕他乱吃饭让伤口恢复不好，就让住在家里，天天盯着让吃清淡的。”这时墙角的电水壶发出了“咕嘟咕嘟”的沸水声，张老起身走过去，将电水壶从底座上取下来端回到茶几前，给茶杯里添了些热水，悠哉地品起茶来。

我正听得起劲儿，偏偏张老这会儿就是不开口讲下去，实在是吊人胃口。眼见张老开始喝第三口水了，我终是按捺不住地问道：“那最后恢复得如何呢？”如此付出，如果达不到一个满意的结果那就太不如人意了。

张老好像就等着我问他，这才得意地呵呵笑道：“哎！最后看好后，那脸上白白（净净）的，啥印子也没落下！”

天啊！我在心里惊呼一声，这也太神奇了！

看着我吃惊的样子，张老愈发得意起来，“还有一个呢！那是个师傅带着徒弟给别人修车，修车的时候旁边放了一桶子油，油桶旁边正好有一盆子衣服，可能是脏衣服么啥的。这个师傅不知道想啥呢，糊里糊涂的，抽完烟的烟棒棒子往外一丢，咋么就给丢进油桶里了，秃噜的就着火了！连油桶带旁边的衣服全给点着了！那修车呢，旁边着火不赶紧处理一会儿把车也点着了咋办，这个徒弟就着急的，提上油桶子就往出跑么，想着先把油桶子扔掉了再回来端火盆子。徒弟刚把桶子扔掉，回过头往回跑着端盆子呢，咋知道师傅也给吓蒙了，端着火盆子跟着他就跑了出来，还没看到往回跑的徒弟。这师傅衣盆子一撂（泼）就给撂（泼）到徒弟身上了，当时徒弟身上就是一个火蛋蛋（徒弟身上着火）。周围的乡亲一看人身上着火了，有喊着徒弟躺地上打滚的，也有捧了土撒身上帮忙灭火的。最后还是个木工师傅跑回别个木工棚里弄的湿锯木渣，捂到徒弟身上，费了好大劲才把火给捂死了。”

张老讲得生动，把我也带入到了那个场景之中，听着好像那惊险刺激的一幕就在眼前一样。

“那徒弟送医院了还是？”我问道。

“他们先是把人送到医院，也不是说医院怎么怎么的，但是……确确实实那会儿就那么个情况么（意为医院看伤重不敢接治了）。”张老犹豫了一会儿，有些支吾，想寻一个合适的词来说明当时的情况。

术业有专攻，更何况是在20世纪七八十年代的西北地区，西医院在烫伤治疗上确实缺少些特效药。但无论如何，西医院总归还是正规大医院，相比较而言，张老这位乡村医生还是不敢评论大医院如何。想通了这点，也就理解了张老为何要纠结了。为了让张老转移注意力，好继续话题，我赶忙问了他那个徒弟从医院出来的情况。

“那他是怎么从医院来到您这儿的?”我问道。

“那会儿还没有救护车，找了个板板车去拉他，怕病人吹风感染，又弄了个拱形的盖子盖在上面。人接回来后，就在家里治疗，身上烧的全是伤，成片的水泡，稍微一动就蹭破了，脓水就往出淌，惨不忍睹啊。”仿佛当时的场景就在眼前一样，张老的眉头紧紧地拧在一起。

“您又接下了?”虽然已经猜到了答案，我仍忍不住问道。

“没的说啊!”张老手一摊，继续讲起当时的医治情况，“你想病人身上那么个情况，都不敢挪动他。好在去接他的时候，就在板板车上铺好了干净的褥子，回来后就让他暂时住在板板车上，人睡在里头，铺盖就在盖子外头盖着，身上啥都不能盖、不能穿。来的时候疼得那尕子哭都没劲，我妻子都担心得问我能给看好不?可是我们那个药上上别就不疼了，该睡的时候就好好睡着，到吃饭的时候也多少吃着呢，人心里头就踏实了。在医院的时候上了药也疼得连天连夜地喊着，我这个药上上他就不那么疼了。所以病人心里先踏实了，看他能吃能睡我心里头也踏实了。”

“说起来也是我爷爷传下来的药好用，涂上药膏后，伤口就开始愈合了。每次换药的时候，就看着本来烧坏的组织，那个新生细胞就跟一坨坨白点点一样撒在上面，长得快得很。很快就把腐肉顶到了上面，等到上面的腐肉脱落光了，下面的皮肤就长好了，虽然新的肌肤颜色看着和原来的还不太一样，但是摸上去光光滑滑的。几个月下来，终于给别看好了。”

“别都不敢接，我就给接到家里给看好了，那风险都担着呢，你说那会儿胆子多大?”回忆起当时的情况，张老唏嘘道，现在想起来都有些后怕。

想到连医院都不愿接治的重病患者，当时才 20 多岁的张宝玉居然敢毫不犹豫地接治下来，真不知是该说他“艺高人胆大”还是“初生牛犊不怕虎”呢！

“也是那会儿人都淳朴，想法少，像现在您还敢接这样的病例吗？”听着病人最终恢复健康，我那颗悬着的心也落回了原处。

张老嘴唇一抿，很严肃地说道：“对于烫伤，我们这是一绝。对于知道了解我们的人，我还是敢接敢治，因为他了解（我们的医术）他就有信任在里头，对不对？不了解的人，你就是治得再好，他心里头不信任你，不好好配合，你治得再认真也未必能达到好的效果。”

我赞同地点点头。张老的意思我听得明白，其实这也反映了现下经常出现的一个社会问题——“医患纠纷”。诚如张老所言，医生与患者之间，最基础最重要的就是彼此之间的信任，有了信任，才能相互合作共同击败病魔。

“这些个病例，接下来的时候，心里头都没底，但是后来医生病人一起努力，都治好了。”说着张老拿起一本近 30 厘米见方的绿色册子。我定睛一看，是医院的介绍册。

张老翻开册子，找到其中“回医烧伤科简介”那页后，把册子平摊在茶几上，指着上面的治疗案例图给我看。“你看这

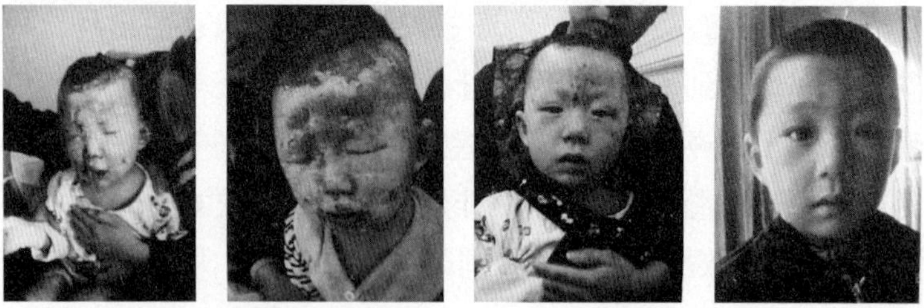

治疗前　　治疗 1 天　　治疗 8 天　　治疗 2 个月随访

一个面部大面积烫伤的儿童接受治疗前后的对比图

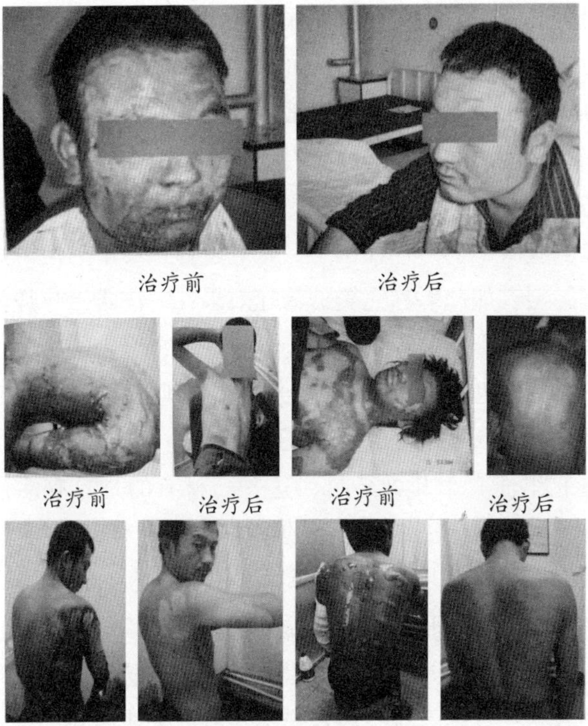

图册上记录烫伤的病例

个娃娃，来的时候脸都烫成什么样子了，额头上全是伤疤，最后治疗了 2 个月，恢复得好好的；还有这个，就跟我前头给你说的被沥青泼了脸一样的情况；这个是全身的……”张老指着册子上的病例，如数家珍般一一道来，每一位治疗过的病人他都记得。

“这个治疗效果也太神奇了吧，有些……”有些难以置信呢。刚才听张老讲的时候，我能想到接受过治疗的烫伤病人恢复得很好，但真的没有想象过会恢复得这么好。

“光看图片是觉得很不可思议，但是这些确确实实就是我们给治好的。”张老说，“我们医院烧伤疾病的治疗都离不开

‘烧烫伤回药膏’，这个药膏是用多种名贵回药配制成的，从爷爷那时起就用于临床治疗，历经几代人不断验证完善，到现在有100多年了。而且有别于一般治疗法，我们在治疗烧烫伤的时候采取暴露、湿润疗法，具有痛苦小、愈合快、无瘢痕愈合等优势。”

看到我眼中仍然存在困惑，张老解释了一下为何“烧烫伤回药膏”会有如此堪称完美的治疗效果：“往常治疗烧烫伤都是让创面保持干燥，等创面结痂自愈脱落，但是这样会伤到真皮层，治好后创面的皮肤颜色会永久性地与周围皮肤颜色不同，而且有些恢复不好的地方还会坑坑洼洼地留下疤痕。我这个药膏它里面有十几种药材，这些药材有的是具有活血的功效，有的是用来促进细胞生长的，还有一种（药材）具有消炎的效果，按照我们几代人临床实践的效果不断改进药方，特别是针对创面愈合和肤色这方面做了很多调整。”

为了能让我更好地理解，张老特意寻了盒药膏回来开始现场实物教学：“你看这个药膏是不是看上去油油的？”

我凑近那盒看着黑乎乎油腻腻的药膏，用手轻轻扇了扇，一股伴着中药与香料气的浓郁油脂味儿立即涌入我的鼻腔。

“这个是羊油吗？”我摸着鼻子不确定地说道，实在是因为药膏的味道太提神了！

“不，我们用的是植物油。”张老拧上药膏盖子，继续道：“原先最早的时候就是直接磨好药粉往伤口处撒，后来发现伤口对这个药材吸收的效果一般，浪费大得很，我就改成用植物油拌药膏。为啥用这个植物油拌药膏呢？一来油脂可以让药膏涂抹到患处后隔水、隔空气，保持伤口湿润；二一个（方言，二），它可以把其他药材里的成分很好地融合在一起，再加上油脂容易被皮肤吸收，所以药材的成分就能很快地被伤口周围的皮肤吸收掉。而我们配的药它能刺激创面周围的皮肤细胞，让周围的皮肤向着中间长，最后把创面包裹起来，这样长出来的新皮肤还保留之前的记忆，能和周围的皮肤颜色比较接近，凹下去的肉也能长平整。”

听完张老的解释，我明白地点点头。再次看向这些照片，仿佛可以听到病患初来时的痛苦呻吟声与看到治愈后他们喜悦的笑脸。张老说这些照片都是在治疗过程中，与患者商议后拍摄的，作为重要的医疗档案保存在医院的档案室里。

第二节 脱离黑户

一、老宅闲聊

进入 6 月，一阵阵热浪扑面而来。太阳变成了一个大火炉，整个世界都被烘烤得滚烫滚烫。

张老说明天要去老宅走一趟，叫我早些来，于是前一天的下午，我就来到吴忠，住在离医院比较近的一家旅店里。

最近在培养早起锻炼的习惯，于是不到 7 点，我就离开旅店，在吴忠清晨的街道上漫步。初夏的清晨，阳光透过树枝，温柔而闲散地撒落在地面上。阵阵微风吹过，附近学校里孩子们的读书声清晰飘荡而来，与清晨的鸟叫声、街道上行驶的汽车声、熟人遇见相互问好声混合在一起。我站在路边，闭上眼，听着这些混合在一起的声音，却有一种说不出的恬静。

8 点半，和张老还有张老的 3 个儿子见了面，吃过早饭后，我们驱车前往位于吴忠市马莲渠汉北堡村的老宅子。车子在宽阔的柏油马路上奔驰，道路两旁的绿树快速地向后倒去，远远往前望去，远处青山绿水显露着夏日的葱郁茂盛，像一道道绿色的屏障，挡在道路的前方。

张氏回医正骨医院旧址

这处老宅是张宝玉的爷爷——张华坤传下来的，历经100多年，地还是那片地，上面的房子却重建过，也翻修过，如今留下的唯有岁月的痕迹。远远的，还未到老宅门口，就看到了一株生长繁茂的椿树还有一簇茂密的蜀葵，老宅的大门就在椿树的光影下。走近了些，才瞧见老宅院门上顶着块儿绿底白字的牌子，上面用中文、阿拉伯文写着“张氏回医正骨医院旧址”。院门是扇双开的铁皮门，铁锈斑驳，依稀可见蓝色的漆料。用土坯垒起的院墙上，几枝绿枝不安分地探出头，窥探着院墙外的世界。

推开院门进去，小院内土地土墙，却洁净整齐，10间土坯房呈L型布局。房檐下挂着晒干的玉米、艾草、红辣椒，墙根有几根小草顽强地生长着，窗台上则摆放了几盆花草。真有种岁月荏苒，葱昽依旧的感觉。

“张老，现在这间老宅还住人吗？”簸箕、筛子靠立在墙根下，一如曾经的模样，让我不禁想若有炊烟升起，是否十几岁的张老就会掀开门帘走出来？

看着眼前老院，张老亦是感慨万分，这是他生命开始的地方，也是家族医术开始的地方。“早就不住人了，现在让家里的亲戚给照看着呢。”说罢，张老向一间屋子走去。我快走两步，跟上他走了进去。

屋子里还保持着几十年前的摆设，铺了褥子的土炕，漆成枣红色的木箱子。“一段时间我就要回来看看。”张老在屋子里这儿摸摸、那儿看看，“年龄越大，对老物件越有感情。”张老淡淡地说道。“这个院子是最老的院子，小时候我和父亲还有兄弟姐妹都住在这里，结婚的时候也是在这儿。”

“这 10 间屋子都是自家人住吗？”我问道。张老说过他有 6 个哥哥姐姐，还有 1 个弟弟，虽然家里人多，但是住 10 间屋子好像还是太宽松了些。

张老说：“家里人哪能住得了这么多呢！好些是给病人准备的，有些伤势严重的病人，放回家疗养换药检查什么的都不方便，就多盖了些屋子让病人住在这儿。”

说着张老走出屋子，指着大门旁边的一间小屋说：“家里头两个厨房，这头这个小的就是病人家属做饭用的，挨着的这面房子全是给病人住的。”

我走进当初的“病房”，细细看了看。这是 3 间土坯房，门的旁边是一扇大窗户，由于在院子的西侧，屋子的后墙正好是院子的西墙。地面是抹过的土地，许是年代久远了，地面不是很平整，有些坑坑洼洼的。近 9 平方米的屋子里，只有 1 张大土炕，显得有些空荡荡的。与现在医院里明亮整洁的病房相比，这间“病房”实在是粗糙得无以复加，但在几十年前的农村，则是张老一家能给病人提供的最好条件了。

出了“病房”，我看见张老正和3个儿子在院子东墙下忙乎着什么。

“在这里垒个炉子，有个五六十厘米高就行了。”

“砖垒还是土坯垒?”

“都行么，砖垒好，外面再抹一层泥就行了。”

“行，那我拿砖去。”

听着他们的对话，我有些不明所以，这老院子都不住人了，还垒个炉子做什么?

张老看出了我的疑惑，解释道过段时间有记者要来拍摄老院子，想拍他们在老家时治病救人的场景，要他们最大限度地还原当时的情况。除了自制药膏外，张老还要自制“石膏”，而这个土炉子在各种“自制”中都必不可少。

石膏还能自制?我知道张老善于制药，可不知道他还能制石膏。“您怎么制作石膏啊?”我问道。

“这个是能像石膏那样起到固定作用的，但是不是真的石膏。”张老说。“早先一直是用夹板固定伤处，但是有时候病人自己不注意夹板会被弄松。那阵子农村条件差，不像城市里的医院有石膏可以用，我和我父亲就想能不能用什么土办法来替代石膏。后来结合实际生活经验，用草纸和鸡蛋做了些‘石膏’。”说着张老就比画起来，“草纸比较粗糙嘛，又有韧性，还便宜。就像这么个拿上一沓子草纸，稍微浸一点点水，不敢多，多了不好干，把鸡蛋清和草纸一层一层地刷上黏合在一起。趁着草纸还软乎的时候，往伤患处一固定，哎，头到草纸干了，就和石膏一样成个硬壳壳了。”

这样天然便捷的人造“石膏”真是特别!

“张老，想不到您还是个DIY达人啊!”我笑道。

听到我的话，张老一脸茫然，他不懂什么是“DIY达人”。

几位哥哥见状笑了起来，向父亲解释：“‘DIY’是自己动手制作，‘达人’就是很厉害了不起的人。”

听罢，张老才笑眯眯地点点头，说道：“这都是生活里的经验，要不是小时候做饭伺候老父亲，我也想不到把吃的鸡蛋用来做‘石膏’。不是有句话说：‘一切来源于生活’么。会得多了才能在原来的基础上去改进创新。我对几个孩子也这么说过，要会做家务才更会生活，所以他们几个人做家务也是好手。”

聊天的这会儿工夫，张老的3个儿子也把土炉子的大模样垒好了，而我也不时用眼角余光关注着他们。诚如张老所言，他的儿子们在垒炉子的过程中，彼此分工明确，合作有序，不仅垒好了炉子，还顺带将老院内外的小杂草清理了一番，这些自然流露出的状态都说明他们从小就懂得做家务。

这让我想起，在某次聚会中一位好友曾向大家抱怨，说她的先生下班回家后什么都不做，只对着电脑打游戏，典型的“油瓶倒了都不扶一下”先生，为此他们生了不少气。好友的先生在一家企业里是部门经理，当时我们还安慰好友一定是她先生平日里工作太忙了，回家才不做家务要打游戏放松的。而此刻看着

正在试炉子的张宝玉

张老的3个儿子忙里忙外，娴熟地做着各种事情，突然明白越是努力工作的人，也许越会做家务。

不知不觉中，已经到了正午十分。太阳火辣辣地挂在半空中，没有树荫遮挡的地面被烤得热乎乎的。我和张老搬了小马扎坐在墙根阴凉处，整理着轧药碾药的工具，这些也是摄制组来拍摄时要用到的。张老拿着一把小刀，细心地把工具上的铁锈一块块撬下来，才撬了没几块，就被忙完回来的儿子们看到了。3个儿子一个扶起父亲，1个接过父亲手里的工具，还有1个则快跑两步掀开了旁边小屋的门帘，让父亲进屋休息。看着张家父子间的互动，浓浓的亲情让干热的空气也变得温柔起来。

为央视拍摄做准备的父子4人

（从左至右依次是：张金垒、张金海、张宝玉、张金东）

二、赶上改革开放的春天

在老院子忙完，我们又启程前往了下一个地方——马莲渠岔渠桥。

令人意外的是，这还是一处“张氏回医正骨医院旧址”，与汉北堡的老院子比起来，这处院子看起来年轻新潮了不少。进入大门后，左右两边对称地各建有三排红砖房，地面也用石板和红砖铺得平平整整。

这间院子建成于 1986 年，是在 1983 年国家允许个体医生开业行医之后，张老辞去马莲渠乡卫生院的“铁饭碗”建立的家庭病院。院子里有 30 间房屋，规模是汉北堡老院子的 3 倍。

1979 年，那是一个春天。

邓小平在中国的南海边画了一个圈。

这个圈不仅创造出了今天富饶发展的深圳，也为国内的个体经营者们带来了希望。

张老也是“那个春天”的受益者。

在国家允许个体医生行医之前，张老一直在公社和乡卫生院工作。那时候大家吃大锅饭，共同劳动，平均分配，没有个体、私人的概念。张老说那阵子给人看病都是提心吊胆的，生怕哪天让人举报了说他办地下医院，当资本家。好在张老医术精湛，救助了方圆几十里的父老乡亲，加之医德高尚，待人真诚，悄悄行医 20 余年，从未有被当成“资本家”的情况发生。但说到底，没有国家相关部门认可的病院，就算坊间口碑再好，也依然是一间“黑医院”。

直到 1979 年改革开放后，张老终于等来了国家允许个体医生开业行医的消息，这对他来说如久旱逢甘霖的大好消息。

“刚听说这个消息的时候，开心得晚上睡觉都咧嘴笑呢！”张老说。

“为什么如此开心呢？”我问道。

张老喜笑颜开地说：“本来治病救人是件开心事儿，但是早些时候国家政策不允许个人行医，像我那种（自己干活）就属于是违法的！弄得人一边给人看病一边心里忐忑不安，生怕哪次不小心出了问题让人告了。后来政策下来了，允许自己干了，哎呀你不知道我那个开心啊，终于可以大大方方地开门诊看病了。”

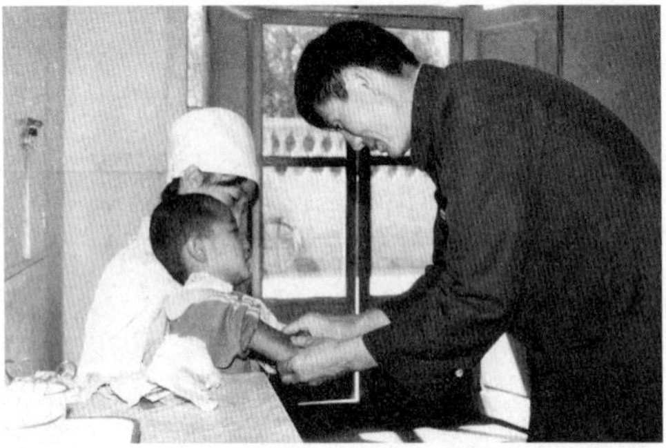

1986 年，张宝玉在刚建好的家庭病院为病人诊治

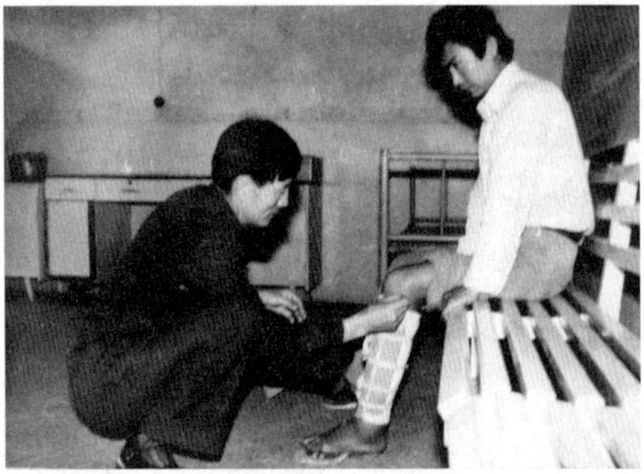

1986 年，张宝玉在刚建好的家庭病院为病人诊治骨伤疾病

建医院的土地刚批下来的时候，由于修路取土的关系，附近的地被取走了不少土，张老这块儿地更是一个低于路面 1 米多的大土坑。两亩多的地，张老愣是像愚公一样带着妻子孩子们一块块土坯、一筐筐沙石地将坑填得与路面齐平，又在乡亲的帮助下盖好了病院。

“这个家庭病院的建立，说起来还要感谢当时的领导。”张老的思绪回到了 30 年前。

早些年，家里人一直住在汉北堡，张老结婚后不久，举家就搬到了大水坑住了几年。张老医术精湛，骨伤和烫伤的治疗那是驰名乡里乡外的，来找他看病的人也多。病人离得近的会

1986 年建成使用的马莲渠岔渠桥家庭病院

送到他这里来，有些病情严重不方便移动的病人，他会不辞辛苦地上门给病人治疗。

当时公社闫书记家的侄儿在陕北老家跌折了腿，伤得很严重。闫书记很早就听说了张老善于治疗骨伤，但是碍于公社书记这样的身份，不好意思上门求助张老。闫书记说他是党的干部，那时张宝玉是悄悄干地下医院的“资本主义”，他担心上门求医会造成不好的影响，所以纠结了好几天。可是老家一封封电报诉说着侄儿的伤痛，催着他带医生回去，思量再三后，闫书记毅然敲响了张宝玉的家门。

在闫书记说明来意后，张宝玉急得直跺脚，埋怨闫书记这么重的伤病不早点说，万一耽误了治疗怎么办。两人背着药箱连夜出发赶往陕北老家，到闫书记侄儿家后，张老就立即着手治疗，在张老细心的治疗下，不到一星期，病人的伤势就稳定住了。几个月后，差点落下残疾的病人完全康复了。

那之后，闫书记对张老的医术佩服得五体投地，两人也成了忘年交。

“您两位现在还经常联系吗？”听完张老的故事，我很想见一见那位老书记。

谁知张老听到我的话竟呵呵笑了起来，这让我有些莫名其妙，难道是我说错了话？

“我就说你这个丫头运气好，今天晚上我正好约了闫老哥吃饭，一阵回去吴忠你就能见到他了！”张老笑呵呵地说道。

嘿！敢情我凑了个正巧！

下午回到吴忠时已经5点多了，张老安排我在会议室稍作休息，而他则去给闫书记打电话。

不一会儿，走廊里就传来张老热情的声音：“老哥，你先坐到会议室等一会儿啊，我这还有点事情要忙乎，一会儿就忙完了……”

声音未落，张老就带着一位老先生进入会议室。这位老先生身板直挺，全白的头发认真地打理成二八偏分，皮肤有些黑，看面相大概80出头，但是看精神年轻得多。张老介绍说，这位就是闫书记。

老先生笑眯眯地与我问好，我也连忙伸手与老先生握手问好。

张老还有事情要忙，让我先陪着闫老先生在会议室聊会儿天，顺便有啥想了解的也可以找闫老先生问问。言罢，张老就拉开门走了出去。

我和闫老先生有一搭没一搭地闲聊起来，在闲聊中得知闫老今年已经80多岁了。闫老先生说，当年他还在公社当书记的时候，可有些好事的人跑他跟前告状，诸如“咱们社有些人自个儿干着呢，这是资本主义的尾巴”“有技术也要服从群众的安排”之类。闫老知道他们说的是谁，都假装听不到或听不懂，有时被告状的人唠叨得烦了，还会说：“人家治病救人又不追着收钱，做的是好事，怎么就成了资本主义尾巴？你有本事你也来给乡亲看病么！”一句话把告状者呛回去了。

“我那阵子刚到公社当书记的时候就知道张宝玉了，经常看到他背着药箱骑个自行车风风火火地跑去给人看病。你想那会儿的农场，大家做农活难免有人磕了伤了的，有个大夫在多方便呢！他又是个本分的人，所以遇到那种嚼舌根戳是非的，我就直接呛回去！”闫老先生讲到往事的时候，手舞足蹈、声情并茂，身体语言配合他的表情，一下子就让人联想到了当时的场面。

“老哥，你们聊啥呢？我在对门烧水都听到你的笑声了！”张老端着一壶烧好的热水和纸杯，笑呵呵地走进来。他在一个杯子中放了撮茶叶，又细致地将两个纸杯套在一起，才拿起壶给闫老冲茶。

张宝玉和闫老先生

“说我以前怎么厉害呢么，哈哈！你忙你的啥，别管我了！”闫老侧着身虚扶了一下纸杯，对张老说道。

张老专注地倒着水，说：“不碍事，给你倒杯水么，耽误不了几分钟。你们边喝边聊着。”

“那……好，好。”闫老双手接过水杯，眯着眼咂吧了一口茶水。

张老把水壶放在离我比较近的地方，临出门前安顿我："小魏，一会儿就麻烦你给（闫老先生）添添水啊。我一阵过来。"

晚饭是在医院附近的一家清真餐厅吃的。

我们选了大厅里一个靠里些的 6 人长方桌，除去张老、我、闫老外，还有张老的一儿一女，5 个人坐下刚好宽宽松松的。

张老为每人点了一份八宝茶，他特意嘱咐服务员让放点好茶叶，不要用一般的茶叶。八宝茶，是回族同胞待客的传统饮料，以其辅料配合精当而闻名中外。除茶叶外，尚配入枸杞、红枣、桂圆、核桃仁、果干、橘皮、冰糖、芝麻等，因有 8 种配料而名曰"八宝茶"，喝起来香甜可口，滋味独具，并有滋阴润肺、清嗓利喉之功效。

吴忠的八宝茶分两种：一种是在大茶壶里泡好，用小水杯分喝；还有一种是用西北喝啤酒的大扎杯喝茶，一扎杯里装着一份八宝料。

张老说大壶泡的没味道，扎杯喝着才够味儿。

随后张老又点了一盘酱牛肉，一份芝麻菠菜，一盘清炒土豆丝，还有两份小炒肉。"老哥你现在晚上还喝酒不？"点完菜，张老问坐在他左手边的闫老。

"来两瓶啤酒么，每天晚上不整点都睡不踏实。"闫老呵呵笑着。

张老不喝酒，他端着扎杯八宝茶和闫老碰杯子，两人倒也喝得你来我往不亦乐乎，一会儿工夫，闫老先生就喝完了一瓶啤酒。一瓶酒下肚，闫老有些微醺，他右手执筷，夹了片酱牛肉放入口中，细细地咀嚼，又"嗞溜嗞溜"地喝了两口啤酒，美味得眼睛都眯了起来。“这个酱牛肉味道不错，你们都吃点，摆这里光我一个人吃了。”闫老招呼我们几个年轻人多吃点。

张老笑道：“你吃好你的，这个酱牛肉我专门给你点的，就知道你要喝点酒，牛肉配酒，吃着才更香。”

有老友在旁，喝着酒吃着肉，闫老的话匣子也打开了，和张老一起“忆往昔”。

“你还记得以前的杨市长不？”闫老端着酒杯问张老。

“记得呢！我盖家庭病院的地就是杨市长给批的么！”张老说着转向我们，“就是岔渠桥那块地，我刚从乡卫生院辞职的时候家里还没有可以盖新病院的地方，后来跑市上申请领导给批地，申请递上去很快地就批下来了，才知道原来是杨市长给特批的。”

“你知道为啥不？你天天在乡下，就知道在病人家跑来跑去，也不关心市里这边的情况，但是啊，你的名声早在市里传开了。”闫老拍着张老的肩膀说道。

“知道呢么，咋能不知道呢，好些病人都是吴忠这边过来的，银川过来的都有呢。”

“酒香不怕巷子深，你有这个技术，真是帮助了不少人呢。1983 年那会儿国家政策刚出来的时候，市里这边好多人就猜想你肯定会申请个门诊的，哪知道政策下来一个月了你还没动静，可是把我们急的呀！杨市长当时就找过我，让我把文件拿去给你，看看你是不是还不知道国家的政策呢。”闫老说。

张老讶异地一挑眉，“那个文件当时是杨市长让你拿给我的？我一开始确实是不知道，拿到文件后，哎呀，开心得晚上都睡不着觉呢！”

闫老说：“那可不，你的事情，市里的领导早就关注着了，凡是当年体验过你这（医治）技术的，有机会都想着怎么帮你把它推广出去呢！不瞒你说，我都是你的忠实拥护者之一呢！”

……

两位老先生你一言我一语地越聊越开心，餐盘中菜逐渐减少，茶杯里的水也添了一杯又一杯，我和张老的儿女们坐在他们对面，安静地听着两位讲以前的事情，偶尔也插话聊上两句。

末了，张老和闫老握着手，感慨地说：“那个年代自己行医，是违法的事儿！乡上领导完全可以给扣个大帽子，什么‘投机倒把’‘地下医院’‘资本主义尾巴’，哪一个帽子都是要命的！”他看向闫老，又重重地握了握闫老的手，说道：“当时闫老哥你没有收拾我们，还给予了理解，不然我张宝玉哪有今天呀！”

闫老也有些动容，他端过酒杯，慷慨激昂地说道：“说到底最要感谢的就是改革开放，不然也不会有今天啊！来，你把茶端上，咱们干了这杯！”

这顿晚餐足足进行了两个小时，虽然闫老一再表示自己没喝多可以自己回家，但是张老还是不放心喝了酒的老哥，坚持让儿子送闫老回家。站在餐厅门口，张老看着夜色中闫老离去的背影，华灯初上的光晕撒在他的身上，像极了朱自清《背影》里写的“等他的背影混入来来往往的人里，再找不着了”。

不同的是，张老和闫老的背影都笔挺而充满希望，那是过去对事业的热爱、今天老朋友间的情谊和明天对未来的希望。

三、手把手教出大徒弟

从吴忠老宅回来的第二天，我约了张金东的妻子——马莉医生。

自从银川这边的医院建好后，张宝玉的大儿子张金东、大儿媳马莉，以及三女儿张丽萍就搬到了银川，主持医院的各项工作。

找到马莉的时候，她正在医院三楼最里面的办公室和两位护士制作着什么东西。她们把采购来的整块医用棉花手工均匀地撕成薄薄的长条或薄片，撕好的棉花堆放在旁边的办公桌上。年长一些的护士拿起背后凳子上摆放的纱布，抖开，平展地铺在办公桌上，又取了大夹子，将纱布固定好。做好这些后，她们将先前撕好的棉花均匀地铺在纱布上，铺好后才取了另一张纱布覆盖在棉花上。整个过程有点像家里老人制作小褥子。办公桌上有一台电动缝纫机，虽然不知道医院里有什么要用到缝纫机，但看着眼前她们的工作，猜想应该是用来缝合这些纱布小褥子的。

“马医生，您好！”

“魏老师，您好！”她转身与我问好。由于提前通过电话，马莉医生一下子就听出了我是谁。

马莉医生穿着白大褂，墨色的长发束成一把低低的马尾辫绑在脑后，线条柔和的鹅蛋脸上有一弯柳眉和一双会笑的眼睛，即使是不说话的时候嘴角也有淡淡的微笑，身上自然而然地散发着一种平和感，像极了古诗中描绘的佳人。如果用一个字来形容她，就是“静”，由内而外散发着一种安静之美。

“马医生，你们这是在做什么呀？”我指着办公桌上看起来像小褥子一样的东西问道。不懂就问，这些看起来像小褥子的东西绝不可能真的是小褥子。

“在做敷料呢。”

“不能采购吗？为什么要自己做呢？”

“以前采购过，但是效果不好。”马莉医生柔柔地一笑，遂又耐心地解释道，“这些敷料是配合药膏用的，给病人治疗完后我们会把对症的药膏涂抹在伤患处，一般两三天换一次药，

马莉自制敷料现场

在这个过程中药膏都要保持在伤患处。药膏里有很多油脂，还有些中药特有的味道，如果不在外面覆盖上敷料，味道大不说，还容易把药膏糊得到处都是，这样对伤口愈合不好。最早的时候敷料都是这样手工制作的，中间采购过一批成品，病人用了后不透气、易出汗，反把伤患处捂得红肿过敏。也委托给医疗机构做过，但是不放心材料和规格，我们现在还是自己制作。”

旁边的两位护士接着说道：“敷料太薄了药膏会浸透出来，太厚了又会捂得伤患处不透气过敏红肿。咱们做的这个，薄厚适中，大小也可以随情况调整。”

“用的时候就这么一大块?”我比画道，面前的敷料实在大得像小褥子啊，别说是裹个小伤口，裹个孩子都绰绰有余。

马莉医生和两个护士都“噗嗤”一声笑了出来：“要裁剪的。”

“一整块铺好后会用缝纫机‘井’字形扎上好多道，再根据设计的尺寸裁剪成大、中、小 3 个尺寸。这些材料在制作前就消毒过，做好后还要再次消毒保存。”

原来如此，想不到看似简单的一块敷料竟然有这么多讲究。

制作敷料的办公室不适合聊天，马莉医生就带我去了她的办公室。还有一个多小时就到中午下班时间了，这个时间来就诊的病人不多，我们得以安安静静地聊天。

同性之间比较容易找到共同话题，再者由于马莉医生天天要面对不同的病人，自身的性格加上长久以来养成的职业习惯让我们很快就聊了起来。我们从穿衣打扮开始聊起，逐渐说到了她和张金东的大学同窗时光，甚至还聊到了孩子的教育问题。内容五花八门，医学的、生活的、家庭的……什么内容都有。在聊天的过程中，马莉医生嘴角一直挂着柔柔的微笑，和她说话时，会不知不觉地被她那份温柔感染，仿佛我们不是坐在医院诊室里初次见面的两个人，更像是一对好姐妹捧着热茶在午后的咖啡屋里聊家常。

我说："马医生……"

"你叫我姐就行了。"马莉姐微笑着打断我，让我用"姐"这个更亲近的称呼替代"马医生"。

"姐，你说你本科学的是临床，那是怎么学的正骨啊？"我问道。

马莉姐半靠在桌子旁，右手轻轻托着下巴，讲起了她的正骨学习历程。

"大学的时候我学的是临床，和张金东是同班同学，毕业后我们就结婚了，嫁到了马莲渠。因为上学的时候学的全是西医的知识，刚过来婆家，看着公爹给病人正骨，也不用照X光拍片子，他把手往上一搭就知道骨头的情况，几下子就让错位扭曲的骨头恢复到了原位，当时觉得特别不可思议！复位好的病人带去拍X光片，从片子上能看出来骨头复位得好好的，严丝合缝！当时惊呆了，一下发现中医（民族医学也属于中医）比原来认知的强大太多，突然就萌生出'我要和公爹学会这项技术'的想法。"

"说起来我是公爹手把手教出来的大徒弟，像后面的他的子女再学的时候都没有说手把手地教。虽说大学的时候学过解剖学、临床医学，但是学正骨的时候一下从西医跨到了中医，这中间还是有不少差距的。公爹教我的方式和古代师傅带徒弟一样，让我从最基本的工作开始做起——拉胳膊拉腿。所有骨折患者都要先牵引住再复位，复位以后3天一换药。刚开始的大半年时间里，我感觉自己别的啥都没干，就是给病人拉胳膊拉腿，我这边拉着做牵引的时候公爹就给我讲这个病人是什么情况，需要怎样复位、到什么状态云云。”

说着马莉姐抓过我的右手比画了起来，“你看比如说你这胳膊骨折了么，所有胳膊骨折都是这样。”她把我的右手向下弯曲了一下，模仿骨折的样子。“你看这边病人家属把病人拽着点儿，就是身体往后拽着点固定住，我就在前面这样拽着，然后老院长就会来解开夹板，复位换药。腿呢，也是这样。对了，在家的时候就直接管公爹叫‘爸爸’，出来了就按医院的习惯叫成‘老院长’了，一会儿说串了你别介意啊！”

“我那大半年就是干这个的，就在这个过程中，老院长就给我讲这个骨折向哪里移位的，你要怎样复位，你换药注意什么，夹板怎么绑，就是特别细致地讲解，不像老师给学生讲呢有时候还有所保留，他就毫无保留地都给我说。天天跟在他旁边看着学着听着，不知不觉就渗透到脑子里去了，老院长教我的方式肯定是和我带下面的新进医生学习是不一样的，因为那会儿老院长只教我一个人，就我一个徒弟在学，知识的掌握和领悟什么的，都是自己能体会到的，真的不一样。”

“我就这样像餐厅端盘子一样拉胳膊拉腿地学习了大半年，然后有一天感觉（积累了这么久的知识）一下就突破了的那种！等到病人来我上手复位的时候，一下就成功了，一步就到位了！那种心情特别激动！尤其我看的第一个病人，我记得特别清楚。她是一个盐池的病人，夏天开农用车呢，她老公开着她在上头坐着，然后就不小心掉下来了，脚给跌骨折了，就像这样歪到一边去了。”马莉姐用自己的脚比画起来，整个脚侧面与小腿都快垂直了。

“来的时候是晚上了，那会儿大姐也不在。就我一个人在医院值班呢，我给拍片子一看，翻踝骨折合并脱位，这个在现在来说，西医来看它也是一个难点，在骨折里是很严重的情况。我拍完片子去找婆婆商量说咋办呢，大姐回家了不在医院，只有我和婆婆两个人守着医院。我就给婆婆说不然我去大姐家找大姐过来，婆婆看外面黑乎乎的一片，怎么都不同意我出门。那怎么办呢？想了想，那就我来给她治吧。”

“那是我上手处理的第一例骨折病人，处理完病人就在医院住下了。第二天早上大姐来了，我就给大姐说了这个病人的状况，大姐说那处理完了就拍个片子看看修复得咋样。片子洗出来一看，解剖对位，严丝合缝，就是整复得特别好！那可是脱位合并骨折啊！就那一瞬间感觉自己好厉害啊，哈哈！”马莉姐开心地笑道：“当时就有一种成就感，现在想起来都有点兴奋呢！”

“跟着老院长，拉胳膊拉腿做得多了，到后面他一点，我就能明白，这个病关键点、疑难点在哪儿。就是看得多了，听得多了，自己就积累下经验了。像现在我再带新来的学生，首先和他们沟通就有困难，这些新来的学生很难说像我那样静下心来把拉胳膊拉腿干上半年。”

“干正骨十几年了，一直到今天我都觉得，那段时间手把手学习的阅历是必不可少的。就是这样一步一步积累起来的，没有什么捷径可走，就在这个拉胳膊拉腿的过程中，你用力的大小啊，手握的角度啊，对这个骨折的复位成功都有很大影响，所以别小看那简单的一拉一拔，都有关系的。”那长达半年之久的基础学习，是马莉姐正骨医路开始的起点，对她有着特别的意义。

正骨的手法我之前见过一次，有个老奶奶被摩托车撞了，送到医院检查后发现是小腿腓骨骨折了，片子上看错位得很严重。当时是张金东给治疗的，复位的时候就看着那么一拉一拽一按就复位完成了，看得我都呆住了。记得当时特别不确定地问了张金东好几次："这么快就好了？"当时觉得特不可思议，张金东怎么做到的快速复位，现在听了马莉姐的学医历程，深刻地理解了"台上三分钟，台下十年功"这句话。

马莉继续说道："再结合上多阅片，把每个片子读懂了，一瞬间就领悟到骨伤复位的要点了。前期的准备做充分了（医师的经验积累），到时候可能不到一分钟就能把复位做好，西医里还在打麻药的时间里我们的修复就已经做完了。"

"2002 年银川这边的医院开业了，张金东和三姑子在银川，我和老院长就在吴忠，公婆真的和父母对待女儿一样。最初嫁过来的时候，我妈妈还哭鼻子，想着女儿嫁远了会吃苦受累，后来妈妈来马莲渠看了我几次，看到公婆这么好地照顾我，她心里就踏实了。后来张金东的弟弟们毕业了，回到吴忠的医院的时候，那会儿医院也发展了很多，聘请的医生也多了，子女也都回来医院帮忙了，老院长上门诊就少了，亲力亲为手把手教他们的时间也不多，等于他们好多都是自学的过程，都没有像我当时那种手把手传授的机会了，这点我真的特别感激。"

张老早年时行医都是跟着他的父亲，后来结婚成家后多数时间都是"单打独斗"，也许在大女儿的学习经历中张老也曾教过她，但大姐应该没有像马莉姐这样"拉胳膊拉腿干了半年"。如此说来，马莉真算得上是张老带出来的大徒弟了。

在我们聊天将要结束的时候，进来了一位咨询骨刺治疗的病人。

马莉让病人脱掉鞋子坐到检查床上，手指直接按在了病人翻着龟裂黄皮的脚上。病人看着自己的脚，可能觉得有些不卫生，局促地缩了缩脚，操着平罗口音低声喃喃道："今天腿子疼，从工地上直接过来的……"

马莉抬头看了眼病人，温和地笑笑，将病人缩回去的脚拉出来了些仔细地查看患处。随后又问了病人一些关于病痛的问题，并向病人推荐了骨刺的两种治疗办法——保守疗法和手术治疗法。

这时病人也放下了刚才的羞涩，穿好鞋子坐在凳子上认真地听医生讲话。在面对两种治疗办法的选择上，病人怕保守疗法时间长不能去除病根，又担心手术后会带来一系列的恢复问题，一时间摇摆不定，面露难色地看着马莉，希望医生能给些专业指导建议。

"你这个情况，骨刺已经开始挤压附近的骨头了，我建议你做手术治疗效果会更好一些。而且这块骨子（骨刺）这么大了，保守治疗无法保证能够做到完全根除。"为了让病人放松心情，马莉也用方言与他沟通。

"那是不是手术后就好了不会再长了？"病人问道。

马莉抿着嘴唇摇了摇头，"这要看个人了。骨刺是到一定年龄后，人体自然生产出的，就算你做手术割掉了，一段时间后有可能还会再长出来，就像韭菜一样，割完一茬，下一茬会继续生长。"

她说前半段的时候病人还一脸迷茫，当听到后半句生动形象的比喻后，病人才一脸恍然大悟表示明白了。

"马莉姐，你真厉害，一句简单的比喻就让刚才的阿姨明白了什么是骨刺和做手术与‘割韭菜’的关系。”送走了病人，我由衷地称赞道。“对了，您刚才为什么不戴手套就直接触摸病人呢?”以往在大医院见到的医生，在为病人做检查的时候一定是先戴医用手套才上手的，而刚才……

马莉走到门口的洗手池旁边，挤了一滴洗手液，在水龙头下仔细地将双手冲洗干净，说：“我们正骨靠的就是用手去触摸患处来判断病情，戴上手套会影响手指的触感，除非是遇到开放型创口了，我们才戴手套。这是从医疗需求的角度来说。”

她拧紧水龙头，拿过一旁的毛巾擦拭双手，继续说道：“从我个人的认识来讲，人在受伤的时候其实更喜欢别人直接的触碰，通过皮肤的接触，能传递医者对病人的温暖与关怀，而戴上手套，这份关怀就不那么明显了。当然，现在医生在为患者做检查的时候普遍会戴手套，病人也习惯了这种设定，像我刚才如果戴上手套，那位病人不会觉得有什么不妥，但是我没戴，他心里又会是另一种感觉了。”

“您不介意，嗯……病人的卫生问题吗?”想到病人刚才局促的表情，我犹豫了一下，还是问了出来。

“那没什么好介意的呀!”马莉姐仍然温柔地微笑着，说：“医生的职责是治病救人，只要是能治好病人，这些都不算什么。”

“还有你刚才说的打比喻，对不懂医疗术语的病人，就要说既能解释清楚原理又能让他理解的话。以前上学的时候觉得说出来的话要越专业越好，自打进了张家的门，发现这个办法行不通。说的不用很专业，病人能懂就行了，但是做的工作，一定要精益求精特别的专业才行。”她顿了顿，又说道：“干我们这行，把一个病人治好了，他心里的，表达出来的没表达出来的感激和感动，都是医生能感同身受的，我和病人还有病人家属能沟通得比较好，也是因为这个吧。”

第三节　越幸运，越努力

一、定规矩，成方圆

自从开始对张老的访谈起，我成了医院的常客。病人去医院是迫于无奈看病，我是三天两头跑去看医生，去的次数多了，医院里的医生、护士都认得了我，有时看到我进门还会热情地招呼一声。

这天我到医院的时间比较早，还差几分钟才到上班时间，但医院的工作人员已经全部到岗就位了。因为时间尚早，还没有病人来就诊，医院大厅里除了我只有一位导医小护士。等了一会儿，还不见张老来，我走向两米外的小护士想问问她张老的工作时间。

“张院长一般什么时候来医院啊?”我问道。

这时医院里的病人也开始多了起来，小护士回答完一个病人的问题后，看了眼墙上的挂钟对我说道：“老院长要是不出去的话，最迟 9 点就到医院了……这不来了!”

转过身，看到张老已经走到了医院大门外。他进来后先和门口遇到的病人打了招呼，才看向我们。“早上好啊!”

“老院长早上好!”

“张老!”

我和小护士也向他问好。

随后我跟着张老上四楼，看着他接水、烧水、换工作服，又跟着他去楼下住院部查房上班。

张老曾说他是家里 8 个兄弟姐姐中最幸运的那一个，因为学医，让农村出生的他有了不一样的生活。从乡下的平房家庭病院到如今加起来 7 层楼高的两家医院，对于一个只懂治病救人不懂企业管理的张老来说，每一步都走得辛苦不易。

张老查完病房，回到办公室休息的时候，我乘机问道：“张老，这么大的医院，您是如何管理的?”医院能做到今天的规模，我很好奇他是如何管理的。

张老嘿嘿一笑，从柜子里拿出一个巴掌大的蓝色小册子。“我也不懂什么管理，不像我们老大（儿子），还准备过两年去学个 MBA（工商管理硕士）。我年龄大了，医院行政方面的事情大多是交给老大和老二干，但是员工管理这块儿就按照这个册子来。”

我接过张老手里的小册子——《张宝玉传统回医骨伤专科医院员工手册》。

翻开员工手册，第一页是目录页。目录里包括了序言、工作人员守则、员工的聘用、医德规范及实施细则、考勤制度、工资奖金福利、宿舍规章制度、服务标准、奖罚制度等 9 个部分。

张宝玉传统回医骨伤专科医院员工手册

“序言”部分虽然签着张宝玉的名字，但我快速看了一眼与医院网页上的介绍词大同小异，便没做太多关注。前几章内容中，与之前看过的其他企业的员工手册有不少相似的地方，想来也可以理解，毕竟张老的医院也是企业，各个企业对员工的基本要求都是一致的。当看到“第七章 服务标准”时，我的眼睛一下亮了起来——其他各章的页数都在 10 页以内，有的只有一两页，而这一章的第一节“文明用语规范”就长达 7 页，整章更是有 24 页之多！将近占了全手册的一半！这么长的篇幅，都具体做了哪些规定？想到这儿，我迫不及待地翻到正文部分，细细地看了起来。

在“文明用语规范”里，一共有 7 条。第一条是文明用语十字语：“请”“您好”“对不起”“谢谢”“慢走”。第七条则是规定员工接电话时要先说：“您好！这里是张氏回医正骨医院。”中间的第二至第六条则针对各个科室规定了每个科室经常用到的文明用语，不仅符合每个科室的工作性质，还处处透着对病人的关怀。如：

挂号、收费处的“没关系！请点好钱，别慌！”

划价取药处的“先生/女士，这是您的外用药，请按说明使用，千万不可内服，不要放在小孩能拿到的地方”。

门诊医师的“您好！您哪儿不舒服？”“您是骨折，我先开拍片申请单，请您交费后到放射科拍片；请稍等 20 分钟，X 光片洗出来还要吹干才能看”。

门诊护士的“您好！您需要打吊针，请您先去洗手间，然后躺在 XX 床打针”“您好！您的伤口需要清创缝合，别紧张，先给您消毒清洗，打麻药，就不会痛”。

医技科室的“您好！您是做 B 超（胆囊）检查吗？您用过早（中）餐吗？对不起，用餐后胆囊看不清，要空腹检查才准确，请您明天上午空腹来好吗？”

…………

各个科室下来一共规定了 41 条文明用语。

“张老，为什么要规定得这么细啊？我看连打吊针前提醒病人去洗手间都有。”我不解地问张老，规范上有些地方写得太细致了，看上去更像是长辈在教牙牙学语的孩子讲话那样。

“不写细不行啊，你看我们写的这些，如果只对病人说前半句，那已经是符合文明用语的标准了，但是你感觉疏远不?”张老拿过小册子，指着上面的几条文明用语说道：“比如这条为啥要在‘点好钱’前后加上‘没关系’和‘别慌’呢? 来我们这边看病的病人都是冲着正骨来了，你想骨头折了那多疼啊，有时还会见血，病人一疼痛了有时病人和家属都慌张了，有可能挂号交钱的时候找不到医保卡、现金掉出来，或者一着急说不清什么的，这个时候我们的收费员就要先安慰一下病人，病人听完多多少少能冷静下来一些的，对吧?”

“还有这条，我们的护士在给病人服务前都会说：‘您好! 欢迎您接受我为您服务。’医疗行业在我看来也属于服务业的一种，像消费者是商场的客人一样，病人是医院的客人。你只提供一个好的医疗技术，没错，可是不够。来看病的人知道自己有病，可是如果你说出来，病人潜意识就会加强看病的心理负担，如果你给说成‘我为您服务’，这个气氛首先就不那么压抑了，病人心里头会轻松许多。”

“病人来看病的时候，除了身体上的伤痛，还有心理上的压力。都说‘心宽体胖’，其实就是心里头放轻松了，身体状况跟着也会变好。所以每次给病人看病的时候，我都先宽慰对方，等他/她心里不紧张、放松了，那配合治疗的效果才更好。”张老俨然变身成一位资深“病人心理学研究者”，结合他几十年行医历程中遇到的情况，为我分析起病人的心理活动来。

我听着张老的话不时点头附和，不得不说，张老在编写“文明规范用语”的时候，将自己置身在病人的角色，想病人所想，思病人所思，如此才能让这些规范用语中处处透出对病人的诚挚关怀。

张老把小册子还给我，示意我继续往下看。我翻到第33页，这一节是医疗服务中对员工的基本要求，分别对仪容仪表、举止、言谈礼节、衣着等作出了详细的要求。

"'女员工上班可化淡妆，涂本色指甲油，戴细项链，不得浓妆艳抹，佩戴显眼饰物（长项链、吊耳环、戒指），留长指甲，涂艳色指甲油。'张老，这条是您女儿编写的吧？"我笑着对张老说。

张老哈哈一笑，"这是医院开会时，在会上我们的医务人员提出来的。我们给病人正骨的时候，是不能戴手套的，你戴上手套手指的触感就会下降，但是不戴手套的时候就要求医生的指甲不能长。"说着，张老把他的双手伸到我面前："我们的医生，指甲长度全是我这样的，男的女的都一样，指甲秃秃的不超过指头蛋，不然给病人正骨的时候把人家挖着划着怎么办，对吧？"

"那为什么还要规定只能'化淡妆'不能'化浓妆'啊？换句话说您如何界定这个浓和淡？"

"我那孙女成天在我耳朵跟前说，现在的人都是'外貌协会'的，光有能力技术好那不够，还要让人看着也舒服才行。女士的化妆品，就是让女士用了看起来更美好的东西，她打扮漂亮了首先自己心情好，病人看了也心情舒畅，所以我们鼓励女士化淡妆上班。浓妆啊，我觉得就是把眼圈涂得黑黑的，再抹个大红嘴唇那种，遇到小娃娃来看病了，这种妆容不是得把娃娃吓哭了?！反正就是啥时间就要有个啥样子。"张老说道。

医疗服务行业和其他服务行业不同，来的人都是迫不得已不情不愿，所以在和病人说话的时候有些语言习惯也要随之做些调整。张老翻到第37页，让我看看第六条："要来有迎声去有送声，多讲'祝您健康'，不要讲'请再来'……哈哈！"

我还没读完就笑了出来。

“张老，这条是谁写的啊？太有才啦！”

张老挑挑眉头，自豪地说：“我写的么。原先有次出去吃饭，出门的时候门口的小姑娘说‘欢迎下次光临’，我脑子里一下灵光一现，我们医院的员工送病人出门的时候都说什么？总不能像其他地方那样说‘欢迎下次光临’吧？除了医生干这行的，谁没事愿意经常往医院跑，是吧？所以我就想啊，一定要给规范一下送病人时说的话，不然万一哪天谁脑子一转说‘欢迎再来’，病人就算治好了笑得开开心心的，听到这话也一定是脸子就拉下来了。”

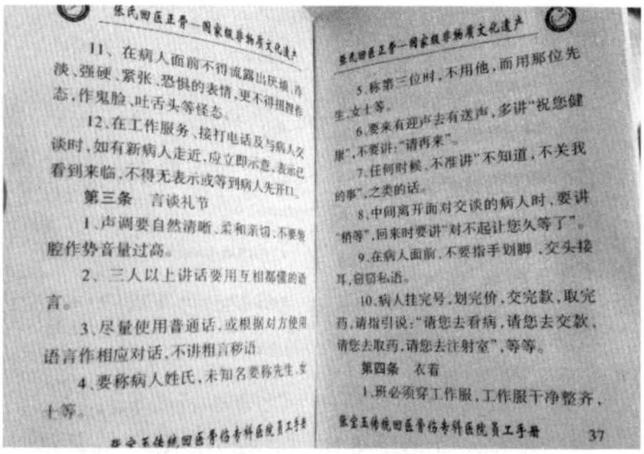

张氏回医正骨—国家级非物质文化遗产

11、在病人面前不得流露出厌烦、冷淡、强硬、紧张、恐惧的表情，更不得扭捏作态，作鬼脸、吐舌头等怪态。

12、在工作服务、接打电话及与病人交谈时，如有新病人走近，应立即示意，表示已看到来临，不得无表示或等到病人先开口。

第三条　言谈礼节

1、声调要自然清晰、柔和亲切，不要装腔作势音量过高。

2、三人以上讲话要用互相都懂的语言。

3、尽量使用普通话，或根据对方使用语言作相应对话，不讲粗言秽语。

4、要称病人姓氏，未知名要称先生、女士等。

张宝玉传统回医骨伤专科医院员工手册

张氏回医正骨—国家级非物质文化遗产

5、称第三位时，不用他，而用那位先生、女士等。

6、要来有迎声去有送声，多讲“祝您健康”，不要讲：“请再来”。

7、任何时候，不准讲“不知道，不关我的事”，之类的话。

8、中间离开面对交谈的病人时，要讲“稍等”，回来时要讲“对不起让您久等了”。

9、在病人面前，不要指手划脚，交头接耳，窃窃私语。

10、病人挂完号，划完价，交完款，取完药，请指引说：“请您去看病，请您去交款，请您去取药，请您去注射室”，等等。

第四条　衣着

1、班必须穿工作服，工作服干净整齐，

张宝玉传统回医骨伤专科医院员工手册　37

员工手册“医疗服务中对员工的基本要求”

我再次为张老的细致所折服，把员工手册拿在手中，薄薄小小的一本册子，承载的是张老对员工满满的期望和处处为病人着想的医者仁心。

张氏回医正骨医院员工的《员工手册》与《中华人民共和国劳动合同法》

张老又拿出一本同样大小的白皮小册子，这本是由宁夏回族自治区劳动和社会保障厅翻印的《中华人民共和国劳动合同法》(简称《劳动法》)。他把《劳动法》递给我，说道："我们的医生护士，每人都有一本《员工手册》和《劳动法》。我给规定的，所有人员来医院上班的第一天，办公室主任就要把《员工手册》和《劳动法》以及白大褂一起发给人家。白大褂是咱们医生的工作服，来上班就得穿上；《员工手册》是医务人员应遵守的制度，也是他们的责任与义务；《劳动法》是保障他们权利的工具。"

二、高原上的白帽帽

2010 年 4 月 14 日，青海省玉树地区发生 7.1 级地震。在得知地震发生的消息后，张宝玉迅速组织儿子张金海、张金垒等 13 名医护人员，成立医疗救援队奔赴灾区参加救援。

汶川地震时，张老就曾向宁夏卫生厅申请去灾区参加救援，终因地形复杂没去成。玉树地震后，他迅速组织人员开着装有价值 10 万元药品的救护车赶往灾区。

在灾区，为骨伤患者做一台手术需要很高的人力、物力和时间成本。此时，擅长金伤治疗的回医正骨有了用武之地。"我们治疗骨伤，就用手法诊疗复位，再敷上自制药膏，打个小夹板，患者就可以离开了。3 天来换一次药，一个月就可以痊愈。"张老说，在玉树的 7 天 7 夜，他们共救治了 200 多位骨伤患者。

张老还拿出几张照片给我看，"这些都是当时拍下的照片。我们到达驻扎地后就迅速搭建医疗帐篷，安排医护人员进行救治工作。你看这个病人，他叫土丁扎西，地震时房上的砖掉下来砸到了腰部，刚送来的时候腰后头肿得那么老高！我们就给他敷药，才 2 天就消肿了。这是第四天给他换药时拍的照片，你看他都站起来了，腰后面也看着平了下去。"

张老又拿起另一张照片讲了起来："这个藏族同胞叫仁玛村，她的两个亲人都在地震中去世了，由于过度悲伤她曾多次发生晕厥。记得好像是 20 号中午，我们刚泡了碗方便面吃，她的家人急慌慌地跑到医疗队来，说仁玛村剧烈腹痛晕厥了。金东听了立马搁下碗，叫了两个志愿者拿着担架就跟着家属跑去接人去了，回来的路上都是几个人跑着抬担架接回来的，回来我就赶紧给她诊治。跟着她一起来的娃娃吓的，一直在旁边给我说：'医生爷爷，你救救她，救救她吧……'我听着心里头难受的，又担心病人的情况，就蒙头看病，还是我们一个护士过来安慰那个孩子的。后来给仁玛村检查完，发现没有发烧，腹部也没有出现积水，心里头才踏实了些。"

"这个老奶奶就是仁玛村吗？"我拿起照片，照片中病人侧卧在担架上，只能看到厚厚的露出毛絮的藏袍，看不到她的脸。

"比我小多了，她才 50 岁。但是藏区的生活条件有限，那边又海拔高紫外线强，她看上去好像和我一个年龄。"张老说道。

因为高原反应，医疗队到了玉树就有人开始流鼻血、呕吐。"幸亏带了一罐氧气，要不然自己也回不来了。"张老说。

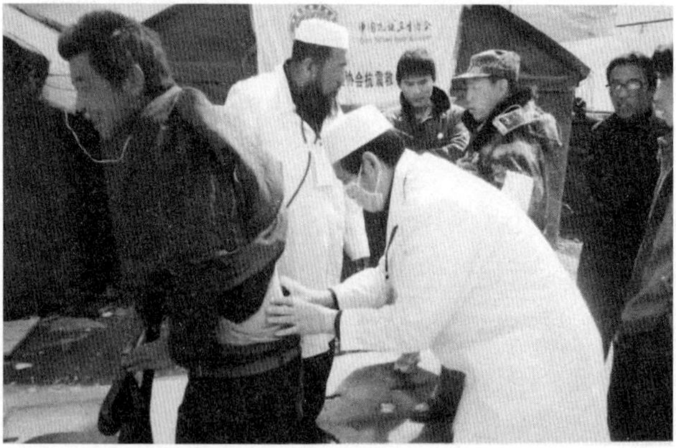

张宝玉为土丁扎西外敷医院特色回药膏

“您也发生高原反应了？”我吃了一惊，2010 年的时候张老 64 岁，就算平日里身体再好，遇到高原反应也是极其危险的事情。

“有么，还没到玉树就觉得胸口闷，刚开始还以为是头一天晚上没睡好觉，又连夜坐车过来累着了。到了玉树，一下车就觉得整个人都在往后仰，胸口像压了块大石头，把我们这个队的人都吓坏了。大丫头和金东一下就反应过来我是缺氧了，赶紧拿氧气瓶过来让我吸氧。吸了半个多小时才缓过劲儿来，可是把孩子们吓到了。”想起当时的危险情况，张老后怕得拍拍心口。“其实出发之前，孩子们都不同意我和大家一起去玉树。当时，儿子认为我年龄大了，不让我去，可我实在不放心。尤其看到同处少数民族地区的藏族同胞身心受到巨大痛苦，我就心里难受，觉得我一定要到那里为他们做些什么。”

张老说治病救人是每位从医人的天职，在特大自然灾害面前，国家有难、匹夫有责，他希望用自己的一技之长、尽自己一份微薄之力，替国家排忧，替灾区人民解难。

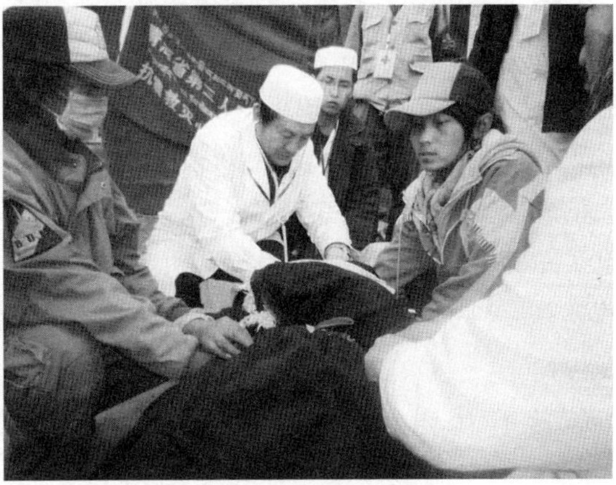

张宝玉为藏族同胞仁玛村诊治

第四章　患者也是亲人

“早上好！”

“早上好，祝您旅途愉快！”

在高速路入口处，我接过工作人员递来的卡片，而她亦是甜甜一笑。

早上 7 点 30 分，我已经驾驶“小红”行驶在了银川到吴忠的高速路上。

前段时间张老忙着工地建设的事情，在银川和吴忠之间奔波，而为了能“参与观察”，我也跟着他一起于两个城市间往返奔波。那阵子真是把各种款型的大巴车和私车坐了个遍。朋友调侃我说，这么个跑法儿，还不如买辆车顺带当当“顺的”呢。我无语，国家都提倡要节能环保呢，有大巴、的士，为什么要自己买车呢？再说坐车的几百元和买车的几万元，经济上哪个划算还是一目了然的，更何况还能一路惬意地观赏沿途田间的红花绿树。

在一次晚上 10 点才坐“顺的”回到家之后，父亲终于“发飙”了：“一个女孩子家，忙到这么晚回来，又不是自己开车，多不安全啊！采访就要有个样子，呐，你把车开上，跑采访方便又安全。”就这样，在长辈的关心下我不用再等大巴和打“顺的”了。

虽然驾照拿了6年，却是第一次独自开车上高速路。一路上我双眼紧盯前方，双手紧握方向盘，不敢开太快更不敢随意超车。在注意力高度集中的情况下，56公里的行程漫长得像560公里。不是都说注意力高度集中的时候时间会过得飞快吗？为什么我却有种度日如年的感觉。想必是因为这个过程并不享受，一直在提心吊胆吧！

大约8点30分，我准时来到了和张老约定好的地点。

昨天通电话时，张老特别强调了今天的行程安排，让我一定早点过来，所以早早地我就到了医院门口。

停车，熄火。

这一系列的动作完成后，我打开车门下来透透气。清晨的风还带着些许凉气，一阵微风拂过，我就着实地打了个激灵！原来一路上的注意力高度集中，让我不知不觉出了身细汗，这小风一吹自然是透心凉啊！

曲臂准备揉一揉发酸的腰颈，才发现手指因长时间握方向盘太过用力而僵硬酸疼，我……真真对自己无语了。收拾好受伤的小内心，搓搓脸颊，深吸一口气，左右看看没见到张老的身影，遂拿出手机拨通了张老的电话。

“嘟嘟……嘟嘟……”听筒里，一个冷冰冰的电子女音说道：“您好，您所呼叫的用户暂时无法接通，请稍后再拨。”约定时间已到，张老的电话却打不通，这是怎么了？想了想，过了几分钟，我拨通了张金东的电话，这次电话通了，可是响了10多声后还是那个女音：“您好，您所拨打的用户暂时无人接听，请稍后再拨。”

这两位不会同时失联的，难道是我的手机出问题了？再等等吧！这一等就是十几分钟，期间给金东哥打了十几个电话，均是无人接听。眼看马上就要 9 点了，我不禁有些焦虑：约定时间已过，又不接电话，他们不会丢下我已经出发了吧？

正在惊疑不定时，后面突然有人叫我："小魏，这边！"

回头一看，张金东开着车刚驶进靠近医院的辅道，张老坐在副驾驶位上，后座好像有人，但车窗贴了车膜，模模糊糊看不清楚。

"不好意思，你等久了吧？"张金东还没停稳车就对我说到。"我看到你打电话了，实在不好意思，刚才在开车就没接。早上银川那边有点事，我忙完才过来的，刚接上我父亲这就过来了。"

说着，他打开车门走了下来。张老和后座的两个人也跟着下了车。

张金东将我们彼此介绍给对方，通过他的介绍，我才了解到这两位是中央电视台国际频道《中华医药》栏目组的王编导和摄像师阿德。他们来宁夏做一期回医回药的纪录片，经人介绍，选择将张氏回医正骨作为拍摄对象。

张老说，小魏是做文化的，你们（指王编导一行）是要拍医药治疗，我想着不冲突，就约到今天咱们一起出发。

我们相互打了招呼，也就算彼此认识了。

张金东还要回银川的医院准备些拍摄需要用的道具，他便走到一边打电话安排二弟张金海开车载我们去提前约好的病人家。挂了电话，金东走到张老旁边，说金海马上就过来。

不知情的张老当即脸子就拉了下来："那你不去了?!"

"我这不要回银川准备东西么，而且这个车小，金海那个车大点，你们坐上也舒服。"金东向父亲解释道。

谁知张老听完更生气了，嗓门也一下子大了不少："早干啥去了？咋不早点准备呢？他好是今天不上班了？医院那么多事，都放着不干了？”张老训起金东，完全忘记了旁边还站着的我们。

面对突然就发飙的张老，我们3个站在一边面面相觑。眼见张老的火气“蹭蹭”地往上冒，王编导赶紧上前为张金东解围：“张老，您别怨小张院长，我今早才给小张院长发信息说需要准备哪些器材，他那会儿已经在来的路上了。是我信息发得晚了，抱歉抱歉！”

张老这才止住上升的火气，让儿子赶紧忙该忙的事情去。

看着张金东的车驶离医院，张老这才转过身，不好意思地说道：“计划被打乱了，刚才脾气不太好，让你们见笑了。”

我们3个不约而同地说，没事没事。言罢，我对这两位在好奇之外更多了几分好感，毕竟见面不超过5分钟，我们就有了默契！

不一会儿，张金海就来了，他带着我们先去了附近的一家羊杂碎馆吃早点。磨刀不误砍柴工，吃饱饭才有力气开工干活！

一行人浩浩荡荡地进了一家卖羊杂碎的餐馆，张老为我们介绍说吴忠的羊杂碎和拉面，那是最具特色的早餐了，来吴忠一定要吃这两个。

“你两位都是北京过来的，北京也有羊杂汤，我去北京开会的时候吃过那个，那个味道和这边做的根本没法比！在银川也不一定能吃上这么地道的羊杂碎，所以你们一定要尝尝！”闻着馆子里飘荡的肉汤香味，张老热情地向我们推荐吴忠特色美食——羊杂碎。我和阿德纷纷表示“来碗羊杂碎”，就连原本准备点碗八宝粥的王导也改变主意，加入了我们。

正是用早餐的时间，伙计上饭的速度很快，不一会儿就端过来几碗红润油亮的羊杂碎。新鲜的羊头肉和羊肝、羊肚以及用洗去面筋的稀面糊灌好煮熟后透出白玉色泽的羊肺，配以浓郁的羊肉汤烩在一起，再撒上一小撮嫩绿的香菜，看得人食欲大开。夹一块儿肉，再喝一口汤，肉烂汤辣，舒爽得让人从头发尖热到了脚趾尖。阿德一边吃一边大呼“过瘾”，我和王导则专心致志地对付碗里的肉和汤，不一会儿就吃完了一大碗羊杂碎，连汤都被喝掉了大半碗。

张老说他已经好久没吃过羊杂碎了，上了年龄后年轻时胃上留下的毛病就显了出来，羊杂碎虽然美味，但是胆固醇含量高，不太适合他多吃，但是今天看大家吃得开心，他也不知不觉吃掉了大半碗。

吃完早饭，我们拍着饱饱的肚皮，向今天的目的地出发。

第一节　老病人马钧福

从医院到老病人家，开车大概需要 20 分钟。行驶于乡间的小路，看着庄稼田里一片片金黄的麦田，看着田野里一片绿色的果林，那些青色的果子，在这个季节里有着青春的阳光和魅力。

六月的旷野更加火热。田埂上明显变得烙脚，要是赤足走到了烈日曝晒的石块上，更是钻心的烫。好在秧苗没有畏惧，农人们早已给它们灌了满满一秧田的水，它们咕嘟咕嘟地喝个饱，不时打着绿色的喷嚏，伸着绿色的懒腰，揣着丰收的希望，毫不在乎地在 6 月的骄阳下拔节扬花。

张老说，自打 40 多年前给这个病人治好腿就再也没有见过他。前几天，王编导让他找几个曾经治疗过的病人来配合拍一段纪录片，张老这才四处打探，终于找到了马钧福老人现在的住处。

不一会儿，我们就到了马钧福老人家门外。农家院子的大铁门虚掩着，张老推开门，一进院子就看到了屋檐下站着的马钧福老人和他的妻子 。马老一看张老进来了，抬手唤了声“张大夫”，拄着拐杖刚要迈步，又嫌拐杖碍手，赶忙将拐杖递给老伴，就要走下台阶来迎接张老。他的腿脚不太方便，张老见状，三步并作两步走上台阶握住了马老的手，说：“马老哥，不好意思哦！我才来，是不是让你久等了？”

马钧福老人握着张老的手，激动了好半天才说：“哎呀，张大夫你可来了！我跟我们老伴早就把茶备好了，就等你们呢。”张老笑眯眯地说：“走走走，外头热，咱进到屋里面再说。”

进到屋里，张老向马钧福老人一一介绍了我们，介绍到我这里的时候张老说：“这位是宁夏大学的魏老师，她要写一本书，里面有一些关于我的内容。我曾经给你看病的时候的一些情况，她如果等等要问你的话，你就给她讲一讲。”马钧福老人似懂非懂地点点头。马钧福老人的耳朵不太好，张老在跟他说话的时候要弯着腰、伸着脖子凑向他耳边提高声音才能让他听见。

我们坐下来之后张老就很自来熟地招呼大家吃西瓜、喝茶。他说：“一会儿时间还长着呢，咱们吃好喝好，歇好了再开工干活。别急别急。”大家都笑一笑点点头。

张老坐在土炕上，马钧福老人紧挨着他坐在旁边的沙发上，两个多年没见的老哥你一句我一句地就聊了起来。

张老问他：“最近腿脚怎么样啊，变天时难受不？”马钧福老人说：“不难受，这都多少年了，腿再也没有犯过毛病。”然后张老又问他：“家里养的蜜蜂怎么样了？”马钧福老人说：“前两天才让我儿子把蜜都拿到吴忠去卖了，好呢，卖得挺好的。”张老又问他：“那现在身体咋样，吃呀喝呀的？”马钧福

两位老先生拉家常（右起张宝玉、马钧福、作者）

老人答："都好呢。天天都过的是好日子，有了共产党之后，日子一天比一天过得好。"……

我和央视的采访组就坐在旁边，一边吃着水果，一边笑盈盈地听着老哥俩寒暄拉家常。

寒暄过后，张老就介绍起来马钧福老人当年是怎么成为他的病人的，这正是我和王编导想要听到的内容。

一、险些被截肢

"王导，小魏，来来来，你们坐近点，给你们讲讲当年给他看病的故事。"张老招手示意让我们靠近点。

我跟王编导赶紧搬着小板凳坐到了张老旁边，不约而同地拿出了本子和笔开始记录。

马钧福老人今年 81 岁。1969 年的时候他在巴浪湖农场是一位生产队队长，9 月份在一次拉车的过程中被推车挤伤了腿。当时腿部血流如注，森森的白骨都露了出来，生产队的人一看这个情况都吓坏了，赶紧用板车将他送到了吴忠的上桥医院。

到了医院后，医生看到这瘆人的伤口说这腿估计需要截肢了，保不住了。西医对待骨折的办法就是做手术和打石膏，而他这种开放性骨折，1969 年县城医院的落后条件是不允许做手术的，所以只有一种路可选——截肢。

45 年前，马老还是一个 35 岁的壮劳力，上有老人，下有妻儿，都需要他照顾，如果截肢了，那便成了一个残疾人，在那个年代的艰难生活绝离不开他这家中的顶梁柱。于是马老的妻子和亲戚都在医院哭哭闹闹地不愿意让医院给他截肢。这时隔壁病房有个小伙子就给他介绍了张老这边，说："你去马莲渠张接骨匠那边去看看，他们治骨折治得挺好的。"当时他们已经跟医院签了字，第二天就要进行截肢手术。家里人一商量，反正这条腿最坏的结果就是保不住，不如死马当成活马医，说着就抬着马老爷子去了当时还在马莲渠的张老那里。

那时张老的父亲还健在，但已经 70 多岁，张老那会儿基本已经接过了主治医生的担子。看到马老那么严重的伤势，张老的父亲也丝毫不敢怠慢，拿出自己压箱底的绝活。父子兵齐上阵，将马老抬放到床上。

正当父子二人准备给马老接骨的时候，农场的场医梁大夫听说了这事，就带了一伙人跑到了张老家门口大喊大闹，要让他们把人抬出来，送回到上桥医院去。马上就要开始治疗了，马老的家人和朋友定不愿意场医就这么把人抬回去，于是双方就在院子里面开始争执起来，一声高过一声，吵着吵着差点没打起来。

场医说："一个私人诊所能治好嘛？啊？连上桥医院都治不好，万一出了问题没命了，谁来承担责任呢？"

马钧福家人是又急又气，眼看家里人腿都要没了，还有人过来捣乱说晦气话咒自己家里人“没命”，哪能放过他！几个年轻人抡着胳膊就准备去揍那个场医，梁大夫吓得退后几步说：“干啥呢干啥呢，我说的这个没道理吗？你们自己自作主张，出了问题你们能负责吗？”

此时张老父子在屋里面也不知所措，是要先看病呢，还是等他们争论出一个结果？这时候躺在床上的马老说话了：“这条腿医院说要给我锯掉，张先生你看看能不能给我保住？”张老的父亲按了按马老的腿，又看了看皮开肉绽的伤口：“哎呀，这个我也保证不了。但是我尽量给你治。最坏的结果大不了你再回上桥医院去截肢。”马钧福老人一听，“那这还犹豫啥，医院连保证都不敢保证，您就给我直接治呗。”

这时年轻的张老发话了：“你这外面还有人在吵架呢，这能治吗？”马老说：“治呗，他还能进来抬我来？他又治不好我的腿。你就治，咋了我都认。”张老父子一听，这病人都这么说了，治伤保腿事大。于是就拿了一根木棍裹了层绷带让马老咬在嘴里，为的是怕他一会儿正骨时剧痛难忍咬到了舌头。那时还不能给病人做麻醉治疗，所以整个接骨的过程中马老都是保持着清醒状态，需要忍受骨头和肌肉撕扯的剧痛。

马老讲起当时正骨的情形：“咬的那个木棍，牙都快咬碎了，那叫一个疼啊！”徒手正骨，要把露出来的白骨复位，把外翻的肌肉肌腱都捋顺了，在没有麻药的时候，想想就知道多疼了。

“现在都不敢想，想想鸡皮疙瘩全起来了。”说着马老还把衣服撩起来让我们看。

张老在旁边笑着说：“你那个时候勇敢，硬是咬着木棒扛过去了，我还以为你要晕过去了。”

马老说：“想晕呢，但觉得晕过去太丢人了，就没敢晕过去。”听到这话我跟王编导还有屋子里的其他人都哈哈大笑。

再说回当时，马老的骨折复位后，在张老诊所的病房里住了两个月。巴浪湖农场和马莲渠之间距离较远，马老的妻子就也住在张老家照顾马老，但农场工作繁重，马老的妻子没多久就回去干活了。正值壮年的马老成天躺在床上甚是无聊，三番五次地想偷着下床活动，还好每次都被张老发现，及时按回到床上。俗话说伤筋动骨 100 天，何况他这么严重的骨伤更要多休息一段时间。可是马老是个闲不住的人，他非想着回家去，终于好说歹说，软磨硬泡下，在住院两个月后马老让自己的家人把他接回到了巴浪湖农场的住处。临走前张老一再叮嘱他，回去也要好好躺着，不能下床乱跑。同时叮嘱马老的妻子，你一定要把他盯紧，当时马老的妻子也是点着头，满口就答应了。

结果马老回去才两周的时间，马老家里人就跑来给张老带信，说马老那腿还没好利索呢，就偷偷拄着拐杖想出门，结果出家门口的时候被门槛给绊倒了，就趴在地上起不来了。张老一听，又急又气，赶紧拿上药箱骑上自行车就跑到了马老家。

张老看着马老痛苦地躺在床上，想骂他又于心不忍，只好挽着袖子把摔骨折的骨头再次接好。这也是为何现在马老走路还需要拄拐杖的原因。

马老说到这儿也有点不好意思：“唉，对不起张大夫，是我自己想下床造成的，本来都接得好好的。”

张老说：“就是的嘛！你说怪谁呢，养了那么久了都快养好了，你再多躺上一个月能咋呢嘛。”

马老说：“我们那会儿年轻闲不住嘛，躺在床上就像废人一样，就想下地活动活动嘛。”

张老就说他：“你活动就在屋子里面活动好了，干吗要往外面跑呢。你看，又摔断了，还要二次接骨，不光要受两次罪，而且恢复的时间更长了。你看现在腿还有点瘸，咋办呢？”

马老嘿嘿笑着，说：“那能咋办呢，这都这么长时间过来了，反正就对不起你嘛。”说着在一旁的马老的妻子也嘿嘿嘿地笑着说：“你也别训他，也怪我当时没看住他。”

张老说：“你哪能看住他呢，你瘦瘦小小的。他想起来你也按不住。”

马老妻子说：“唉，就是的，别后来还怨我呢，说我没看住他。你看看还是人家张大夫讲理。”

二、跑龙套的都是“大牌”

我接过话茬问马老说：“你现在这个腿恢复得怎么样？后来恢复好后去工作什么的有影响吗？”

“没啥影响啊，该咋工作就咋工作，还去云南养蜜蜂待了几年呢。你想要拿着蜂箱走那么老远的路，腿都好好的。这事搁现在都不敢想，医院说要把腿子锯掉呢，张大夫就给我治好了，真是不敢想，放到现在就没腿子了。”马老当时把这话重复了好几遍，足以看出这个事情对他的影响和印象之深。

我们同行的摄影师阿德，是一位30多岁的广东大叔，他用略带广东腔的口吻说：“那你现在搬东西可不可以啊，还可以去拿东西吗？”

马老说：“可以啊！”张老便让他给我们表演表演。

马老放下拐杖，起身问道：“那我给你搬个啥呢？”

阿德说：“搬个花盆吧。”其实他指的是放在门口的大约三四十厘米高的花盆，谁知马老径直走向了另外一个连花带盆有半人高的花盆，他右手一抱，将花盆揽入怀中，“蹭”地一下子就站了起来，“蹭蹭蹭”地就走了出去。我们这都没反应过来呢，他就已经抱着花盆走到了外面去。

阿德惊得嘴巴能塞下一颗鸡蛋："81 岁还能抱着花盆走这么快，有没有搞错……"

待老人家把花盆放下后，我过去抱了一下那个花盆，少说也有 20 多斤，想想马老刚才抱花盆的轻松样子，真的无法想象当年他的腿受过那么严重的伤。马老又抱起那盆花慢慢地走回屋里，这次阿德顾不得吃惊了，他迅速拿出摄像机，将这个镜头拍摄了下来。

这时王编导说，刚好马老起来了，张老您也在，那咱们就把需要拍摄的内容拍一下吧。

马老一脸茫然："拍啥呢？"

张老说："没事，你放心，我先跟他们说，说好之后我来教你。"言罢，张老就像一个虚心好学的小学生一样凑到王编导旁边："你给我讲，我学会了，我安排他来做。你讲普通话他有些还听不懂，我讲成吴忠话，他做起来也方便。"

王编导想拍摄的是马老腿伤恢复好后，第一次掀开被子，从床上下地时站起来的那个场景。一个慢镜头，重点要突出伤愈第一次下地时的那种"不敢相信这个奇迹"的试探和犹豫。

张老说这个难度不大，很好办。说着就直接爬上炕拿了一个枕头和被子，对马老说："来我告诉你，一会儿你躺下，把这个被子盖在身上，等等我让你起来的时候你就掀开被子，坐起来，腿就放下来，鞋就放在地上穿上。"

马老说："鞋子我是穿上还是撒上？"

张老："撒上就行了，记得看镜头啊！"

怕马老不确定，张老又给马老演示了两遍。拍摄的时候，遇到马老起身太快或太慢，张老比旁边真正的编导还着急，挥舞着胳膊大声指挥马老快点还是慢点儿，马老听不清或者反应不过来的时候，张老就绕开摄像机，直接跑到马老身后揪他的

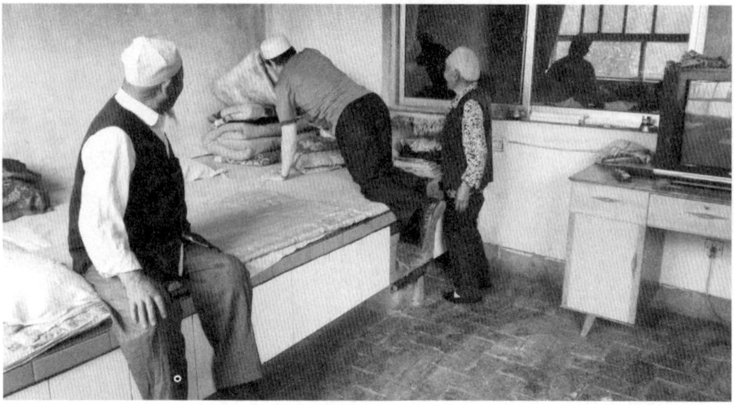

张宝玉爬上炕取拍摄道具

小马甲背心。活脱脱从一个群众演员转变成了一个场务人员，指挥着“演员”马老。

反反复复拍摄了好几次之后，阿德终于拍出了让王编导满意的镜头。但脚落地的这个时刻，马老的本色演出如何都无法满足摄影师的心意，因为他想拍出那种试探性的，轻轻触碰一下地面，收回来然后缓缓地踩踏实、最终站起来的那种感觉。反复讲解了很多次后，马老还是无法理解阿德的意思，这让阿德很无奈。

他站在摄影机后面很无奈地说：“来，找条黑裤子，我来上床拍腿。”可是阿德一米八几的大个子根本穿不上马老的裤子，张老见状便自告奋勇地要来当替身，王导却说张老的皮肤太白了，会穿帮不能拍。

这时我回头，发现了坐在一旁正在摆弄手机的金海哥。张金海虽然遗传了父亲的白皮肤，可年轻人经常在阳光下运动，皮肤晒成了健康的小麦色，用来当这个临时替身刚刚好。

“不然让金海哥来拍？”我提议道。

张老说：“我咋没想到呢！ 金海你过来，你来把这个裤子穿上，你来拍。”张金海走过来坐在炕上，脱掉鞋套上了马老的黑裤子。这时张老细心地发现张金海并没有穿袜子，而在刚才拍摄的时候马老穿着黑色的袜子，张老便问马老的妻子家里是否还有黑袜子。

马老的妻子转身回到里屋，翻找了一会儿后两手空空地回来，指着马老说：“没了，平时都穿的白色的，就今天穿了个黑色的。”

大家把目光投向马老，似乎都在考虑要不要扒下马老的黑袜子。这时张老低头看了看自己的脚，他正好也穿的是黑色袜子。于是张老右手撑着电视柜，用金鸡独立的姿势脱掉皮凉鞋，麻溜地揪下自己的黑袜子丢给了张金海，“你穿上我的袜子拍吧！”

张金海接过袜子看了看，笑着说：“行呢爸，这我也算是出镜了。”

阿德说：“对，你的脚出镜了。”

张金海把袜子穿上，躺在炕床上，作为临时替身，在只听了一遍要求的情况一次就成功地拍出来了摄影师需要的镜头。事后阿德还调侃张金海，说以后有机会要约他当专业替身。

正在“换装”的张金海（中）

三、小院“寻宝”

趁着摄制组和马老沟通再拍些其他镜头的空当，张老出了屋子，在马老房前的小院里晒太阳。

我在屋子里，透过窗户看到张老在院子里一会儿弯腰看看这儿，一会儿摸摸那儿的。过了一会儿，发现张老驻足于一簇藤蔓前细心地观察着什么，在好奇心的驱使下我也走出屋子，蹲在张老身边想看看是什么让他如此专注。

张老原本正蹲在藤蔓前仔细地看着藤蔓上结的小青果，注意到我过来后，张老指着那个小青果说：“你看这个小西红柿长得多心疼（方言，好看）！”

张老这一指，我才发现原来那个小青果是一个刚刚开始发育的小西红柿，果子藏在一片绿叶的后面，羞涩地探出半个身子，拂开绿叶，其全身只有半个鸡蛋大小，煞是可爱。

“圆嘟嘟的，还泛着光，真漂亮！”我由衷地赞美道。

“我刚才在院子里溜达了一圈，你别看这院子小小的，好东西可多着呢。”张老就像发现了宝贝的探险家一样，将他刚才看到的“宝贝们”一一指给我看。“你看，这边这个是豇豆藤，都挂小豆子了；地上这个花盆里种的是香菜；还有花池角角趴在地上的那个藤，是南瓜藤……”平日里见到市场上卖的都是采摘下的蔬菜，还真没见过它们在

藏在叶子下的小西红柿

地里的模样。在张老的指引下，我可算是长了回见识。

张老说以前家里吃的菜都是自己家地里种出来的，搬到城里后，还能吃到农村亲戚家磨的米面，但是自家地里长出来的蔬菜是再也吃不到了，只能去市场上买。说这些话的时候，张老眼里满满的柔光，嘴角也微微上扬带着笑。

院子中间停着一辆改装过的小货车，与城市里拉风帅气的改装车不同，这辆改装车只是在后斗上焊接了好几条铁管，圈围在一起刚好组成一个长方形铁架子。

“张老，这个是干什么用的?”我看着车斗上的铁架子，有些纳闷它是做什么用的，因为栅栏实在是太稀疏了。

张老闻言走过来，围着车子看了两圈，又抬头看看院子其他地方。“好像是拉羊的吧。”张老不太确定地说，“你等等我找找，应该缺个什么。”说完他变戏法似的不知从哪里揪出两个铁栅栏，把它们卡在了车斗两侧，原来稀疏的栅栏立马就密集起来。张老又围着小货车转了两圈，这才确定、满意地点点头，“没错，就是用来拉羊的。”

小货车正对着院子大门，在大门的右手边，马钧福老人盖了两个鸡窝。里面有常见的土鸡，还有几只白毛的乌鸡。我和张老走到鸡窝前，够着脖子数里面有几只鸡。

张老指着乌鸡对我说：“这种鸡营养价值高，有个中药方子就是用这种鸡命名的。”

“乌鸡白凤丸，我知道那个呢。”虽然嘴上回应着张老，可我的目光始终在鸡窝里的几只肥美公鸡身上流连。这可是农家后院遍地跑的“天然”大公鸡啊，用来炖汤烧肉最好吃了！想到这儿，我悄悄地吞了吞口水，吃货本色尽显。

“张老，您看那个大公鸡多威武漂亮啊。”我指着笼子里一只高大威武的公鸡对张老说。

张老顺着我手指的方向看去，瞬间眼睛一亮，“哎呀，这只看着壮得很么!”

院子里除了土鸡、乌鸡、花池里种的蔬菜，还有一条看家护院的小黑狗，不禁让我想起了记忆中外公家的老院子。童年记忆中的老院子里有茂密的葡萄藤，两棵梨树，一株无花果，房檐下的燕子一家，还有两只撒欢时喜欢躺在地上露出肚皮让人摸的小黄狗。夏天可以在葡萄藤下乘凉，和大人们围坐在一起，吃着井水冰好的大西瓜，逗弄着那两只小黄狗，那时老院子带来的童年乐趣远不是今天孩子手中的电子玩具可以比拟的。

四、“抢”蜂蜜

就在我和张老在院里“寻宝”的时候，摄制组拍完了屋内的镜头。

拍完这组镜头之后，马老说他在屋子后院还养了一些蜜蜂，问张老想不想过去看看再拍点什么。

老人家这一说蜜蜂，我就一个念头闪过脑海。趁着摄制组跟着马老去后院的路上，我凑上去悄悄问张老：“张老，马老爷子在这里养蜜蜂，那他家里是不是有那种没加糖无添加的纯蜂蜜啊？可不可以买来一些?”张老一听，眼睛一亮：“你这个提醒我了，等等我问问看，你是不是想买呢?”我“贼兮兮”地点点头。“好，我知道了。”张老说道。

王编导怕蜜蜂，死活不进后院，张老都向她保证了说蜜蜂很安全，王编导还是站在距离大门1米开外的地方摇头。由于摄像用的长焦镜头在她那里，而阿德也不方便抱着镜头拍摄，王编导就拜托我暂时充当一下阿德的“镜头架”。这期间张老还帮我拍了张“客串”照片。

摄像师在后院取景

从后院回来，张老就问马老："你这个蜂蜜都咋弄着呢？""都让儿子拿到吴忠卖了么。"马老回应道。"那有没有留着自个儿喝的蜂蜜？""有呢。""来来来，赶紧拿出来。"马老听罢便出门去提回来了两个大塑料桶。一个是类似汽油桶一样的白色塑料桶，一个是圆柱形的用来装饼干糖果的那种桶。里面一个是液态蜂蜜，马老指着说这个是枣花的；另一个是固态蜂蜜，马老指着说这个是槐花的。

我们打开槐花蜜桶的盖子，发现几只蚂蚁正趴在花蜜上享受美味，张老嫌弃地说："咦，这盖子没拧紧么，蚂蚁都进来了。"

马老的老伴尴尬地在一旁解释着："嗯，没注意没封紧，不碍事不碍事，这都干净呢。"

张老说："不尝不尝，都爬蚂蚁了。"说归说，他还是从桌子边上拿了两根筷子，伸进桶里在筷子头上蘸了一点蜂蜜，舌头舔舔咂咂嘴，"嗯，这个味道不错。咋形容呢？"张老转头看看我，"我语文不好，魏老师你尝尝看，给咱们形容一下。"

我接过张老手中的另一根筷子，蘸了一些蜂蜜尝了尝，很配合地说：“一抹清香瞬间在我的味蕾上绽放开来。”

看 蜜

旁边的阿德就一直笑，调侃我说：“我觉得你应该配上日本动漫的那种星星眼的表情，‘哇，世间怎么会有如此美味的蜂蜜！这丝滑般的口感简直让我不能相信！还有这被花朵包裹住的美妙感受！嘶！简直让人开心死了，太美味了！’”阿德浮夸的表演让我们先是一愣，转而哈哈大笑，“阿德你太会表演了，你应该转行当演员不应该当摄像师！”张老更是笑得抹眼泪：“笑得我肚子都疼，你们年轻人咋都这么逗乐呢。”

尝了这个蜂蜜之后，张老也不嫌弃之前那几只小蚂蚁了，问马老：“这蜜就你们自己吃么？”

“是。”

“你就卖给我呗。”

“嗯……嗯……你想要，不嫌弃你就拿上走么……”马老扭扭捏捏地说。

“那哪能行呢？你的蜂蜜都是卖钱的么，你给我说多少钱，我从你这买上走。”张老把手放在蜜桶盖子上，就是不拿开。

马老眼角余光瞥瞥蜂蜜，又瞥瞥张老，说：“你要你就直接拿嘛，还说啥钱呢？我还有呢。”

“不行不行，”张老说，“你看这样，我知道街上的蜂蜜大概 20 块一斤，你这个蜜自己家的，好蜜，我给你算 30，你给我说说这两桶蜂蜜多重，屋子有称没？拿来称称。”

“哎呀，好像家里那个称也坏了，我也不知道多重。”马老磨叽着回应道。

张老看着大一些的桶说：“这桶也就是个（能装）10 斤的桶么，”张老把桶提了起来，“估计这蜜也就 12 斤吧？”

“可能……不止 12 斤吧。”马老就在那犹犹豫豫的，“可能不止 12 斤吧。”

张老说你提提，马老就随手那么提了提，“可能有个十三四斤吧。”张老又提起另一桶：“这个呢，有个九斤十斤？”“那个没有，”马老也接过来抱了抱，“没有，也就有个 8 斤的样子。”

张老一看，似是也没耐心跟老爷子磨叽下去了。说：“你看，这样，也不管多重了，给你算 20 斤，多了少了就这样。”

“哎，那个……我也不……”马老就还是扭扭捏捏的样子，“我也不知道，不能算钱，哎，不能算钱。”

张老一摸口袋，“今天出门没拿钱包呢。”

“那你想要，我让我儿子改天给你送过去么。”马老一看就坡下驴赶紧接过话茬。

张老没理他这话，手伸向儿子：“金海，带钱了没？”“带了，爸，要多少？”金海拿出钱包，张老一把抓过钱包，“唰唰唰”地数出了 7 张 100 元钞票塞进了马老手里，“你看，这 20 斤蜜，一斤 30，就是 600 块，我给你多算上 100 块，这是700 块，多了少了的就这么多啊，蜜我就拿走了。”

“这钱不能要，”马老就把钱往回塞了塞，“你就拿着吧。”张老又给他塞了回去。“那好吧，”说着，马老就把钱对折起来，仔细地装进了自己马甲的贴身口袋里，一边装一边说：

“这蜜也没那么多，你给多了。”

听到这，张老心里也明白了，马老是心疼这自己留的蜜不舍得白给，问张大夫要钱又不好意思，就一直犹犹豫豫，欲言还休的样子，自己的蜜有多重马老自己心里还不跟明镜似的？

张老说：“行了，就这样吧。”转身和儿子金海一人拎起一桶蜂蜜，简单告别了两句便出了门，像是怕马老反悔一样，匆匆地就离开了。

到了车上，张老还对我说：“小魏刚才提醒得好。”我就跟张老说：“您看在我提醒得好的份儿上，给我分点儿蜜呗。”张老就对着我笑着说：“我尝了这个蜜挺好的，本来想给你分呢，我先自个儿吃了，下次来再给你带。”

我阵阵郁闷，心头一只乌鸦“嘎嘎”飞过，一种“吃水忘了挖井人”的苍凉感涌上心头……

第二节　90后小夫妻

上次在农村采访完老病人后，央视摄制组还要在银川的张氏回医正骨医院拍摄一组资料，张老和他的儿子张金东就又带着摄制组回到了银川，准备采访一位正在医院接受治疗的病人。在得知这个消息后，我决定和他们一起行动，试着在他们采访的过程中寻找到我需要的素材。

由于不确定张老他们到达的时间，担心错过每个细节的我早早就来到了位于清河北街的银川总院。

一、视察病房

时间尚早，楼上的住院部已经开始忙碌起来，而一楼的各治疗科室中还只有医生。我在一楼稍作停留，没有寻找到张老他们，便抬步前往了二楼的行政区。

刚走到二楼，就听到从一楼处传来了张金东的声音：“今天那个某某来换药了没?”

张老来了！我赶紧下楼，正看到张老一行人走进医院大厅。

被问到话的值班医生回想了一下，说：“还没见呢。”这个某某应该就是今天摄制组要拍摄的对象了。

张金东转过身对王编导说：“人还没来呢，你们先上楼稍等会儿，休息休息，我在下面等着。魏老师你也和他们一起，先休息会儿。”

我便随张老和摄制组回到了二楼。张老安顿摄制组在会议室休息，自己则回到院长办公室，穿上了白大褂。

从吴忠车马劳顿地刚到银川，张老没说要歇脚片刻，径直就奔着住院部去了。这也是张老的“例行公事”了，他每次来银川医院的第一件事就是“查房”——挨个病房地探视住院的病人。

张老探视病人，我当然不能闲着，便紧随他身后不放过这发掘素材的好机会。

刚才还和摄制组有说有笑的张老，进了病房立马就像换了个人似的，连我这个“小尾巴”跟在他身后都没有发现。他挨着床位地询问病人：“你今天感觉咋样?伤恢复得咋样了?”一边问着一边娴熟地轻摸病人的患处以了解其伤病恢复情况。这与我印象中的西医院大夫查房——主治医生拿个记录本，后面跟着几个实习生，站在门口对着病人喊话似的随便问两句转身就走，是截然不同的。张老走到每一床病人跟前，俯下身来仔细询问病人的感受，每个病人他都亲自上手触摸伤患处才放心。

病人们看到张老也都很是激动：“哎呀，老院长，您来啦。”

“最近恢复得可好了，这两天舒服多了。”

“我恢复得好得很，这两天都能下地走路了。”

“下地走路”这 4 个字一下就触到了张老的神经，张老脸上便故意露出些愠色，用责备的语气对病人讲道：“谁让你下地走路呢?！啊？没恢复好呢你下地走啥路？恢复好了爱蹦爱跳了我都不管你，没恢复好的时候就老实床上躺着。”

病人听了也是羞涩地嘿嘿一笑：“不敢了，听您的，不敢下地走了。”

“来，让我看看，你是不是不听话把骨头又扯错位了。”张老也打趣着便伸手去触摸诊断病人的患处。他和病人就这样自然而然地互动着，像家长对自家孩子讲话，听着是责备实则全是关怀，还带着那么些许让人忍俊不禁的俏皮。

“咱们安排采访的病人来换药来了。”张金东兴冲冲地过来，打断了张老的“查房”。

张老伸脖子看看后面的病房，还有一间没进去看，他便说道：“等我一下子，我这儿还有一个房子，很快就看完。”

二、遭遇不幸，艰难的 22 个月

几分钟后，我们来到了三楼的一间病房。

走进病房，就看到一个年轻女子坐卧在病床上，腿上绑着夹板。一个瘦弱的小伙子坐在她床边，温柔细致地为她按捏脚底，看这亲昵劲儿便知他们是夫妻关系。小伙子一看到我们进来，赶忙起身，双手握住张金东的手：“张院长，张大夫，太感谢你了。我带着媳妇来换药了。我媳妇在您这儿看过之后，现在真是一天比一天好。”

张金东安慰了他几句，转而向他介绍起我们：“这是中央台的摄制组，他们想拍摄一下我们治疗病人的情况，一会儿希望你们能配合一下拍摄。”

“没问题，张院长，您治好了我媳妇的腿，就是救了我们家。”小伙子十分激动。

“应该的，医生的职责所在。你看，这位是我父亲，等会儿我请他再看看你媳妇的腿。”

小伙子听罢两腿一软，激动地差点跪在地上，张老赶忙两手将他扶起：“来来，小伙子你快起来，男儿膝下有黄金呢，你这跪下要干啥，有话咱好好说。”

小伙子抹了抹眼角，有点害羞地说：“您和张大夫真的是我们家的大恩人，帮了我们这么多，我给您老人家跪下是应该的。”

“没事，都是当大夫该做的啊，快起来。”说着张老扶着小伙子坐回到床边。

小伙子的妻子腿部要换药，张老便打开了她腿上的夹板，仔细地检查着伤处，又拿起今天拍的新X光片，对比上次拍的片子，仔细地看着，一边看还一边和金东讨论病情：“你看这儿，这道连接着没？骨小梁长上了，说明这个地方的骨髓已经连接上了。骨髓一连接，后面长骨头就快得很了。”张老欣慰地点点头，病人恢复得比较理想。“好了，那就可以换药了。”张老吩咐道。

这时，摄制组已经打开了镜头盖，准备开拍换药的过程了，“您等会儿换药，可千万慢点，一边换药一边讲解，这伤是怎么回事，怎么治的，药是什么药，什么功能，这些您都要讲。”摄制组的编导叮嘱着张老。

哪知张老和儿子轻车熟路，还没等王编导反应过来，夹板和绷带布条早已经拆了下来。

“哎哟，您可慢点，还没来得及拍呢。”王编导在旁边看着着急，反复叮嘱。

父子二人开始给病人的伤处涂抹药膏。

“张老，抹药的时候您可动作要慢，记得要一边抹一边介绍。”编导还在一边千叮咛万嘱咐。

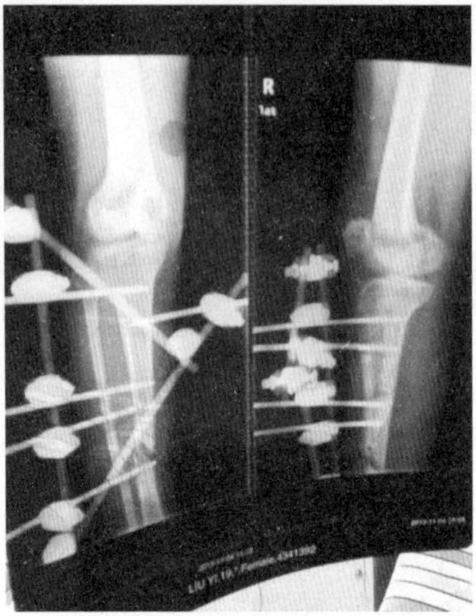

刘毅第一次手术后拍的
X光片，钢签纵横

平日里驾轻就熟的父子二人在这镜头的安排前反倒别扭起来，抹了两下，想起刚才编导说的，停下开始讲这病人的情况；又抹两下，想起点什么，便又停下开始介绍当时的治疗方案；再抹两下，停下介绍病人的恢复状况；抹着抹着便又忘了摄像的安排，手上速度快了起来。“别这么快，说说您这抹的啥药啊。”一旁编导赶忙提醒，张老就又停下手头的动作开始介绍药膏的功效。

这边药抹好了，没等编导提醒，只因父子二人经年累月的治疗经验，以迅雷不及掩耳之速上好了敷料重新固定了夹板。一旁的编导无奈地扶着额头，“张老，您这太快了，您要不拆开夹板咱再来一遍吧。”

“那这要多慢呢？”张老显得有点尴尬。

“就慢慢地，让摄像机能捕捉到您的每一个动作，要清楚地拍到您的手和手上的每一个动作。”

张老和儿子就拆开了夹板，用别扭的慢镜头似的动作重复了一下包敷料和上夹板的过程。张老抬起头蹙了蹙眉，问道：“这次可以了不？”

“就这样吧，回去我们再调整。”编导还是略有不满意，但是也无奈，张老父子行医多年，手法娴熟，只会快不会慢。

这边录像结束，编导就开始了这对夫妻的采访。我和张老、张金东 3 人分站在房间摄像机拍摄不到的两个角落里，张金东拿出了自己的手机开始录像。从采访的对话中，我也了解到了这对小夫妻的境况。

这是一对 2013 年结婚的 90 后小夫妻，受伤的是妻子——刘毅，她和丈夫二人都曾在工地上打工。结婚后两三个月，刘毅的腿就受了伤：在工地上被工程车带倒，车从腿上碾过，导致腿部严重开放性骨折——皮肉外翻，伤口处断骨清晰可见。受伤后立即就被送到了附属医院，骨折严重，工地上又满是沙石，有大面积的感染。负责手术的医生经过几个小时的辛苦手术，才清理好血肉模糊的伤口，将碎成数截的骨头通过外部支架拼整起来。第一次手术就是数万元的高昂手术费，术后住院观察了一段时间，丈夫就带着妻子回家休养。

不久回到医院复查时，发现骨折断裂处，由于断骨尖端不能接触刺激，端头已经坏死，伤处无法愈合。为了能让断裂的骨头重新愈合，医院便建议他们进行二次手术：将坏死的尖端切除，使新切口拼接在一起来达到愈合的效果。但是这也面临着一个问题，就是截掉一截坏死的骨头后，两条腿就不一样长了。为防止这种情况的发生，主治医师在原手术设计上又增加了一项“断骨增高术”：即在原伤处上方一段距离将腿骨截断，以人工方式重造生长板，再配合器械将腿骨向两头转开，而达到骨骼再次生长，双腿同长的目的。因此，刘毅的第二次手术中同时进行了两个手术项目。

拍摄完成出来的时候，张老向我解释了这个疗法。“这是从一个苏联医师的骨外固定技术发展而来的，学名叫‘肢体延

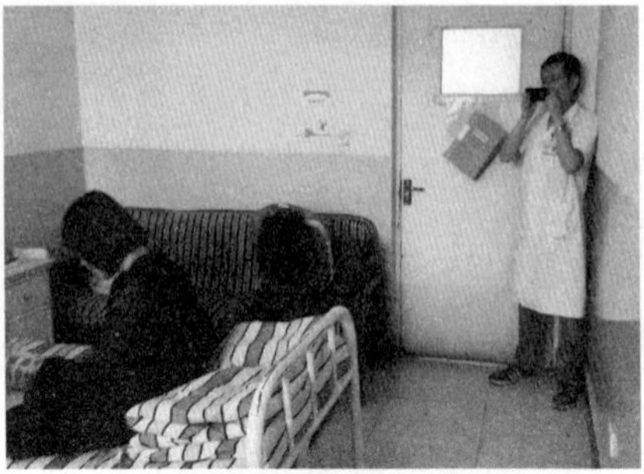

站在角落里拍摄的张金东

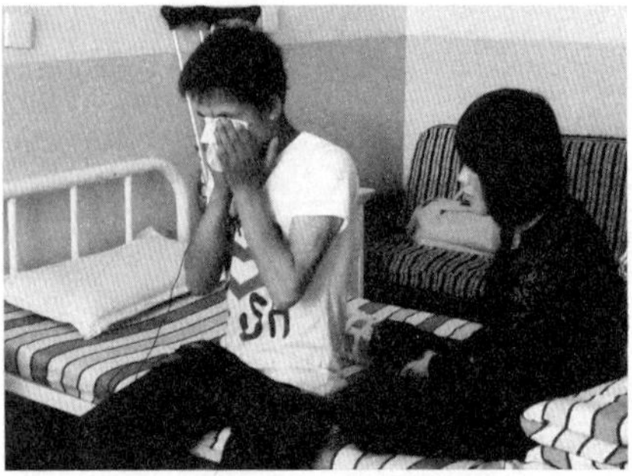

刘毅和丈夫接收央视采访

长术’。你比方说先天畸形、外伤、肿瘤、感染，这些原因导致的骨缺损或者是肢体不等长，再要么就是因为疾病引起的肢体畸形，这些症状才能用‘延长术’来治疗。那个丫头的情况就属于刚才说的几种之一。但这个技术现在被国外好多整形机构用来给爱美人士长个儿了。”

张老说：“这个是揠苗助长，恢复得好了以后那里也是骨头的脆弱点，容易骨折；恢复不好的，没长好就先感染了。”“丫头，你腿挺长的，”张老和我玩笑道，“就这样就行了，千万别整什么断骨增高，搞不好就站不起来了。”可以看出张老对医疗技术的态度是严谨且慎重的。

话说回这对夫妻。经历过二次断骨延长的手术，经过恢复，从复查的 X 光片判断，伤处骨骼已经开始生长，连接在了一起。此时的支架在腿上已经两年了，长时间支架固定使腿部无法运动，小腿肌肉都开始萎缩了，夫妻俩便遵照医生建议通过第三次手术取掉了外部固定支架。

那时为了给刘毅看病，小丈夫和父母将自己住的房子租了出去，就为了能多点房租收入来贴补家用。公婆，岳父岳母，还有夫妻俩，一家 6 口人挤在岳父岳母望远的家中。

今年3月的一天，小丈夫外出务工，留下母亲在家照顾刘毅。刘毅躺在沙发上看电视的时候，突然受伤的右腿就抽筋了，她一蹬腿，顿时就疼得大叫一声。婆婆赶紧打电话通知儿子回家，两人合力将刘毅送到了武警医院。拍片结果令刘毅两口子心凉了大半截——伤处再次骨折……此时的夫妻二人已是精疲力竭，心灰意冷，刘毅说她甚至想这辈子再也站不起来了。恰有亲戚介绍说张宝玉医院看骨伤有一手，可以不用手术，他们二人便抱着“死马当活马医”的态度找到了这儿。

三、绝望中看到希望

刘毅夫妇来到医院时是由银川医院的院长张金东接诊的。当时这对夫妻的境况也十分特殊：一是两年的旧伤复发且伴随肌肉萎缩，这是病情复杂之处；二是几次大手术和两年的在家待业已经拖垮了这个家庭，医药费耗尽了二人的积蓄，这是经济拮据之难。面对收治可能带来的双重风险，张金东就向父亲汇报了情况。张老当时也没犹豫：“咱们开医院，赚钱是为了干啥，不是光为了我们自己家好，也是为了能帮助病人。我以前看病，医院让截肢的、没钱的不都治了么。这个病人你就收下，能照顾的就多照顾点。”

讲到这里，拍摄完成的时候张老走出来还对我说：“这段话，小魏你写书的时候就别写了吧。”我好奇原因，张老解释道：“你书里这么写了，别人看了，都来我们这里看病，要是全让我们给贴钱看病的话，我们也看不起啊。”

我笑着说：“张老，没事的，大家来看病都是奔着您的技术来的，没人愿意拿自己的伤痛开玩笑，伤好了不会不给钱。”

张老笑眯眯地说：“知道呢，我就是给你开个玩笑么。你看着写就好了。”

再说回这对夫妻，张金东听了父亲的话，就让他们在医院住下了。他们在医院住了 40 多天，每天都是张金东亲自来给治疗、换药，医院忙起来张金东无暇分身时就嘱托三姐照顾好这个病人。刘毅的腿伤在悉心的治疗下一天天好了起来，不再需要住院时，小丈夫就带着刘毅出院了。时隔几日便来医院换药复查。

小伙子在采访的过程中，每每讲到动情处，讲到医生护士对他们夫妻的照顾，都会情不自禁地抹抹眼角，转头看看角落里的张老父子俩。“两个月，连住院带看病下来，一共花了不到一万五，最重要的是腿子看着一天天地好起来了。我真是太感谢张氏医院，太感谢张大夫了！这两年，她光片子都不知道拍了多少，”小伙子指指妻子，“这么久，终于看到希望了。”

病房床脚处放着一袋子的 X 光片，都是刘毅这两年来拍下的，我拿出来数了数，36 张。把所有的光片摞在一起，厚度大约有 1 厘米。

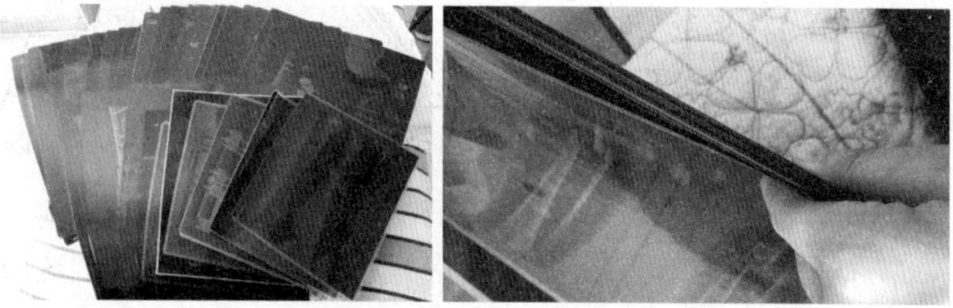

刘毅看病拍的 X 光片

四、用真心，换真情

采访结束后，张金东主动走过去问他：“家里药膏还有没，下次来换药的时候够用吗？”

“还有呢。”小伙子怯生生地回答道，“还有两支呢。”

张金东说：“腿上的药换一次就要用两支呢，你这只够一次用了。这么个，来，今天我再给你开上几支，我父亲今天也在呢，尽可能给你多照顾点。”

小伙子便跟着张金东进了隔壁的医生办公室，一支药膏10克装标价是130元，他就给小伙子开了张处方单，一共6支药。小伙子看了眼处方单，在一旁有点羞涩地说道：“那个，张院长，您看要不少开两支？我怕今天带的钱不够呢。”

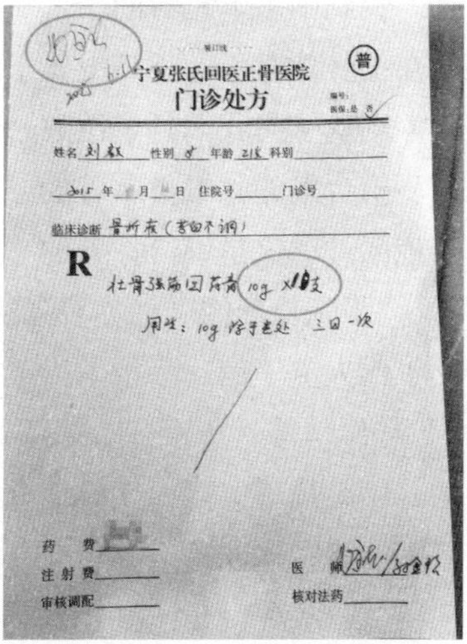
宁夏张氏回医正骨医院
门诊处方
普
姓名　性别　年龄　科别
年　月　日　住院号　门诊号
临床诊断
R
药　费
注射费
审核调配
医　师
核对法药

张金东为病人特批的门诊处方单

“没事，我给你个优惠价。”张金东没抬头，继续写着处方单。在写价格的时候张金东犹豫了一下，说道：“这样，我给你写成本价，医院从来没有过这个价格，这事儿我直接做主也不用和我父亲商量了，你就按这个价格一会儿去交费取药，好吧？”

“我带的钱只够买4支……”小伙子声若蚊蝇地喃喃道。

张金东双手支在桌子上，用笔轻点着桌面，思索着，“你来一次也不方便，我给我爸说一声，多给你开上几支，不够的就当我们爷俩添钱送给你的，你回去把媳妇好好照顾好，让她早点恢复健康。”说着，他弯下腰，将处方单上的“6”改成了“10”，并签上了自己的名字递给小伙子。小伙子这次接过单子一看，眼眶一红，嘴唇哆嗦着，在办公室就快要哭了似的，哽咽着说：“张院长，我都不知道咋感谢你呢。”

张金东像大哥一样拍着他的肩膀安慰道：“没事，哭啥呢么，你照顾好你媳妇，让她的腿长好，就是对我们最好的感谢了。她腿伤不好，你们难受，我们当医生的看着也难受。你们还年轻着呢，后面好日子长着呢，先把这个难关过了。”

我站在一旁静静地看着，这一幕让我也鼻头酸酸的。

小伙子拿着药单下楼取药的时候，我也出了办公室来到一楼。快到中午下班时间了，一楼大厅有些清冷，阿德和王编导坐在挂号处对面的长椅上休息。

小伙子向我们打了招呼，走到收费窗口前，将单子递了进去。柜台里的收银员拿着处方，看看单子，又看看小伙子，好奇地问：“这是谁给你开的？”

“张院长开的啊，你看张院长还在上面签字了呢。”小伙子怕工作人员不信，手指了指单子上的张金东的签字。

“你稍等一下啊。”收银员闻言拿起电话，拨了出去。很快，她就挂了电话，诧异地看向小伙子：“你跟张院长是啥关系啊？我在这儿这么多年头一次看到这么优惠的价格呢！”

“没啥关系呀，就是我们没钱看病了嘛，张院长他照顾我们。”

“张院长对你太好了！你要好好看病呢，要不都对不起我们院长。”收银员说。小伙子连忙点头。就这样，标价 130 元一支的药膏张金东自己贴补了一部分，让小伙子用不到一半的价格拿走了 10 支。

小伙子拿着划价单去药房取药的时候，药房的师傅看着单子也直呼不可思议：“张院长今天是在散乜帖吗？！”

整个过程，我和摄制组都真真切切地看在眼里。

正午时分，张老、我和摄制组两人正在门厅等着张金东下楼来，一起出去吃午饭。就见小伙子拎着一大塑料袋的饮料走了进来。

“我也不知道咋感谢你们呢。这天这么热，我看你们忙乎了一上午都没喝水，就给你们买了点饮料。”说着，小伙子便拿出一罐凉茶递给张老。

张老把饮料推回去，说：“你给媳妇看病正缺钱呢，买饮料干啥呢，浪费钱了，钱留着给你媳妇买点水果啥吃的多好呢。”

小伙子把饮料硬塞进张老手里：“老院长，您就收下吧，我今天，我今天真是不知道咋感谢你们呢，”声音里带着些哭腔，“您不收下，我这心里不踏实呀。”说着，张老才无奈收下了饮料。

当他走到我这边时，我轻声问道：“你把余下的钱买了饮料，一会儿回去的车费还有吗?”

“不用车费，我媳妇的姐来接我们了。”小伙子脸一红，不好意思地说。刚才在二楼的办公室时，他说过自己带了多少钱，去掉买药的费用和饮料钱，他身上的余钱不会超过3元了。

小伙子又提着饮料上楼去找张金东了。张老转过身来对我说：“你看这小伙子多实诚。刚结婚没多久他媳妇腿就折了，他和他妈就天天在家伺候着。别都说‘夫妻本是同林鸟，大难临头各自飞’呢，光大手术就不知道做了几次，花了十几万，就冲这小伙子现在还跟媳妇在一起，没抛弃他媳妇，就这是感情。就这点，我就跟我们老大（张金东）说了，他们看病的钱不够了就记我头上，我给垫上。”

我说：“张老，您这好伟大呀!”

“这有啥伟大的呢，这就是医生该干的么，你说对不？医生要都是这样对病人，你说现在哪来的那么多医患纠纷呢？要真心对待真心呢。”

我们正说着，小伙子背着他媳妇就下楼来了，瘦弱的小伙子背着媳妇显得很吃力，张金东在后面帮忙扶着女病人，一边走一边提醒："这边楼梯陡，慢点，小心。"看到我在楼下站着，又赶紧招呼我："魏老师，来你给帮着前面扶着点。"

在张金东和我的帮助下，小伙子背着妻子出了医院，他把妻子安顿好后，专门转身跑回来冲着张老父子深深地鞠了两躬："真是太感谢你们了，你们是我的大恩人。"

张老说："别说这些了，赶紧回去，媳妇儿还在车上等着呢，照顾好你媳妇。"张老对着小伙子挥挥手，他这才离开了。

在这个新闻报道中充斥着医患纠纷，人人批评医生利欲熏心的时候，眼前的场景令我备受感动。自始至终，张老不止是一个医生，似乎更像是一个关心病人的老爹，对待病人就像自己的家人一样，正如医院墙壁上悬挂的院训那样"视患如亲，仁爱天下，仁医仁术，济世为民"。

第五章　边走边学

人生的脚步常常走得太匆忙，所以我们要学会：

停下来笑看风云，

坐下来静赏花开，

沉下来平静如海，

定下来静观自在。

心境平静无澜，万物自然得映，心灵静极而定，刹那便是永恒。

第一节　不惑之年重返校园

20 世纪 90 年代初，不惑之年的张宝玉考入了湖北医科大学临床医学系学习深造。

对此，我在赞赏他勇气可嘉时也有自己的疑惑："您有家传的手艺，为何还要在 40 岁的时候回到校园去学习西医临床呢？"

张老端了杯水坐下："在回答你这个问题前，我想先问问你：如果有天你生病了会最先想到去哪里看病？"

我想都没有想，脱口而出："医院啊。"

"对么，哪个医院？一定不会是中医院吧？"张老笑眯眯地说。

确实，普通大众在生病的时候，第一反应一定是去西医大医院检查治疗，很少有人能想到去中医院，似乎现在中医变成了调理身体时才会想到的选择。

张老看着我陷入思考中，满意地点点头，过了一会儿，他开口说："我小的时候，父亲就教育我说要多学习知识，学堂里的先生教我们的第一句话是'学海无涯苦作舟'。俗话说'一瓶子不满半瓶子晃荡'，学什么东西都是这样，知道得越多越精的时候，反而觉得自己什么都不知道了。不是说不知道，而是像人从屋子里走出来站在星空下一样，会感觉自己特别的渺小。"

"我那时候努力钻研父亲教给我的医学知识，遇到疑难病症的时候，想想父亲讲过的，再不行翻翻医书总可以找到解决的办法。有那么一阵子，我觉得自己已经很厉害了，没什么病症能难倒我的。可是，就跟那井底的青蛙一样，我只看到了眼前那一小块天地，后来发生了一件事情让我突然意识到自己还是学习得太少了。那次是遇到个开放型骨折的病人，那场面……太血腥了，病人听说我这里治骨治得好，直接就送来了，可是他那个情况必须要手术才行，但我这里不能给他做手术啊！最后给病人止了血又赶紧转到西医院去了。当时把病人送到医院的时候，看着他痛苦得脸都扭曲的样子，我心里就特别难受：如果我会做手术，有这个医疗条件，他现在已经处理好伤口躺在病床上休息了。"

"那次给我的触动特别大，回来就觉得不能再这样下去了，必须要学习，西医也好，中医也好，只有学得多了才能丰富提升我的医疗技术。”说到这儿，张老的眼里透出一股不服输的坚定。

促进一个人不断进步的动力，往往是来自于未知的危险，换句话说，只有当敌人出现的时候，我们才能正视自己所处的位置，进而发奋努力战胜那个真的存在或只存在于我们想象中的敌人。和张老认识以来，那个平时笑呵呵祥和安静的老先生，在遇到任何的疑难杂症时会瞬间变身成全副武装的战士。

疑难杂症，就是他的敌人。

要对付一个敌人，你就不能不了解他（它）。凭老经验、老办法，加上投入大量的时间和经验，未必不能解决一些困难。但病来如山倒，哪怕医者等得起，病人也耗不起。所以张老自承袭祖业以来，经常购买或借阅各类医学书籍，但凡与骨伤医治有关的知识，不分中医西医，他统统认真研读。

但受限于文字传递的问题，很多技能要点张老都没办法了解清楚——无论书上写得多么详细精准，到个人实际操作时依然会雾里看花一般模模糊糊找不到方向。就像有些人说开车就是手脚之间的配合，松开手刹一踩油门就能跑车上路，可真要让一个熟知一切车辆驾驶技巧但从未上车实际操作过的人去繁华闹市区开车，恐怕那人刚摸到方向盘就会哭着喊着说：“这车没法儿开。”

这也充分说明了知识与实践相结合的重要性。

重回校园，无疑是学习理论知识的最佳选择。作为一个行走社会 20 多年的“老医生”，张老更加深刻地认识到不断学习新知识的重要性——不怕学完无用武之地，唯恐“书到用时方恨少”。再者，行医不比种地，地种不好没有收成可以明年从头再来，医者在面对每一个病人的时候，有且只能有“竭尽所能去治愈患者”。内心对新知识的渴望，加上医者的本心，让张老坚定地捧起了课本，向迈入医学高校发起冲刺。

“您那时考学遇到过什么困难吗？”我问道。

“可以说有，也可以说没有。”张老说道。“我读过卫校，又有家传手艺和20年的行医经验，所以专业课学习这块儿问题不算太大。但是当时考试的时候要考语文和数学，都放下那么多年了，捡起来可不容易啊！就找来考学用的书自己学，有时间还去学校请教老师。那阵子天天忙得栽跟头，白天要给病人治病，晚上挑灯学习，忙起来都不知道白天黑夜。从开始复习考试到考上学拿到录取通知书，我瘦了十几斤。”

之前看到过一位40岁的公务员放弃地震局的工作重新参加高考回到校园，当时还佩服那位先生太有毅力了，没想到身边就有一位。“您进入大学校园之后呢？”我很想知道张老的大学校园生活，40岁与20岁，会发生怎样的碰撞。

“哎呀，上学的时候闹了不少笑话！”张老笑道，“我们班里基本上都是20岁左右的，刚去宿舍的时候，同寝的舍友还以为我是来送孩子上学的学生家长，一口一个‘叔叔’地叫。我偷偷地笑，也没纠正他。到晚上他看我在宿舍洗漱准备睡觉的时候，还很奇怪地问我：‘叔，您儿子咋还没回来呢？’我这才忍不住告诉他我就是那个没回来的舍友。哈哈，他都愣住了，眼睛睁得有铜铃那么大！”张老哈哈大笑。

“上课的时候也闹过笑话。我去了教室就往第一排坐，来上课的老师还问我是不是来听课的老师，可是闹了不少笑话呢。可是呢，在校园里也学到了很多知识，解剖学、药理学、病理学，系统地学习完才更加感受到医学的博大精深，纯粹的中医和西医各有利弊，合理地融合才能扬长避短。”想起那段珍贵的校园生活，张老感慨颇多。

第二节　读书，是最重要的事

每次说到自己的三双儿女均为本科毕业的时候，张老都是满面自豪。他有一张银行卡，里面存的钱不做其他用，只用来为子女孙儿们支付学费。

“我给家里的人都说过：‘只要你们有能力读书，愿意继续读书，学费我给出。’”张老说。

初中时被迫中断学业，是张老这辈子最遗憾的事，所以“千难万难，我都不会让孩子们在学习上有困难。”

“几位哥哥姐姐在学习上让您费过心吗?”我问道。

“没有没有。”张老摆摆手，说道，“我这几个孩子都听话得很，学习上也自觉，再说我那阵子忙着看病，天天早出晚归的，老伴也要去生产队工作，孩子们都看在眼里，知道父母忙，也不给我们添乱子。”

“现在早上出门经常能看到有娃娃上学路上边走边哭，我这几个孩子以前早上起来上学没有人哭过鼻子。头几年儿子刚生下来的时候，家里 3 个丫头上小学，早上说要去学校了，她们起床几下子就穿戴整齐收拾好了，说走几个人就齐齐地一块出门，中午又一起回来。我老伴每天在孩子们出门前都会说：‘挨着路边走，别走路中间，有车呢。’她们就牢牢地记着，可让人省心了。”

“大丫头考初中的时候，吴忠回中刚建起来。那会儿我所在的生产大队一共 5 个娃娃去考试，就我们大丫头考上了。回来的时候，别有人气得说：‘我们的都没考上别的（张的孩子）就考上了。’你看看，5 个娃娃啊，只有我们大女儿就考上了。”张老眉开眼笑地说。

张老眼底的那份骄傲与笑容中的自豪感染了我，这让我不由联想起那个时代的教育状况。

21 世纪的今天，九年义务教育让学龄儿童享受到了充足的教育资源，而在 35 年前中国西北地区，上学还是件比较奢侈的事儿。那个年代人们对教育的重视程度虽较以往加重了不少，但与现在相比就如小树苗和枝繁叶茂的大树一样，教育资源的匮乏以及生产方式的局限，使大部分农村孩子的读书梦可望而不可即。因为在从事农业生产的家庭中，父母一般会在孩子具有打下手的能力时就让其帮忙家庭生产，每送一个孩子去上学，就意味着家里就要少一个劳动力，所以当时大部分农村家庭很难坚定地供养一个不事生产的学生。相反地，如果一个农村家庭中出了个学生，尤其还是个学习成绩优秀的学生，其父母的自豪与骄傲可想而知，当然这与他们背后付出的辛苦成正比。

“大丫头考上吴忠回中后，我们老两口也犯愁过。那阵子从马莲渠来吴忠哪有车呢，路都是土路。我就在老家的院子里教她骑自行车，学了几天，丫头学会了，就让骑着车子自己来上学。可是后来每次回来的时候都鼻子流血，老伴以为娃娃生病了，我一问才知道是摔的。”

“过去那个二八自行车你知道吧？”张老突然问我。

我想了一下，说：“就是中间有个大梁的大自行车？”

“嗯，就那个，我给大丫头上学的自行车就是那个。”张老点点头，继续说，“她那会儿个子小，自行车又大，停车的时候经常够不着地，尽都磕得摔得鼻子流血。摔在儿女身，疼在父母心啊！没办法，我和你阿姨两个人就轮流着送她去上学，我有时间就我送，她有时间就她送。那可是骑车往吴忠送啊！愣是送了快两年，到大丫头个子长起来，骑车子再不会摔跤了才让她自己上学去的。30 年前那个条件哪个家这样下苦功夫让孩子上学呢，大部分孩子都不读书。我们下的工夫非得叫读书。”

有时和张老的儿女们闲聊，他们对父亲除了敬爱崇拜外还有些畏惧。我就把这事儿和张老说了，张老听了呵呵一笑，说：“我做什么事情，都努力做到最好，不怕吃苦受累，你阿姨也是这样一个人。孩子们也都懂事，他们小的时候我和老伴经常要围着病人转，可能是我们的辛苦孩子们都看在眼里，他们就自己照顾自己，大的管小的。稍微大一点了，还主动来给我们帮忙。但是我这个人也脾气大得很，定下的事情除非有特殊情况，不然是不可能变的。就拿让他们读书来说，去学校了就必须好好学习，学出个样子来，没有什么借口和理由。你先把我提的要求完成了，咱再说下面的话，对吧？所以对他们也是这样，回到家想出去玩，行，把写完的作业拿出来；假期想去亲戚家耍，行，把要背的书背完了才能去。但是我并不是随便给他们提要求，都是我做到什么程度了，才要求他们也做到这个程度。”

张老这样一说，我也就明白为何他的儿女们在敬爱父亲的同时也敬畏父亲了。都说家庭教育是孩子接受的最基础教育，在家庭中父母亲或许不会教孩子们识文断字，但他们的做事方式与为人准则却深深地影响着孩子未来的发展。正是张老夫妇当年执着、勤劳、刻苦的正能量教育，为儿女们今天取得的成就打下了夯实的基础。

第三节　听人劝，吃饱饭

为了和张老聊天的时候能更好地理解他说到的医学内容，这段时间我都在恶补着关于解剖学和古波斯医学的知识。但是有关回族医药的知识，获取的渠道非常有限。最终我想到了孙老师办公室那占据了一面墙的书柜，里面满满的都是关于回族研究的书籍。

这天，我与孙老师约好到他的办公室找资料，茫茫书海中，我在书架的第三排发现了一本并不厚的书，《古代波斯医学与中国》。咦，古代波斯医学，这不就正好和我研究的内容有关吗？我开心地想着，便将书取出，坐在办公室的沙发上就翻阅了起来。翻到封三的时候，上面写着这样一列字“请孙振玉兄指正”，落款名是宋岘，时间 2002 年 3 月 23 日。下方是一个包含拼音“SONG XIAN”、篆体“宋岘印信”、阿拉伯文名的近 4 厘米朱红色印章。

宋岘不就是这本书的作者吗？除此之外，我好像还曾听谁说过，他是一位很有名望的学者。又努力地回想着，终于想起了和张老聊天的时候他提到过，现在回回医药方面的很多著作都是宋岘老师整理和翻译的。我抱着这本书，有如获至宝之感。

带着这本书到图书馆，一个下午的时间头也没抬地将书通读了一遍。书中详细地介绍了波斯医学进入中国后，对传统中医及某些少数民族的医学所产生的影响。这使得我对古波斯医学和《回回药方》，以及张氏正骨的渊源又有了更多的认识和了解。

一、艺术方面的请教

第二天我就带着书去找张老，想和他讨论讨论书中提到的一些内容。

我来到张老的办公室时，他正在和工程队的马师傅商量着吴忠医院装修的问题。

我敲敲门走了进去，张老看到我就说：“正好小魏你过来了，你们年轻人审美有主意。你过来给我看看，我要在我们医院的门上，就进来后的各个小门上，做上一个我们清真寺那种拱顶一样的装饰，你来看看这几种哪个好？”说着张老就把包工头带来的6张效果图摆开，一一摊在桌上给我看。马师傅就在一边讲解着：这个最好看，但是复杂工期长，这个是金属的，这个是石膏的，等等。有时还拿起图纸走到门框边，一边讲一边比画给张老看。

张老听着马师傅的讲解，时而点头，时而摇头，待包工头讲完，张老转过头来看着我问：“你觉得呢？”我指了指第五张效果图，“我觉得这个方案比较好，既有穆斯林代表性的绿色和金色，又大小适中，而且刚才听马工介绍，是用PVC板镶金属边做的，材质轻也好安装。”

张老听我说完，拿起第五章效果图比了比，说：“一开始我也是觉得这第五个和第一个比较好，听你这么一说，好像第五个是更好一点。”

我说：“您现在吴忠医院在装修，银川医院也在新建，都要用钱，第五个方案和第一个效果差不多，但应该造价上要低一些。”

马师傅也搭话道：“嗯，就是的，第五个比较便宜，做出来也好看呢。”

“你知道第五个便宜又好看，不早说，还放在第五个说。”张老责怪道。

马师傅憨憨一笑，说：“我也没给你排序么，就是这么个拿起哪个说哪个么。你说做哪个我们就给你做哪个。”

这样，吴忠医院门头装修的方案就算敲定了，马师傅带着图纸离开了张老办公室。

我跟张老说：“张老，我昨天看到了一本书。”说着我便拿出了昨天读的《古代波斯医学与中国》。张老一看到书的封面，“哦，宋岘！宋岘老师很了不起的，我们这边的很多资料都是宋岘老师给翻译整理出来的！他还到吴忠来过我们医院呢！”我和张老就书上面的一些提到回医的内容聊了起来，刚聊了没两句，张老就打断了我。

“哎？刚才跟你说这设计方面的事，你是不是美术也挺好的？”张老问我。“还行吧，我平时比较喜欢这些。”我有些不好意思地答道。

“小姑娘么，肯定眼光好会搭配，你又是搞文化的，来你帮我看看这个。”说着张老又从抽屉里取出了一沓手绘稿，张老一边把它们分摊在桌上，一边对我说：“我准备在银川那个医院弄个浮雕呢，就在一楼大厅，让人一进去就能看到。这是让书画院的老师给做的设计稿，都出了3版了，说不上哪里还差点感觉，多少都有点不满意。你给我看看。”

一张张设计图，画得都非常认真细致，大漠黄河这些地方特色景观，医院的建筑、院徽，还有张老家四辈行医的人物形象等，各种元素一应俱全。但我看着看着就发现了一个问题，这些元素在一张浮雕设计图上的组织缺少内在的逻辑串联，让人不明主旨。

我便问张老：“通过这个浮雕，您最想表达的意思是什么？”

“就是想通过画，让人知道我们回医，我们张氏正骨还有我们医院的历史嘛。这个图看起来要大气一点，要有气势，要引人注目。”张老说。

设计师最头疼的就是甲方提出“三要”，即“要大气”“要吸引人”“要有气势”，也即所谓的“高端大气上档次”，这些词都是含糊的概念。设计人员无法做到对每一行业领域、每一位客户的情况都了如指掌，含糊的概念下自然无法创作出让客户满意的作品。这些是我曾经在一家公司的设计部门工作时亲身经历过的，当时还专门和同事研究过如何与客户沟通、获取准确设计信息，没想到时隔 3 年，竟然在今日派上了用场。

“您看，这些设计稿每张都画得线条流畅，内容丰富，图案也画得精致，但是，我从各个组图中看不到它们彼此之间的连贯性。”我解释道。

“你说的是啥连贯性？”张老不明白。

“这个连贯指两个方向上的连贯，就是从纵轴和横轴两个轴来看要具有连续性。纵轴上要有时间的连贯性，横轴上要有事件发展的文化性、历史性的连贯。现在每个设计方案里的单个图画看起来都很好，但是组织在一起的时候没有时间的演变和文化的发展，显得杂乱无章。”

“对对，我也是发现这么个，你给我说说咋弄呢？”

“您这儿有笔和纸吗？”我说。

张老找了张 A3 大小的白纸给我，还有一支黑色中性笔。我拿着笔，看着设计稿上的图案，结合昨天在《古代波斯医学与中国》一书中了解到的回医在中国的历史沿革，同时参考之前采访张老了解到的张氏回医正骨的发展历程，配合“双轴连贯性”思索起来，一边思考一边在纸上勾勒着。

几分钟后，一幅有些潦草的简笔画设计图就完成了。

张老眯眼看着图，有些疑惑道：“画好了？”看着图中粗犷的线条和胡乱写上的字，我不禁有些汗颜——画得太粗糙了。

“张老，我给您讲一下这个图，”我指着图纸，“咱们从左上角开始。古代波斯医学传入中国后，经过历史的沉淀，才有了后来的《回回药方》与回回医学，所以咱们从古波斯开始。那会儿怎么治疗病人的呢？您这儿有古代医生 3 人合作治疗病人的画作，我们就把这张 3 人合作治疗病人的图放在左边这里。古波斯医学引入了中国，通过的是一条丝绸之路，所以这里我们画上沙丘和丝路，从左至右，像一条蜿蜒的丝带。”张老点点头，“这里可以文字备注上，唐代波斯医学经丝路传入中国，波斯医学因为其什么什么的特点而备受关注也要注明。”我接着用笔指着图说，“沙丘上可以再添几只骆驼，丝路的感觉就更浓了。”

张老笑道：“这个是骆驼哦？呵呵，可画得够抽象的。”

“这个不是重点，咱们看下面的，”我耳根一热，赶紧打岔，接着往下说，“进入到中国以后，波斯医学就开始了传承和发展。”我便在上部中间略偏右的位置加上“传承”两个字，还加上了一些装饰的祥云图案。“这里有两幅人物像，一个是爱薛，一个是忽必烈。因为在忽必烈的支持下，爱薛成立了京师医药院，这是中国历史上第一次出现政府主导的伊斯兰医学机关，是中国伊斯兰医学史上的里程碑，书上有记载‘爱薛所行医术，与波斯阿拉伯医术实为一种’[①]。”所以我就在这里建议张老换上这两个人物的图画，一个是爱薛像，一个是忽必烈封赏回医图。

“再往下是明代，明太祖朱元璋很重视回回文化，这里可以写上一段话，简要说明朱元璋命人译回回书，推动了《回回药方》的成书。另外画上4本《回回药方》，《回回药方》本来有36卷。”

“但是现在只剩4本残卷了，”张老抢过来说。

“对，这样就标明了《回回药方》怎么来的，从古波斯传入，到有相应医学机构，再到翻译整理成书。而且明代开始，《回回药方》的应用就从官方普及到了民间，您这里正好有一

①宋岘：《古代波斯医学与中国》，经济日报出版社，2001年，第89页。

作者的简笔画浮雕设计图

幅老太太制回药的图。”我指着原设计稿上的图，“可以把它加在浮雕的右下，在《回回药方》下面，用来说明其在民间的发展。”

“从这个时候开始，会一下子跨越到 1860 年。”在图纸的下半部分，我画了一条由右向左蜿蜒的曲线，代表黄河。“1860 的时候，您爷爷习得了回医，这就是张氏回医的起点。从您爷爷的传统手法，到您这一代实现了张氏回医的一个历史变革，您引进了西医医疗的先进设备来辅助治疗，促进发展，所以在整张图的中部偏下的位置，我设计了您的一个经典造型——研究病情时两手各执一张 X 光片的造型。在您的图像旁边或下方会注明‘张宝玉促进回医现代化发展，将张氏正骨发扬光大’。”

“再向左就是咱们医院现在的治疗方式，您这儿有张图，是两个医生在为病人接骨，这正好和古代的治疗手法有个对应。旁边要刻上非物质文化遗产保护标志，注明咱们哪一年申请到自治区和国家非物质文化遗产。还有咱们新医院大楼的形象在这边，只露出一半儿，一个模糊的影子就够了。”

“到了最左边，结束的图案就是护士放飞白鸽的形象，象征医院未来发展的美好愿景。这个设计整体来看，从组图上有丝绸之路、漫天黄沙、商队骆驼、两岸绿树和黄河的波光粼粼，说明了空间上的变化。而从结构上由左上至右中到左下，形成了一个‘圆’，这个‘圆’包含了时间轴与文化轴双重含义。时间上说明了古波斯医学到中国回回医学再到张氏正骨之间的延伸。从文化发展来看，追根到了古波斯医学传入中国，溯源到了明代《回回药方》，有了追根溯源，再加上后面从您爷爷开始到您及子女的四代传承，以及以您为分界点的发扬光大。追根、溯源、传承、发展，这样就组合成了一个完整的时间和文化上的体系。”

听完我的解说后，张老赞许地点头道：“哎呀，你这个好，你这个看着就连贯了。我们到时候配上医务人员的讲解，病人和参观的客人一看就一目了然全明白了。我这个浮雕不能光是好看么，要讲故事呢。”

“那我们医院的标志放哪里呢？”张老问我。

我看了看，“您这个医院标志直接放到整幅浮雕的正中间最好最醒目。”

“我们医院和张氏回医流派有两个标志呢么，都放上还是？”

“我建议您放一个，看情况，要是浮雕够大，放两个也没问题。”说着我在图稿中间加上了医院院标。

张老说：“你是不是专门学过画画呢？”

“学过一点点。”我如实道。初中学了两年的国画，算不得会，但是还是打下了些基础。

“我就说么，你之前画了几笔我就明白个大概，现在一讲完我全明白了，好呢好呢！”张老高兴地说，“到时候我就把你这个拿上，跟书画院的老师说去，我要是说不明白，就叫上你过去给说去。”

二、老经验请教新信息

最近张老总皱着眉头，还时不时唉声叹气一下。我就问张老：“您怎么了呀？”

张老说：“我就特喜欢你问我‘怎么了’。”

我有些不解。张老接着说：“你一问我‘怎么了’，我有些啥事和你一商量，很快解决办法就有了。这个解决办法没有，思路也有了。”

我赶忙说：“这张老您太抬举我了。这样您就跟我说说是啥让您唉声叹气呢？”

张老说：“是这么个，你看现在医院要扩大，扩大了以后呢，我就特别发愁，到时候管理，比如行政啊、医师培训啊什么的到时候要怎么办。就像前几天，中央台摄制组一来，新医院的工地上我要跑，病人这头也要看，还要陪着摄制组录节目。虽然说这几天拍摄出来的效果挺好，见了好多老病人老朋友，回忆起来很多以前的事情。但是总觉得这太浪费时间了！经常这么忙的话，我都没有时间再去钻研我的医术了。”

我说：“张老，您这说的是企业发展过程中最容易遇到的一个问题——就是企业规模扩大以后如何去协调好各个部门的关系。”

“哎，对对对，就这么个，你给我出出主意看咋办呢啥？”他说，“我倒是想过，到时候把我们家里这些亲戚朋友都调动起来，再来人什么的让他们给招待上。”

我对张老说：“如果您每次都是临时找人来顶岗位的话，

永远找不到一个真正擅长和合适这个岗位的人。”

“所以现在都让金东干着呢么。”张老也显得有些无奈。

“金东哥老要忙这些事，同时又要给病人看病，他技术上业务上都要拿得起放得下。但是如果行政外勤方面他也事无巨细地参与，势必会分散他的精力。三心二意的时候就不可能把每件事都做得很出色了，只有专注一件事的时候才能做好。”

“就是么，我当年啥啥事情都没有的，就是专注给病人看病，就把看病这块儿弄得好好的。”张老表示赞同。

“是呀，所以您想让子女都像您一样医术这么优秀，那太难了！现在是信息化的时代，每天都有大量的事情在干扰我们的工作，加之医院规模又处在扩大阶段了，他们要忙的事情远不止这些。”我分析道。

“所以说咋办呢？”张老容不得我卖关子了，迫不及待地问道。

“我就给您说几个办法，就是几个小建议吧，您看行不行？”

“你说，你说，我听着。”张老说。

“首先是人员管理方面，我建议您专门聘请一个人力资源主管。医生的建档，人员的招聘，全都由他来负责。专业技术的考核由您和子女们把关，但应聘简历的筛选、人员的初试这些工作量繁杂的就都可以由人资经理来做。”看着张老热切的目光，一股被长辈认可的成就感油然而生。回想起曾经学过的知识，我把《现代企业管理学》这本书从脑海中翻了出来，结合目前所观察到的问题，向张老一一详述。

“这是一个，还有呢？”赵老接着问道。

“第二就是，咱们医院发展，医院规模大了，银川、吴忠两地两个医院，财务方面您有什么打算呢？”

“现在这两家医院财务是独立核算的。”

我说："对，是独立核算，但将来两家分院是作为张氏回医集团的组成部分出现的，作为分部门独立核算没有问题，但最终都应归集团统一管理。不然有可能会出现一家医院生意好使劲赚钱，而另一家医院设备滞后、人力短缺出现经营困难。"

"我现在就是这样啊，两家医院一起，银川盖新医院，吴忠、银川的医院一起拿钱呢。"张老没太明白我的意思，便解释道。

"您现在您说了算，一个人调控两家的财务，但是以后没有一个财务总监，嘴上说的临时的个人决定，肯定比不上成文的长久的规章制度更踏实可靠吧?"

"那你这意思就是两家医院可以独立核算，但是有一个统一的财务总监进行监管?"张老听明白了。

"对，就是这个意思。将来医院有可能会成立董事会，财务总监就是在董事会和总经理领导下，来总管公司会计、报表、预算工作的人。他/她的一切行动还是听您指挥，但是因为有专业知识，可以让您在做决策的时候更准确高效。"

"嗯，我记下。"

我接着说："还有前段时间央视来采访的时候，我发现咱们医院缺少一个商务部。"

"啥?"张老好奇地问道。

"就是……"我想了想解释道，"医院的对外宣传，其他机构来医院的交流访问，凡是对外的接洽、商务、礼仪方面的内容，都可以交由商务部来负责。医院接待来宾时，无论是行程住宿的安排，还是陪同考察的工作，这些琐事交由专门的人来干，您和金东哥就只需要在来宾来访的重要场合接洽即可，这样对你们的正常工作和管理影响最小，不会分散你们的精力。专门的事情教给专门的人做，就可以做得更好更专业。"

顿了顿，我又补充道："其实不止这些，和有关部门打交道、传达文件、企业文化宣传，甚至一些物资采购等都是这个部门的工作内容。在有些企业也叫'总经理办公室'，在政府部门就叫作'办公室'了。"

张老点了点头，表示认同。"你刚才说的是人资经理，财务总监，这个商务部，3个了，我都记上。"说着张老拿出了一个随身的小笔记本和笔，把这些都写了下来。"那还有啥呢?"张老问道。

"还有……这是我的一个个人建议，您可以考虑一下，"我说，"我觉得您的医院里还需要一个专门的法律顾问。"

"有呀，我们有一家签了合作协议的律师事务所呢。"张老说。

"那您和事务所的合作协议里您一个月要支付人家多少钱呢?"我问。

"啊，这个……挺多的。"

"张老，您说这话的时候犹豫了。那我是不是可以理解为：您觉得这份钱花得不是那么值得。"我直言。

"小丫头眼睛还尖得很呢，"张老说，"你咋知道呢?"

"一般和事务所合作都有这种问题。正所谓远水不能救近火，事务所毕竟不会进驻您的医院，如果医院发生了医患纠纷一类的突发事件，他们并不能第一时间出现解决问题。打个比方，这边病人闹事都吵起来了，那边事务所律师等您电话通知再赶到，可能黄花菜都凉了。"我摊开手，耸耸肩说道。

"你意思是我们招聘一个专门的法律顾问来医院上班?"张老进一步问道，"那是从哪里招聘一个呢?是事务所找个律师呢还是?"

"我建议您招一个学生。"

“学生哪能行？学生哪有经验？”没等我说完，张老就连忙摆摆手否定道。

“再厉害的人物也是从学生一步步走过来的呀！您要不放心，可以招个研究生嘛！研究生既有本科的知识积累，也有跟随导师的实践经验，已经能处理一些问题了。咱们就说个比较‘奸商’的话，您去找在宁夏律师圈里比较有名气的导师，招他的研究生来给您当法律顾问。”

张老说：“这样意思是他的学生水平比较高么？”

我说：“名师出高徒是一说。主要的是研究生都有自己固定的导师，研究生的能力代表的不止他个人，还关系到导师的颜面。遇到问题的时候，他如果解决不了那肯定会咨询自己的导师！这样，您就等于出了一份钱，雇了一个法律顾问的同时，又绑了一个他背后的高人给您帮忙。您请一个研究生来，工资说高点也就一月 3000 多，肯定比签事务所合算呢。真遇上什么法律方面的大问题了，您去请他导师帮忙也容易，他的导师还可以动用自己在法律界的关系帮到您。不管怎么算，这个都是合算买卖。”

跟张老讲这些的时候，我都觉得自己像个“小奸商”，肚子里的算盘打得噼里啪啦的响。张老一边听着一边拿笔记着，听完若有所思地说：“嗯，你这些建议我回去琢磨琢磨。”

过了没几天，张老专门打电话给我，又问了我一些关于法律顾问的事情。

“现在遇到这个情况真是挺多的，我们新医院建设的时候，和工程队啊、供货商啊这些人打交道的时候，动不动就遇上法律问题了：按工程队的承诺，现在银川新医院都该交工了，但是就我们当初没仔细看，别给我们整的文字游戏，现在人家拖延交工我们一点办法都没有。”张老在电话里跟我讲。

“对啊，如果签合同的时候您医院有一个法律顾问，他肯定会帮您仔细审核合同内容，最大限度地维护您的权益。如果按我说的招的是高校研究生，不但他会完善合同，他导师为了自己的名声都会帮着您把关合同的内容呢。”

“就是，跟你聊了之后，我就想明白了，我就跟金东说呢，准备这就着手招法律顾问呢。”张老在电话一头说道，“小魏，我们新医院建好了我要请你吃饭呢！”

“您太客气了，张老，不用不用。”我不好意思地说。

“这个必需的，”张老说着，“你出的好多点子真的有帮助呢，我们都是学医的，好多其他方面的不懂，你还真是给出了些好主意呢。”

第四节　他的人生哲学

并不是只有像亚里士多德那样的大哲学家才有自己的人生哲学，才能去著书立说、创立门派教授弟子，小人物同样也有他自己的人生哲学。

通过这一段时间我对张宝玉的采访了解，以及与他家人的沟通了解过程，我发现，作为一个做着不小事业的小人物，张宝玉有他自己一套独到的人生哲学。

好奇心是一切的开始。张老一直信奉凡是都要去试试看才知道，他对任何事物都保持着好奇心。小时候他跟着父亲行医，好奇接骨的学问，所以选择了从医这条路；长大之后，他对周围的人和环境充满了好奇，所以他在行医的过程中也在不断地学习和摸索，对他的事业，他总是在想在问：“这是为什么呢？这个原理是啥呢？为什么就要这么办？”今年 70 岁的张老，这些话他还是挂在嘴边，他一直在思考。

张老自己说，他读的书不多，受家庭经济条件的限制，还有受那个时代的限制，眼界比较局限。但是眼界和地理环境的局限，并不代表着思维会被局限。心有多大，舞台就有多大。张老一直在思考，一直保持着的好奇心成为了促使他学习、深入、发扬光大的基础。

善问多思，虚心好学。张老不会低看任何一个年纪比自己小的、社会地位不如自己或者是钱没自己多的人，他说每个人都有自己的知识。所有人对他说的话，只要是建议，他都会过一遍脑子，并不是过一下耳朵。很多人事业到达一定高度后，难免会志得意满，变得自负起来。作为一家之主、一院之长的张老，长期以来的权威地位并没有让他变成“我说什么你们就给我干什么”的“大独裁者”，相反地，他还虚心地听取他人的建议。而且很多时间里不是别人跑过来跟他提建议，而是每当他遇到了没有完全把握的问题，只要身边有他认为能提出好办法的人，张老就会主动凑上去问：“哎，这个问题你觉得这个咋样？那个咋样？你有啥看法，有啥想法？”

比起“听人劝，吃饱饭”，对于张老更贴切的描述应该是虚心好学，不耻下问。我曾经问起张老他如何看待自己的社会地位，张老回答我说：“我一直是这么想的，只要站在这个土地上，就不要觉得自己太大，你还在这片土地上，就没有什么了不起，你还在呼吸着和大家一样的空气，就没什么特别。”

正是这种放低姿态的平常心，才能使张老虚心地听取、借鉴和采纳别人提出的每一条建议。

做人做事摸着良心。张老的父亲和爷爷都是阿訇，经典中也教导他学会“散乜帖”——人与人之间要互相扶助。所以张老不把金钱看得很重，在市场经济飞速发展的时候，大家都在“向钱看”，张老却更多的是在“向前看”。张老自己也说过，如果把钱看得最重的话，自己的事业是不可能发展到今天的——如果早些年看病是没钱不给看，那么就要少救助好多病人，也就少了好多为自己的医术树口碑的机会，医院也不会像现在这样有名气有发展。

心怀感恩，吃水不忘挖井人。在说到他的事业发展时，张老经常挂在嘴边的就是，“没有人家当初谁谁的关怀，没有谁谁的支持，我们的事业也发展不到今天”。如果没有当初卫生局长和学校校长对他的提点和帮助，张老就不能顺利地重返校园学习；如果没有改革开放的机遇，没有国家政策放开个体经营，就没有最初的家庭病院……

一环一环的生命中看似巧合的机遇其实都是有联系的，张老说自己能一步一步走到今天，就是因为在每个岔路口的时候都有“贵人”为自己指明正确的方向，他感谢，也感恩这些给过自己帮助的“贵人”。生活在感恩的世界里，张老感谢所有使他坚定成就的人，是他们使他的生活更精彩。

第六章　这些都是秘密

第一节　神秘的制药仪式

一、三次请求

张老在医治病人的时候，离不了两样宝贝，一是他那双堪比 X 光机的手，二就是他自己研制的回药膏了。

有次张老闲暇的时候，我抓着他的手翻来覆去地看了好久，一边看还一边小声嘀咕："除了皮肤白一些，没有老年斑，和一般的手没什么区别啊。"说着还捏了捏食指指端，不硬也不软，实在没有什么特别之处。看着眼前这双正常的不能再正常的手，我突然异想天开：莫非这里面装了探测器？

张老被我这十足的研究架势弄得好不自在，又见我双眼放光地盯着他的手看，忍了又忍，终于开口："你在看什么呢？"

"张老，之前您看骨折病人的时候，都不用看 X 光片，一搭手就能知道病情如何，说出来的和 X 光片上拍出来的一模一样。我就特好奇您是如何做到的！刚才还猜想里面是不是有高科技产品呢！"我放开张老的手，坐得端端正正，一脸认真地说。

张老愣了愣，"噗嗤"一下就笑了，"哪有什么高科技产品，摸了几十年的骨头，全是摸出来的经验!”

“早些年没有X光机，病人来了都是先摸骨了解病情，知道情况了才好进一步治疗，对不对？完后就是手法治疗，复位、正骨，那一双手就完成了！最后再给抹上药膏，按时换药，病人没啥痛苦就恢复好了!”说到自己的这双手，张老顺口讲起了治疗过程。

那神奇的药膏，我是见过好几次的，几乎每个病人来治骨的时候，都会用到。药膏是黑褐色的，有股植物和矿物用油脂混合后的腻香，再结合其迅速促进组织生长的特点，让我不禁想到了武侠小说中的一种奇药——黑玉断续膏。

“张老，咱们有几种药膏啊？那个‘黑玉断续膏’是不是什么伤都能治?”我问道。

“‘黑玉断续膏’？哦，我知道呢，你说的应该是‘接骨续筋回药膏’，不过我们好多病人都像你这样叫它‘黑玉断续膏’！除了‘接骨续筋回药膏’，还有‘活血化瘀回药膏’，这两个是我在祖传秘方基础上进行总结和创新制作出来的，都是用于骨伤。已经被（宁夏）药监局批准注册，临床上用了好多年了。治烫伤的药膏我也研制了好几种呢!”张老自豪地说。

“那这些药膏现在您自己制作吗？还是已经交给子女去制作了?”

张老摆摆手，“刚才给你说的那两种药膏，我申请过专利的，也准备当传家宝传下去，现在还没交给孩子们，每次要制药膏了，都是我亲自操作。”

闻言，我眼前一亮。“专利”“传家宝”“亲自操作”，这3个关键词让我意识到张老的制药过程将是一个很难得的田野素材!

我试探性地问：“张老，您最近打算制药吗?”

"怎么了?"张老笑容一凝，身体有些微微后倾。我的这个问题似乎触到了他的敏感点，让他有些警觉。

见状，我明白是自己的问题有些唐突了，连忙解释道："是这样的，我们民族学研究中，有时会通过了解过程来诠释背后的文化含义。您刚才在说药膏名称的时候，我注意到有'回药'两个字，这与大家一般接触到的西医、中医药膏有很大的不同。单就是'回药'两个字，我就可以理解为：第一，药膏中含有具有回族或阿拉伯地区特色的药材；第二，制作手法可能也具有回族特色。基于此，我想观察一次您的制药过程。"

说完，我有些紧张地看着张老。

听完我的解释，张老想了几秒，开口道："这药膏的制作，是我们家最核心的秘密，我把秘密都给你看了，那到时候别人知道了，我还咋活下去？这个要求我不能答应你。"

虽然张老拒绝了我的请求，但同时我也知道了张老担心的点在哪里！找到症结所在，就可以对症下药解决问题了！

几天后，我再次来到张老办公室，这次张金东也在。

"张老，我今天来还是想说服您同意我观看一次您的制药过程。"我开门见山地说。通过这些日子的接触，我知道张老是个明白人，对明白人就不要说暗话，直来直去才容易取得最好的谈话效果。

张老眉毛一挑，正要开口。我又紧接着说："为了确保药膏的核心机密不会泄露，我可以向您保证以下几点：第一，您可以不告诉我药膏中任何药物的名称；第二，您制药的前期准备工作与过程，我都不需要了解；第三，我没学过医，也对制药没有任何了解，但为了向您表达诚意，我愿意签一份保密协议。我只想看看您制药时的那种感觉。"

说完，我就拿出纸和笔，放在张老面前，若他点头同意，我就会立即填写一份保密协议。

张老看看桌子上的白纸，看看我，最后又看了看张金东，说："这样，今天工地上有点事，我马上就要和金东过去工程上开个会。完后我让他（指着张金东）和你联系。"

这是下逐客令了，看来今天又要无功而返。我无奈，但也只能接受。

一周后，我接到了张金东打来的电话。

电话里，他问我如果不知道药物名称，那我只观察制药过程又有什么意义呢？

我向他解释道，我们学民族学的人，观察事务的点和其他专业尤其是医学专业的人是不一样的。人家学医的知道了药品成分，再看制作流程，就有可能偷学到药方，而我不想也根本学不会核心机密，只是想把制药时的那种氛围和感觉写出来。

挂了电话，我长叹一口气。天将降大任于斯人也，必先苦其心志，劳其筋骨……

也许是前几次的沟通有了效果，也许是我坚持不懈的努力打动了张老，第二天下午，张老打电话给我："小魏，后天我准备做上一批药膏子，你要是有空就过来吧。"

像生怕张老反悔似的，我快速地回答："好的，张老！我有空呢！那就后天早上见！"

放下电话我欣喜得一蹦三尺高！当然有空！没空也要挤出空来！付出总有回报，张老终于同意让我观察他的制药过程了！

二、张老讲阿拉伯香药

一大早，我就到了张老的医院。张老今天穿着浅绿色的T恤，整个人看着倍儿精神，比平日里更多了几分红光满面和不一样的神采。

张老说，其实前天才洗过澡的，但是昨天晚上又洗了次。

我很诧异，制药还要专门沐浴更衣？

张老说，以前没那么多讲究，那会儿条件不好，拿起药该做就做。但之后觉得这样对不起自己这祖传手艺，也对不住病人，所以就注意起来，这十几年都延续的习惯就是制药前沐浴更衣，里里外外收拾得干干净净，这样做出来的药膏也干干净净，病人用起来心里就更踏实。

我觉得张老的想法挺奇特的。

制药所用到的材料，张老会提前列出单子交给张金东采购，金东哥会按照单子上所列的药物药量去采购。

张老说着便带我走到了制剂室门口。制剂室设计得十分讲究，位于走廊的尽头，由一道铝合金隔断将南、北两间相对的屋子和它们中间的走廊圈成。门内的走廊是过渡区，北侧的屋子用来储存制剂原材料，南侧的屋子则是制剂室。南屋里进门1/4处又用一道玻璃墙分成了外、内两间。外间有洗手池，一张桌子，一排柜子。柜子上面放着玻璃器皿、小药瓶，侧面还有几个衣服挂钩。内间是制作药剂的器皿，也是制剂室的核心部位所在。

“最早的时候没有弄专门的制剂室，就在老家的院子里，砌个砖炉子，放口大锅，就开始制药了。药材买回来的时候都没处理过，家里几个丫头小子就给我帮忙，捣药的捣药，磨粉的磨粉，还有劈柴的，做一次药差不多是全家都出动。”看着今日的药剂室，张老不由回想起往日在老家平房，带着几个孩子一起制药的场景。

我看到几位护士还在制剂室里忙碌，就问张老，他们这是在干吗呢？

张老说制剂室平时也用于其他药剂的制作，当他来做药膏子的时候，儿女们就会让同事来把这里再次打扫一下。

吴忠分院的回药制剂室

我猜想是为了防止不同的药剂之间会有影响，或者是为了达到无菌制药的标准。

张老说外敷药谈不上无菌，但是也要最大程度保证环境的干净卫生。每制作一批药膏，就要供医院使用好长时间，通常是30~45天，有时候一段时间病人多，药膏不够用，还要临时加制。药剂用的是天然药材，里面又不添加防腐剂，环境清洁了做出来的药膏子才能保质久一些。

在等待清洁制剂室南屋的空当，张老带我来到了对面的库房。屋内有几个大铁架子，架子上摆放着一个个装满药材的大玻璃瓶。

张老拿起一个装满铁锈般红色块状药材的瓶子，捂住贴有标签的那一面，从瓶子中抓起几块药材，问我：“你知道这是啥不?”

我摇摇头。

张老又指指另一个装满红色小碎花的瓶子，“那你知道这个吗?”

“哎，这个我认识，好像是红花!”

张老说:“对咯，这就是一会儿要用到的，我给你说啊……”

“张老，等等！”我打断他，“您这把药材名称都给我说了，就不怕泄密啊？”

张老嘿嘿一笑，“没事，我给你说几样，又不是全部，不怕你知道。”

有了张老这句话，我悬着的心也放回肚儿里，安心听张老给我介绍另外几种药材。

张老说一开始给我看的那个红褐色的块块，名为血竭，《回回药方》里叫“檜木阿黑云”，具有活血定痛、化瘀止血、生肌敛疮的功效。样子有点像圆四方形或方砖形，表面一般是暗红色，有光泽。

像师父带学生认药材一样，张老一边说着，一边递给我一块血竭，叫我拿着看看是不是他说的那样。

我拿在手里细看，指腹上沾染了些红色的粉末，又掰了掰，不想，“啪”的一声脆响，血竭碎为两半。张老微微一笑，说道：“这个东西看着硬，实际脆得很，用的时候要提前研磨成粉粉。整块的，你放冷水里头，进去什么样子就还是什么样子；放热水里头，一会会儿，唉，看着就软化了。平常自己在家磕了碰了，你就弄点这个粉粉，撒到伤口处，伤口很快就长好了。”

血竭旁边，有一瓶看上去像晒干了的桂圆肉的药材。张老指着这瓶药，说：“这个在《回回药方》里叫‘滴乳’，中医里头咱们管它叫‘乳香’。它的功能是活血行气止痛，消肿生肌。”

“还有一个你肯定也认识。”他打开另外一瓶，我一看，这不就是我们平时用来泡花草茶的玫瑰花吗？小小的花苞还蜷缩着，凑上前去一阵玫瑰花的芳香便扑鼻而来。

我问张老，这么多花，难道这药膏是用花做的？

张老说，《回回药方》里面的药剂，主要就是阿拉伯香药。为啥要叫香药呢？说的是由阿拉伯商人从阿拉伯地区甚至东南亚等地贩运到中国的香料和药物，包括乳香、没药、苏合香、龙脑香、青木香、沉香、小茴香、血竭，等等。10 多种呢！最早汉唐的时候，这个香药就传到中国了，现在好多外敷的药膏方剂里都含有阿拉伯香药。

“玫瑰花这香香的，你们女人肯定知道是干啥用的吧？”张老要考考我。

“知道呀，美白嫩肤。”

“在我们这里叫做促进皮肤生长，这个玫瑰花也不是这么直接用的。”他神秘地一笑。

“那怎么用啊？”我问。

“要先把这花……”张老猛地刹住了话匣子，拍了拍药瓶，笑道：“我差点就把外围的秘密告诉你了。”

“还好张老您没有一不小心松了口，要不然我知道了您的秘密今天都不知道能不能出这个门了！”我也笑着跟张老开起了玩笑。

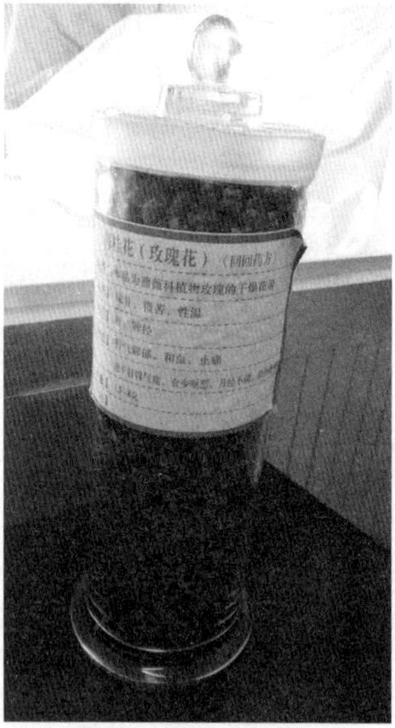

张氏回药膏制作材料之一的梅桂花（玫瑰花）

放药材的铁架子旁还放着一瓶褐色的油状的液体，我围着瓶子看了一圈也没看出到底是什么，便问张老，这啥呀？

张老说你肯定用过它，说不定还天天用呢。

我就在想，这天天用的是什么呢？

张老说你打开闻闻呗。

我依言打开瓶盖，一股浓郁的熟悉的味道扑面而来，这不是天天做饭用的胡麻油么！

“这药膏里还要用胡麻油呐?”

张老说：“胡麻油呀，也是有一定药用效果的，润肤消毒，这个药膏要靠胡麻油给它们凝结在一起，你想想药膏里没有工业的明胶什么的，就靠这全天然的东西才能粘在病人的身上。”张老顿了顿又说，“其实最好的是用橄榄油，润肤效果更好，但是橄榄油太贵了，做出来药膏子成本高价格高，好多病人就接受不了了。”

跟着张老认药，不一会就学习到了不少药物知识，我更是在心里默默地记下“橄榄油润肤”这件事儿。

“对了，再给你说个简易方子!”看我学得比较认真，张老很开心地要再教我个生活小妙招。“最早和老父亲学医那会儿，条件不好，也买不到昂贵的消炎药。有些病人刚来的时候，腿子肿得老粗！咋办呢？我父亲那会儿就用花椒和盐，一定是要大粒盐！把这两个熬成水，熬上一大锅，先取一部分清洁伤口，再用个桶子盛上给病人熏蒸伤处，那消炎祛肿的效果可好了！你把这个记下啊!”

张老说到开心处，眉眼都笑眯了。我赶紧拿出本子，记下这个方便、易得、实用的土方子。

就在我们聊天的时候，张老又跟我说起了药膏里用到的好多味药材，张老还一一跟我讲了这些药材的阿拉伯名字，比如什么“木儿”“阿哈黑牙”之类的，听不懂阿拉伯文的我也是一头雾水。我就很好奇地问起张老，那玫瑰花在《回回药方》里叫啥？也有阿拉伯语名儿吗？张老说玫瑰花还是叫玫瑰花，但是因为发音差异的关系，有人翻译成了“梅桂花”。

接着他又说，这些药材国内也有，但医院采购的都是阿拉伯国家进口来的药材，倒不是说国内的不好，而是传统上习惯用中东生产的。

我便问他："那您爷爷和爸爸那会儿也是用进口药材吗？能买到吗？"

他说，那会儿也有阿拉伯的商人来这里呢，清末那会儿再到后来的民国，兵荒马乱的国内根本找不着药农药商，买药还得找阿拉伯来的。而且回族同胞中每年有去麦加朝觐的，他也会让乡里乡亲的带药回来。

"原来张老您早就开始请人做海外代购了啊！"说到这儿我们便笑了起来。

三、心灵与职业

就在我们聊天的时候，南屋收拾好了。

小护士走出来问："院长，您看行了不？"

张老走进去这里摸摸，那里看看，说，好了。转过头来看看门外的我，张老蹙眉道："小魏呀，你穿的这身衣服可不行。"

我低头看看自己，短袖T恤运动裤，这有什么不行呀？太休闲了？

张老说，不是，你得换上白大褂才能进来。

说着他就从旁边拿出一件白大褂，"这是洗干净消过毒的，你把它穿上。"说完张老自己也穿上了一件白大褂。

张老让我一会儿在南屋的外间观看，我问他："我能进里间看看吗？"

"唉，里面烟大得很，你进去熏着你了，你就在外面看吧。"他眨眨眼睛，说道。

得，看样子最核心的秘密就在制药的过程中啊！本想浑水摸鱼到近处看个清楚，不想被火眼金睛的张老发现了！好在大玻璃窗洁净得就像不存在一样，我在外面也依然能“近”距离的观察。

张老又跟我交代了几句，便准备去制剂了。

洗手池的正上方是一面镜子，张老取出放在白大褂口袋里的回族白帽帽，端端正正地戴在头上，末了还对着镜子又整理了一下。戴好帽子，他在洗手池处用药皂把手洗了两遍，擦干。

从这时起张老像变了一个人似的，面容严肃，目不斜视。他转过身，走到小桌子前停下，桌子上摆着两本书：《古兰经》和《回回药方》。他掌心向下，将两手分别覆在两本书上，双眼缓缓闭上，过了几秒钟才睁开，眼神中似乎又多了一些不同的色彩。

张老推门走进制剂室里间，戴上口罩和早已准备好的医用橡胶手套。

隔着玻璃窗，我看到张老抓药的双手就仿佛钢琴家在键盘上飞舞的双手一般，灵动娴熟。他将各种药材一一取出，用电子秤称重取量，再将称好的药材分别盛放到不同的器皿中。制药的不锈钢大桶中冒着阵阵青烟，张老将药材按序投放到不锈钢大桶中，一边加热一边按固定的节奏搅拌着。整个过程中张老的脊背都挺得直直的，虽然口罩遮住了半张脸，但从张老微眯的双眼中，我看到了专注、沉稳和虔诚。他那肃穆庄重的神情，仿佛是在进行一场神圣的宗教仪式。

一个多小时后，张老从内间走出来，关上门。他摘掉口罩和手套，将它们丢进垃圾桶。许是药剂熏到了眼睛，张老又抬手捏了捏鼻梁处。做完这些，他再次将手放在《古兰经》和《回回药方》上。

不同于进去时只是闭眼，这一次张老低头闭眼嘴唇嚅动，似乎是在默念着什么。

过了一会儿张老抬起头，睁开眼，缓缓地出了一口气。他看向我，表情已不像刚才那边严肃。

“小魏，站这么久，累了吧？”张老笑着说。

我这才回过神来，说不累不累。

“走，咱们出去说。”张老脱下白大褂带着我就出了制剂室。

回想起刚才的情景，我问道：“一进去看到《古兰经》的时候，我还想着您制药前是不是要念经呢，您怎么就只是手往书上一放？”

张老说：“这个不能念经。为啥呢，我在做药的时候，并不是完全按照《古兰经》教义来的，行医和《古兰经》教义虽不冲突，但还是有一些矛盾的地方。比方说为了医药的效果，有时候我们会用一些《古兰经》里不让回族用的东西来给病人治病，当然这种药或者材料只会给非穆斯林用。如果我们知道这个病人是穆斯林，那用的东西就都要符合伊斯兰教教义的要求，虽然为了疗效也有一些变通，但都是不会破坏教义的。所以在放着《古兰经》的同时，还有一本《回回医学》。我把手放在书上是为了在制药前借助一下它们的‘精神力’。”

看着迷茫的我，张老也觉得自己说得太玄乎了，他想了想又解释道：“就是在制药前提醒自己作为一个回回医生的责任，既要像《古兰经》教导的一样纯净心灵，也要遵守医生的职业操守。”

第二节　核心技术的传承

“治疗手法，包括祖上传下来的基本手法，还有我根据实践经验摸索总结出的手摸法、提拉法、推倒法等，这些我都毫无保留地教给了孩子们。但是药方……唉，我还没想好怎么办。”张老今年已经 69 岁，是该到了放下家业、安度晚年的时候了。但是他不得不抓着家族的核心技术。

张氏正骨是在张老这一辈的努力下发扬光大的，张老自己也坦言，从农村小平房的郎中先生，到现如今的正规医院，每一步都走得充满艰辛与汗水。创业容易守业难。难在前有前人为标杆，想超越几乎难于上青天；后有后起新秀和新兴技术，不晓得哪天就会被时代的浪潮所淘汰。

“可是您的几个孩子，比如大姐、三姐、几个哥哥，他们都很努力地经营着医院啊！医术也都深得您真传，您还在担心什么呢?”我不解。张老子女 6 人，个个又都在专业技术上出类拔萃，他为何还要忧心忡忡。

“头你到了我这个年纪，就理解啦，”张老说道，“我们老一辈人，都有一个思想，说出来你可能会笑话我‘老封建’，那就是——手艺传男不传女。”

我正想说张老这就是老封建思想，就被张老打断了。

“你别急，听我给你解释啊，为啥我这么说。”张老拿了张纸，又取了支笔，一边说着，一边在纸上写写画画。

“首先，咱们说养家的事情一般是男的还是女的干得多?现在讲男女平等，但是哪家男人愿意自己女人辛辛苦苦地出去赚钱，抛头露面的呢?男的本来动手能力就比女性强，再学了手艺，那就能养家糊口对不对?”

“再说了，女儿嫁出去，生了孩子，孩子是随夫家姓的。把手艺传给女儿，那以后女儿再传的时候，手艺的姓就变成夫家的了。只有传给儿子，才能子传孙，孙传子，子子孙孙传下去，保证是自家的东西。”

“可是您现在有孙子啊，金东和金海哥不是各给您添了个大胖孙子吗?”

“娃娃还小啊，现在还不到 1 岁，我不知道大点了他们喜欢不喜欢学医。我年轻的时候家里就我说了算，这么多年了，一直是这样，孩子们也听话。但是现在时代变了，网络发展那么快，以后孙子是不是像儿子们当初听我话那样听他们父亲的话，我这心里不确定得很。”张老有他作为家主和父亲的忧虑，仅仅看到下一代的发展还不足以让他安心。

想到上次在医院门口，张老训斥张金东的场景，我犹豫了一下问道：“张老，您对子女平时都很严厉吗?”

“我这几个孩子，毕业后就回家里的医院工作了，可以说从他们上学、结婚成家，都是我给一手操持着。房子 1 人 1 套，我给买的都一样大的，车也是我给买上，什么都是我给准备好的。6 个孩子呢，有多少家庭能做到我这样（对待子女）的？没有几个，所以平时对他们的要求也就更严格些，尤其是工作上，那必须都要技术精湛，能够独当一面。”

说到自己对孩子的培养，张老很是骄傲和自豪。“但是呢，我这几个孩子，尤其是老大（金东），那是没少挨骂。他业务上努力，做得也好，为啥我还经常教育他？年轻人好些时候还是不太能把握自己，老话说：‘嘴上没毛办事不牢’，不是说年轻人办不了事，而是有些时候他不像我们老一些的经历的事情多，想得多。你现在经常见我们呢，就拿上次去银行贷款来说，他就没意识到银行的那个经理跟他玩文字游戏，后来我亲自到银行去了趟，那个经理在我面前就不敢胡说了。为啥呢？我叫她把文件拿给我看，没文件口头说的不算数，她到时间变卦了，没文件，坑的就是我们啊。金东他就没想到这点。”

“所以您现在还没想好传承问题，就是觉得子女们还不够……”我想了想，“成熟稳重？”

“现在还不行么，再带上他们几年，反正我现在闲着也是闲着，把他们教育得差不多了，新医院也发展起来了，我就可以抱抱孙子、带带徒弟咯。”

第三节　比羽毛轻的心脏①

之前每次和张老见面，都要提前打电话预约，原因无外乎他实在是太忙了。可以毫不夸张地说，“张老神出鬼没，神龙见首不见尾”，不提前预约，我就算在医院蹲点一天，也不一定能够“堵”得到他。

但是随着这几次访谈下来，我们彼此的了解加深后，张老有天对我说，你要是有空就直接来吴忠找我好了，也不用打电话了，咱们都熟熟的嘛，你这年龄也就比我们老三小十来岁。到时候你就直接来，我要是在呢，你就跟上我，是给病人看病呢还是忙乎别的啥呢，你都跟上；我要是不在，老二老三两口子，还有大丫头都在呢，你有啥想了解的就问他们，我都跟他们打过招呼了。

---

①埃及神话中正义女神 Maat 的羽毛。埃及人认为人死后会前往亡者之殿。在那里，阿努比斯神把羽毛和死者的心脏放在马阿特神之善恶天平上，如果心脏和羽毛一样重及天秤平衡就说明亡灵生前品行端庄；如果心脏重于正义的砝码，就说明亡灵生前是一个恶人，他的心脏就会被鳄鱼头怪兽阿姆特吃掉，那个亡灵就会遭到万劫不复的命运。

我听完之后心里暖暖的，张老这是为我开了一个大绿灯呀，如此的良机，怎么能不好好把握呢？

这天我没和张老打招呼便径直来到了吴忠的张宝玉医院，刚走到 4 楼，就听到张老爽朗的声音传了过来：“哎哟妈哟，咋这么多呢啥？”

咦，张老今天在呀？运气太好了！我高兴地想着便三步并作两步走到了张老办公室门口。

办公室的门敞开着，张老正坐在沙发上整理着什么，他面前的茶几上铺着密密麻麻的小纸条。

我敲敲门，“张老，早啊。”

“哟，小魏，你过来啦。”

我说：“刚一到 4 楼就听到您爽朗的声音了，这就直接奔过来了。”

张老笑一笑说：“来来来，坐坐坐，正好今天有时间，等我把这些整理完，咱们再聊天哈。”说着张老便自顾自地开始整理起来。

正当他拿起一张小纸条准备装起来时，我眼尖地看到这纸条上盖了个红章，忙拦住张老，道：“张老，能让我看看这个纸条吗？”张老手上一顿，面露些许难色，他垂下眼睛看了看手里的纸条。短暂的两秒钟后，张老把纸条递给了我，“那给你看看吧”。

我双手接过纸条，一边看一边读了出来（为保护当事人隐私，以下人名均为化名）：

张大夫：

关于王秀花之子丁勇，被丁建军手扶拖拉机挤伤，王秀花起诉我庭，经查情况已明，今天本庭传唤双方当事人来庭调解，现已审结。王秀花之子如能出院，你可让其回家休养疗治，医药费本庭会让王秀花给付，请你放心，你可将此当做抵押，王秀花给清医药费后将此条撤销。

致

礼

金积人民法庭

一九八七年五月十三日

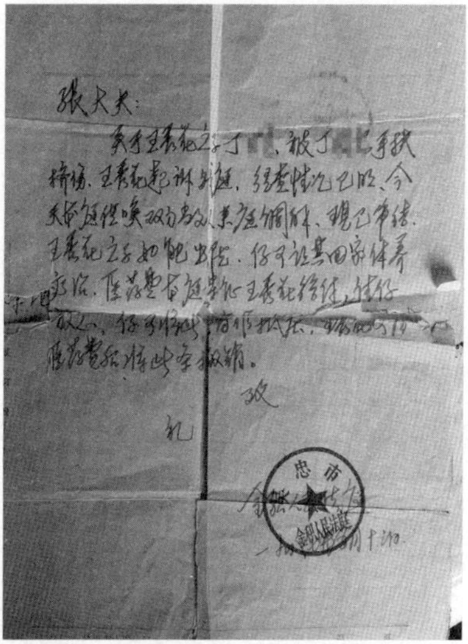
张大夫：

致

礼

吴忠市金积人民法庭的字条

读完之后，我有点惊异地看着张老，“这张纸条还在您手里，难道说那治疗费……”我欲言又止。

“没给嘛，这都早些年的东西了，别治完病就回家了，我现在还记得那尕子呢。”张老轻轻叹了口气，呵呵笑着说。

“那您没去要过这治疗费吗?”我追问道。

这个问题似乎戳到了张老心底的软肉，只见他抿了抿嘴唇，说道：“唉，也是个苦命人家的娃娃，要啥呢。他能把伤治好了，挣点钱能把他妈照顾好就行了。”说完，张老又指着桌上的纸条，说：“何止这一张呢，这些都是。”

我这才发现，桌上密密麻麻的纸条原来全是欠条，有向张老借钱的亲戚打下的欠条，更多的是病人看完病没钱付医药费留下的欠条。有一张欠条上字写得比较大，可以清楚看到上面写着：

> 家住甘肃平凉地区白水乡白水村村民于忠顺（化名），男，57岁，于1988年10月份把大腿跌伤，于1988年10月21日入院，至1989年6月11日出院，共住234天，共计医药费2865元，交300元下欠2565元在本月内交清。
>
> 平凉白水乡白水一庄
> 于庆春（化名）
> 1989年6月11日

我大致数了数，这样的欠条大约有40多张，金额从几十到几千不等，从20世纪80年代一直到今年的欠条都有，时间跨度几十个年头。看着这满桌的欠条，我疑惑地看着张老，张老笑眯眯地看着我，“这些都是今天整理东西呢，看着一个袋袋子，倒出来一看全是这些，以前都没留意，这原来攒下了这么多欠条了。”

我也开玩笑道：“您这可真是大债主呢。那这些钱，您还打算去追债讨回来么？”我试探着问道。

张老摇了摇头，“借出去的钱就是泼出去的水，不想着要回来了。再说了，别个要都是条件好，

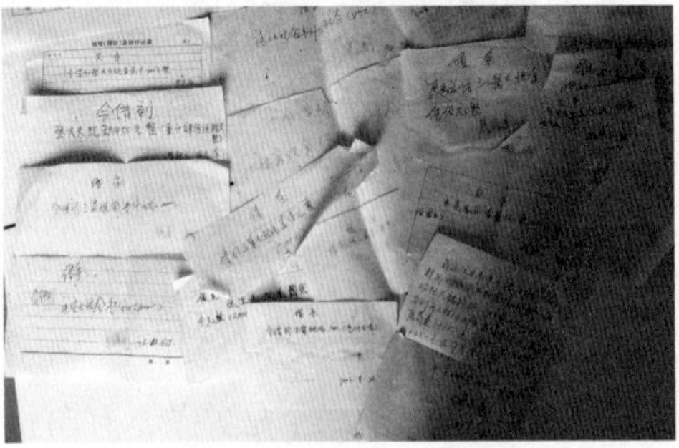

一桌金额大小不一的借款条

没遇着麻烦，会过来问你借钱么？借了钱了，肯定就是遇到麻烦了，我也不去催。”

“可是这有些欠条上还写着还钱日期呢呀，现在都没还，您说这些人是不是有点没信誉呀？”

“这个东西咋讲呢，有的时候我想着也生气呢，有的人借了钱转身拍拍尻子（宁夏方言，屁股）就忘了，头到时间我想问别要的时候吧，别还提前过来说：‘这两天没有钱，迟上两天给送过来’。你说我还能说啥？气归气，转过头有时候我也想，以前我穷的最困难的时候，别个都也帮过我呢，没钱的时候村上的家里的别都借过钱给我呢。”

“那您借的这些钱还了吗？”我问道。

“还了呀，赚上钱第一件事就是惦记着给别个都把钱还了。”张老原本是放松身子坐着，突然一挺腰回道，声音都高了几度。

“对呀，他们为啥就不给您还了呀？”我说着。

张老拍拍我的肩膀，示意我听下去，“这个东西不能这么想，《古兰经》上说，你做过些什么，真主都看着呢，我不能要求别个，我要求好自己就行了。从小老父亲也教育我：‘要学会舍得和放下。’我是农村出来的，农村么家大人多的，你过得好了，能帮上大伙儿了就帮帮么，也没啥。有时候想起来了，这么多白条，除了有点伤心觉得别也没在意我，倒是也没有说生气了惦记着还是啥的。”

说这些话的时候张老仍一直是笑眯眯的，看得出来，这些白条真没被张老搁进心里。

我就问张老：“您看这白条里，最多的就是这个问您借了5000 块钱呢。”

“这才是一半呢，刚收拾着还有一半收起来了。”张老指着一边的小袋子说道。

“给我看看呗。”我说。

“哎，别别！收起来就不拿出来了。看着这么多白条，我难过的呦，觉得别都把我忘了，都不记得我了。这要是拿出来都看着，就更是伤心得心都要碎了。”张老捂着心口，半真半假的开着玩笑。

张老这模样，让我也不再好坚持，“那您借出去最大的一笔是多少呀？”

张老说：“最多的就是借给了四姨子两次，就是我们老伴的妹妹。一次是她要开饭馆子呢，就银川附属医院后头，新十二中对面。”

我说：“那个位置我知道，开饭馆不错呢。”

“就是嘛，两层楼，别盘下来之后装修啥的都是我过去给看着弄的。结果呢，别在那干了没多久就说是没人，怎么都干不下去了，别和别们老汉就回到吴忠闹离婚。我就奇怪的，那会盘房子装修将近200万都是我给的钱，装得好好的，位置也好，咋就说干不了呢？他们都闹到民政局去了，我那会儿还正在银川医院的工地上呢，我们家老伴给我打电话，让我赶忙回来劝劝。着急忙慌的，和老大开上车回吴忠了。”

“阿姨的妹妹两口子闹离婚为什么不是阿姨去劝，而要您回来劝呢？”我不解道。

“你听我给你说啥。”张老喝了水，润了润喉咙，双手也随着他的话语动了起来，“到了民政局，四姨子别哭的闹的，说是赚不上钱日子过不下去了。我一看这真要离了，都要签字了，赶紧拦住！就问那俩还有解决的余地没。别俩相互看看，问我能不能再借他们点钱，在吴忠开个店。那会银川的医院刚开始建，哪里都要用钱，我没办法又给挤出了几十万。都说救急不救穷，那会儿别要闹离婚呢，这钱好说歹说的赶紧给给让两口子打发回家好好过日子去。我给她也说得清楚，说：‘银川工地上用钱正着急呢，你俩这次好好干，赚上钱了记得给我还，有多少我就要给工地上投多少。’四姨子也给我保证，说她这次一定好好干，到 2014 年就把钱还给我。你看这 2015 年了，别说钱了，人都不见了。”张老双手一摊，空抖两下，那份无奈真是一言难尽啊！

我说：“那这四姨子的钱不还，您跟阿姨不会闹矛盾么？”

张老说：“这各是各的，两码子事。我不能因为他们自己跟自己婆姨闹不开心么。第二次借钱的时候你们阿姨还说呢，‘不要借了，她就那么个人，钱给给也不会好好干的’。我说呢，别都要离婚呢，就指着这个钱呢，那个话说的叫啥，宁咋，不咋的？”

“宁拆十座庙，不毁一桩婚。”我补充道。

“对，就是这个。我想想，就当是做好事了。都是亲戚，钱迟早地就还回来了。”

“最难受的是，现在银川盖新医院，有的时候跑到银行去贷款，总是感觉问人借钱低人一等的，回来一看到这些欠条，要是他们把钱给我还了，我也就不用心虚地老跑去银行了。咋说呢？也没法说。”张老轻叹道。

“张老您这行医几十年，一路来治病救人，救死扶伤，就看这么多资助别人的欠条……我觉得您肯定是有舍有得的，就像教义上说的散了‘乜帖’，会有回报的。”我也安慰张老道。

“怎么说呢，我不计较这些，这儿你看的这么多条子，其实不打条的也有呢。”张老说，“早些年看过的病人，有些是一分钱医药费都没出过。那阵子大家都没钱，都穷，我给看病的时候，有钱你就给点医药费；没钱，那等到你啥时间有钱了你再来给我也行。回族讲究个‘口唤’，我相信他们都记得的。就说那天咱们和中央台去采访的那家老病人，几十年前看病的时候一分钱没收过。为了配合拍摄，去他家前一天就把他们请到老院子，走的时候本来说让孩子送回家呢，他们说不用送自己回就行。我说也行。完后别又说能不能给个十几块钱的车票钱。我心想第二天要去别家呢，干脆一家给上 100 元钱，多出来的钱让他们买点吃的到时间招待一下。”

原来在我们去那位老病人家里之前还发生过别的故事，细细回想起来，张老好像确实露出过期许又有些淡淡的失落的表情。当时不明所以，这会儿有些明白了。遇到那样的情况，换作任何一个人，都难免没有失落感，尤其又是像张老这样重感情的人。

果然如我所猜想的那样，张老紧接着说道：“结果你也看到了，咱们去他家录节目，他就买点水果放那儿，头到吃饭的时间他什么都不说。院子里就养的大公鸡么，宰上一只煮了让我们吃上能咋。不是说贪图他的鸡呢，我这人就看个感情。”

“唉，一直这样，病人来找我，我啥也不说先给你把病看好，至于你以后对我怎么样，那是你自己的事情，我也不多想也不多管。说是一定要有什么钱呀什么的物质的回报，没有的。没想过。”老人家越说语速越慢，声音也越来越低，最后的“没想过”更是几不可闻。

这让我有些始料未及。在张家和医院里，张老就是带领大家在医学界闯出一片天的将军，谁曾想过将军斗篷下的伤痕？张老心里面多多少少会有些委屈吧……

但我相信豁达如张老，那些忧郁的情绪只需一丝轻风就能吹散。因次，我装作没听到刚才最后那段话，用有些调皮的语调说道：“您这图的是心里踏实，医者仁心嘛！”

“对对，这么多年了，我心里一直没有遗憾。”张老很快就调整好了自己的状态，笑容重新爬回脸上，坦然自信。

人最大的魅力，是有一颗阳光的心态。韶华易逝，容颜易老，浮华终是过眼云烟。拥抱一颗阳光的心态，得失了无忧，来去都随缘。

第四节　羡慕嫉妒恨

张老说他这辈子，没羡慕过别人，如果非说有，那唯一的一次是在母亲去世后，下雨天同班一个小伙伴的母亲撑伞来接孩子回家。那是唯一一次，张老羡慕得眼角发酸。

张老不羡慕别人，不是说他心态有多好，而是实在太忙了，用他的话来说，就是“一年 365 天，大概 360 天都在医院。早上去了就开始围着病人转，有时间想去上个厕所都要用跑的。这么忙，哪有时间想那些呢！”

这话说得一点也不夸张。自从我开始对张老的访谈研究以来，几乎每天都跟着张老楼上楼下，各个病房科室走一遭。全天的参与观察最多只能连续 3 天，第四天必定要在家休息，美美睡一觉补充体力。而张老日复一日、年复一年都是这样工作，就连他的孩子也是如此。

上次见张金东穿短袖衬衫，胳膊上有明显的肌肉。我就问他是否在健身房锻炼，他嘿嘿一笑：“哪有时间去健身房呢！每天楼上楼下至少要跑十几个来回，早锻炼够了。”至于胳膊上的肌肉，他则解释道：“给病人正骨要‘快、准、稳’，不知不觉胳膊和手上的力气就练出来了。有时候病人腿脚不方便，家属又不在身边，我们还要背呢，还是怎么的把病人放病床上，肌肉怎么出来的？就这么练出来的么！”

这天早上8点多点儿，一位被摩托车撞倒骨折的奶奶，被家人和肇事司机送到了张老这儿。

医院8:30才上班，其他的医生还没到岗，只有一位住院部的值班医生在。而不巧的是，前一天夜里送来了一位烫伤病人，值班医生还在处理烫伤病人的病情。护士长见状，赶紧拨通了张老的电话。

我到医院的时候，正遇上张老风风火火地从大门进来。

还不待我说话，张老就迅速说道："你先等等啊，有个紧急情况要处理。"话音未落，张老已经走出好远。我急忙小跑几步跟上去，顺便了解了事情的大概。这时还不到8:15。

张老走进病房，一边换上护士递过来的白大褂，一边向病人家属了解病情。

"多大了？"

"72。"

"啥时间怎么撞的？"

"7:30左右，从公园出来让个摩托车碰倒了。"

"片子拍了吗？"

"拍了。"

病人家属连忙递上刚洗出的X光片，张老接过片子，对光一看，皱了皱眉头道："右脚踝骨粉碎性骨折。"说完，他看向病人，"你这个我不能给你打麻药，一会儿有点疼，你要忍着，知道不？"

原本躺在病床上正疼得哼哼的老病人，闻言点点头，"知道了。"

张老拿起处方单，"唰唰"几笔写下了药物名称和治疗费用。他把处方单递给病人家属，让他们去划价交费取药，同时让护士准备好一会儿治疗所需的材料。病人家属前脚刚出门，张老就安排医务人员打下手给病人治疗。

只见他手指搭上伤处，轻轻地按了按，又对照了一下 X 光片，突然双手发力，拉、推、捏、按、顺，动作温柔而有力、稳透而不僵，几下子就让刚才还以不可思议的角度扭曲的脚踝恢复正常。张老又检查了一下，感觉复位到位后，才取过两支药膏，均匀地涂抹在伤患处。随后张老为病人覆上敷料，先将绷带松松地绑扎在敷料外，取出与伤患处尺寸相符的夹板，将夹板穿入绷带和敷料之间，固定好位置后才收紧绷带。整个过程看似复杂，实则用时很短，不足 5 分钟张老就治疗好了这例粉碎性骨折。

张老做完这一切，病人家属才拿着交费小票跑了回来。

“大夫，钱交了，我去取药呢，医生说药已经拿过来了。”家属说。

“我现在给你把骨头复位了，但是你年龄大，恢复得慢，每两天就要换一次药，我建议你最好住院治疗，不然经常下地折腾不容易恢复。”张老没应答家属的话，对病人说道。

看到已经绑好的夹板，病人家属这才疑惑地看着张老：“大夫，这已经好了？”

张老点点头，“好了。一会儿再去拍个片子确认一下复位情况。”

“哦，好。”

安顿完这些，张老就转身离开病房。在我们出病房的一刹那，一句抱怨声如毒蛇一样钻入我的耳朵——“这么一小支药膏卖这么贵，太坑了！”

我心里“咯噔”一下，眼角余光瞄着张老的脸，见他脸色如常，看来是没听到刚才那句话。

回到 4 楼，刚进入办公室，张老就大力地拍了下沙发。“治好病了就开始嫌花钱多，咋有这种人呢！”他愤愤地嚷嚷道。

“张老，您别气，俗话说‘好了伤疤忘了疼’么。”我劝慰道。

“你听听刚才说的什么话，‘太坑了’？她这个年龄，又粉碎性骨折，放到西医院去怎么着都得做手术，随随便便花掉几万块钱，花钱不说还受罪。上次银川医院接的那对小夫妻，你也见到了，做了两次手术花了十几万！在我们医院住了2个月，她才花了多少钱，现在腿子都长好了！”张老抬手虚点着，“我这药膏都是祖传秘方，你总知道我里面的药材，有些贵得很呢！让她不开刀不受罪的看好病，完后别还嫌贵，这都啥人么！”

“现在好多人都这样，受的罪越多，就觉得花的钱越值得。下次再有来看病还嫌贵的，您就打发他到西医院去试试！”看张老气哼哼的样子，我出主意道。

“那咋行呢，病人来了就是信得过我么，还能往外支使呢。”张老下意识地说道。

过了一会儿，他平复下了心情，叹了口气，说起了他的心事。

“别人都只看到我现在盖医院，开着车，家里子女日子过得好，没看到我早些年有多么苦！我这前半辈子给人看病都是自己贴钱，不是说我多么无私，好多病人真是穷，没钱……那阵看病就是条件好的自己看着给点，条件不好的我不仅不问他要，有时间（有时候）还给他贴上药费！一直到后头医院建好了，有了明确的收费标准了才开始赚了点钱的。可是别都不这么认为啊！别也有人背后说：‘他收费那么高，钱咋来的，都这么来的。’小魏，你不知道啊，听着这个话我都气得没办法。唉……”张老苦笑道。

略一沉吟，我说道：“张老，我觉得这是因为您现在做得还不够好。”

“嗯？啥意思？”张老一愣，身体向前倾了些，“你说说。”

“您刚才说的，我可以总结为是有人对您‘羡慕嫉妒恨’。您只比他们好一点的时候，他们是羡慕您；可是羡慕的久了就变成了嫉妒。咱们说‘嫉妒’这个词，‘嫉’是红眼病的意思，‘妒’是吃醋的意思，合在一起，那就是人家眼红你的成就吃醋了对吗？”

“嗯，你继续说。”张老点点头。

“而从‘嫉妒’到‘恨’，就要说说现在普遍存在的一种心理现象——仇富。有那么一群人，看到别人过得比自己好的时候，不是想着如何以对方为榜样去学习，努力提升自己；而是恨恨地说风凉话、诅咒甚至报复，企图通过贬低他人来抬高自己。而后者之所以能伤害到您，还是因为您所在的高度依然是他们摸得到的。如果您站得再高一些，高到他们只能仰视您的时候，他们还能伤害到您吗？换句话说，那个时候的您，还会在意脚下的风声吗？”说完，我悄悄地观察着张老的反应。

张老蹙着眉，嘴唇紧抿，双手交叠，身体后仰靠在沙发上。过了好一会儿，在我几乎以为张老睡着了的时候，他说道：“你说得有道理。”

听到张老这句话，我如释重负。

第五节　“可怕”的老爸

周末，张老的儿女们都回到吴忠看望父母，我也有幸参与其中，感受他们这个大家庭的氛围。

一、三姐谈挨打

阿姨和大姐、二姐在厨房准备晚饭，几位嫂子也张罗着擦桌子摆碗筷；客厅里，张老被孙女外孙们缠着“要爷爷讲故事”，几位哥哥和姐夫则在聊着他们事业上的话题。偌大的一间屋子，满满当当的人儿，还有几个大点的小家伙在屋里追逐打闹，不时就有磕到碰到的，但是小家伙们都皮实，磕磕碰碰了爬起来继续玩。

看着一屋子的热闹景象，我这个局外人显得有些格格不入。

正当我默默坐在一旁假装自己是隐形人时，三姐端着一碟零食走了过来，“吃点瓜子嘛，今天家里人都回来了，乱糟糟的，你别见笑哈。”

“这么大一家子，我羡慕还来不及呢。”我笑着接过三姐手里的盘子。

三姐抓了一把瓜子，坐在旁边一边嗑瓜子一边和我聊天。

“你家兄弟姊妹多不?”三姐问我。

我摇摇头，简单地回答道：“父母各有一个弟弟，我是独生子。”

“哦……”三姐顿了顿，又笑眯眯地说：“那是人有点少了。我们家三个女的三个男的，下面还有小的，每次聚会都是这样，房顶都要掀翻了。”

见三姐如此善谈，我朝三姐那边挪了挪，打开了三姐的话匣子。

“三姐，我看张老很注重孩子的文化教育，您学习怎样，让张老操过心吗?”

三姐看看坐在沙发另一头的张老，还有正聊得热火朝天的弟弟，笑吟吟地说道：“我们那会儿上中学的时候，14 岁吧，带着两个弟弟，就是金东和金海在吴忠上学呢。放学回来我还得做饭，照顾他们吃喝，父母不是在老家开诊所忙得很嘛，我们都是自己照顾自己。父亲教育子女的理念就是锻炼我们自力更生，米面他提来留给我们，菜都是我们自己买。到后来我去宁夏医科大上学，我们两个兄弟也还是自己做饭自己照顾自己。不像现在的孩子都娇生惯养，我们几个上了初中都是自己照顾自己，做饭洗衣服买水买电什么的都是我们自己的，就像独立的成年人。都知道父母特别忙，没有说是靠父母的。”

“我挺崇拜父亲的，觉得他当时的教育理念就很先进，他就是教给我们自立自律，我们几个在学校从来没有过逃课、打架这样的行为。我们犯了错误他也会教育我们，但都是讲道理的，不是说打完就完了。父亲他控制自己情绪的能力很好，不像我们有时候还对娃娃发火咆哮了啥的。”说到这儿，三姐掩着嘴呵呵地笑了起来。

“那您有没有犯错挨打过啊？”难得一家子人都在，我要多挖点料出来。

“有呢！那次记忆最深刻了！我们兄弟姐妹从来没有打过架，就是有一次我和我们小院长，”三姐看向张金东，朝他努努嘴，“就是我大兄弟，从小我和他一块儿长大的，父亲有什么东西都是先仅着我呢，我是家里最小的妹妹么，6个兄弟姐妹里我比较受宠。从小到大就挨了那么一次打，是因为什么呢？哎呀，我忘了是个什么东西呀，我大兄弟非要要呢，我说：‘这是我的你为啥要呢？’那会儿小么，咋都不给他，就这样两人就闹冲突了，弟弟就哭得不愿意了，跑去父亲那里告状去了。父亲刚看完病回来，累的，可能心情也正烦躁呢，恰巧就遇上我们姐弟两个吵架。我还当时正理直气壮呢，我的东西他为啥抢，我还在那说呢，都不知道自己撞枪口上了。结果父亲就生气地从门背后找了个柳条么还是啥的，在我腿上抽了几下，‘你当姐姐的呢，你咋不让着他呢？’就因为那一次以后，再没有因为这些事情和别人闹矛盾闹纠纷啊啥的，再没有过。”

“你还记得呢？”张老听到了我们的谈话，笑呵呵地说。

“那么疼，哪能记不住呢！”三姐说着还调皮地搓搓胳膊，好像现在还疼在皮肉上一样，看得张老哈哈大笑。

二、严厉的父亲

我们这儿聊得太欢畅了，连正在玩手机的金海也抬起头看向这边。

张金海坐得离我们比较近，三姐就招呼着让他过来一起聊天。

“金海哥，八卦一下啊，您怕老父亲吗？”

张金海放下手机，“以前过节都是一家人在一起，我父亲好多时候在家，他在的话我们进门都是绕着走的。”

“绕着走的？”

“特别严厉那种嘛，不苟言笑那种。像我们还是上学的时候，父亲一天到晚就是病人。我们在老家那会儿，兄弟姐妹还小嘛，没有别的帮手，就我们老妈和爸两个人，还有大姐毕业早一些能帮上忙。父亲一天没完没了地全是病人，偶尔出去业余生活就是钓个鱼，再没别的，不抽烟不喝酒，没个别的什么爱好，像我们小的打啊闹啊，爸都出来说呢，就是‘去去去，离远一点’那种。”

我问：“就是不但不管你们，他只顾着管病人，有时候还‘嫌弃’你们是不？”

他撇撇嘴，说：“就是他一天到晚全是病人，我们在他跟前闹，他就不喜欢。”

“我看现在老爷子精力可旺盛了。”我说。

“他身体好。他现在有时间就是开车呀，他喜欢钓鱼，弄个充气船，拉到灵武那边一个湖上，他就坐船钓鱼去了。有时间我也陪他一起去。”

想了想，我又问道：“金海哥，你那会儿上大学的时候是自己选的医学专业吗？”

听到我的问题，张金海抬了抬眉毛，这个细微的小动作没有逃过我的眼睛，身体语言学说过，通常这个动作代表对方的心里想法是：有一点点不太开心。“这个，最早时间，也都不懂事嘛，随着年龄增加，阅历增加，现在觉得那会儿的决定是对的，但在当时那个年龄不这样想呀。那都有自己其他的想法，有时候父母也会干预，总的来说，还是按照父母的安排走。我们上学吧，父亲还不让走太远。要求你每周必须得回来。”

“为啥呀？”

“他可能总觉得你周六周天无所事事，不放心吧。都在近一点的地方上学，周六周天就回家，生活费就只给你一周的，他不像现在学生好多父母一给给一个月的还是一学期的，你一学期不回来都没事。”

“你上了一周的课，周末回家来休息休息，再给家里帮帮忙，多好呀。”张老够着脖子嚷嚷道。

“好呢么，肯定有好处么！”张金海也仰着脖子回应。

张老这才笑眯眯地又逗弄孙子去了。

见状，我和三姐“嗤嗤”地笑。

“那那会儿有没有觉得不开心过，比如周末想跟同学出去聚会呢，这边非得回家……”我压低声音问道。

张金海看了看张老那边，也压低声音，“有啊，这个肯定有啊。父亲还是比较严厉，很权威的。也想过和他争取一下，发现没用，哥哥姐姐都这么过来的，也就不能提了。”

“再说最早1999年那阵，医院已经在发展扩张了，开始那会儿还小，可能会有自己内心的小波动啥的，但到后来随着时间推移，觉得还是回来家里帮忙是正确的。所以也就不想别的了。”

后来张金海还说，父亲虽然40多岁的时候又考到大学里头读书，但是最早没上完初中是他永远的痛，所以家里面6个孩子，每个都上学这是必需的。

第七章　生命中的她

在设计小人物研究的初期，我把目光集中在张老一人身上，企图通过细致的参与观察把他这个“小人物”研究透彻。而随着和张老接触次数的增加，我对这位对外和蔼可亲、对内严厉苛责的老人的认识和了解不断增加，也不可避免地遇到了研究思路上的瓶颈。

> 人即使不像亚里士多德所说的那样，天生是政治动物，无论如何也天生是社会动物。
>
> ——马克思《资本论》第一卷

“唉……”合上书，端起早已放凉的咖啡，我轻叹一声。已经是坐在图书馆中的第三天了。3 天以来，每天准时到图书馆阅读书籍，企图从书中寻找到突破瓶颈的办法。然而 3 天过去，却没有丝毫进展。

咖啡已凉，入口有些酸涩。看着手边这本厚厚的《资本论》，不禁羡慕起马克思先生，他当初是如何写出这本著作的?!

咦？突然灵光一现，想起书上的那句话，也是老师们经常挂在嘴边的话：人是天生的社会动物。社会动物？社会动物！既然如此，那我这个社会动物怎么不去找其他的社会动物交流一下，没准儿就能寻找到解决办法呢！

想到就做。我给项目组的一位师姐发了信息，询问她这会儿是否有时间，可否一起交流一下研究进展。短信发出没一会儿，就收到了师姐的回信：我这会儿有空，在办公室，你如果方便就来找我吧！

我迅速地收好物品，将书送还到书架上。离开图书馆时还在想：书中自有黄金屋（解决问题的办法），古人诚不欺我也！

师姐的办公室在 8 楼，我到达的时候正好是下午 4:30。有些老师去上课了，办公室里除了师姐只有一位老师在。

师姐正在整理办公室里的材料，见状，我连忙放下包，过去帮她一起整理。

“你的访谈怎么样啦？”不愧是师姐，一句话就正中我要害。

“不怎么样，遇到瓶颈了。”我无奈地摇摇头，“这不来找您聊天开阔思路了吗？”

师姐可能是被我无奈的模样逗乐了，她安慰我道：“都这样，别担心，总会有解决办法的。”

“可是我现在发现，仅仅围绕访谈对象一个人的参与观察远远不够。就像……”我想了想，“如果说他是骨，那么肉在哪里？我现在就觉得没办法把这个人描写得更全面生动。”

师姐沉吟了一下，问道：“你有没有尝试去了解他周围的人？”

“有啊！他的病人，朋友，孩子，我都有了解！”

“我说的是深入的交谈，能够让你从他者的描述中进一步了解你的访谈对象。”师姐继续道。

从他者的口中了解张老——那我为何不直接记录下他者有

关张老的故事呢？就像放电影一样，我的主观认识会展现出2D效果的张老，而加上第三人或者第四人的描述，就会展现出3D、4D的张老，甚至是全息投影一样！

想到此，我豁然开朗，师姐的话如一缕清风，瞬间吹开我眼前的重重迷雾，露出了迷雾后的小径。

紧接着，新的问题又来了：这个他者应该选谁？

第一节　让张老落泪的那个人

这天如往常一样，我在约定的时间来到张老的办公室。就像张老的影子一样，他走哪儿，我就跟到哪儿，一上午我随着他在各个病房、科室之间转悠。张老一会儿问问病人的病情，一会儿又去看看其他医生医治病人，遇到情况复杂的病人，他还和主治医生一起开会讨论治疗方案。终于在上午下班前半小时，张老才回到办公室喝口水休息。我也乘机能和他聊会儿了。

“张老，您身体真好！”转动了一下走得发酸的脚踝，再看看气定神闲的张老，我不得不佩服他的好体力！

“从小锻炼出来的，现在一般年轻人可比不过我呢！”张老也毫不谦虚，笑呵呵地回应着。

“那天看了宁夏卫视的一期节目，就是讲咱们宁夏回医的，上面还有您呢！”看到张老精神不错，我和他聊起了前几天看过的一期纪录片。

张老脱下白大褂，坐在我右手边的沙发上，“哦，我知道呢，前不久才过来录的节目。为了节目，我们还专门回了趟老家的土院子。”

“就是播老院子的时候，节目里有句话，我记得特别清楚。说您最早在老家给病人看病的时候，家里的家务活全是阿姨一个人干，除此之外她还帮助你照顾病人。”

“就是的么，那阵子我老父亲还在，你阿姨她要照顾老父亲，还要养鸡、养鸭、养羊，家里头的地也是她管着，底下还有几个娃娃要照顾，完了我这头有住在家里治疗的病人也是她给照看着……”说到这儿，张老突然站起身，手伸到右侧裤兜找着什么。

我以为张老是要找手机，也没在意，可当我看到他掏出一张卫生纸，鼻子一吸，擦拭了两下眼角时才突然意识到——张老流泪了！

这突如其来的一幕让我完全呆住了，直到张老再次坐下，我才反应过来，连忙手忙脚乱地找纸巾。

张老摆摆手，示意我不用找纸巾。

“还要给病人换药，做饭，家里头啥啥都是她给操持。那阵子你阿姨受了不少委屈……”张老继续说道。他的声音依旧如常，唯有那微微发红的眼眶和湿润的眼睛能证明这位老人在谈到老伴曾经受过的辛苦时，曾难受地落泪。

都说一个男人的成功，总是离不开支持他的那个女人。那一刻，我好想认真地认识一下这位了不起的妻子。

待张老平复下情绪后，我问他今天可否见见阿姨，我想和她聊聊。

张老很诧异：“你不是要了解我么？还要和她聊啥？”

显然张老和突破瓶颈前的我陷入了同样的思维模式，认为研究谁就只能限定在固定的某个人身上。我想了想，向张老说道：“不知道您听没听过‘每个成功男人的背后都有一个女人’这句话？这种女人会懂得如何去体贴劳累的男人，如何去安慰失败后的男人，如何操持好家里的一切让男人安心在外拼搏，如何去与自己的男人分享快乐与忧愁。”

张老没有说话，我便继续道："记得您早些时候讲过，说刚结婚的时候阿姨什么也不会，后来被您培养成了一位得力助手。您从乡卫生院辞职后自己开家庭病院，按现在的说法就是创业。创业，本就是一件十分困难的事。您那时一定遇到过许多的麻烦，虽然刚开始时阿姨不懂医术，不能在事业上帮助您，但就如您所说，她将家里的一切都安排得井井有条，让您没有了家庭的后顾之忧，可以义无反顾地做自己想做的事情。这样一个在您生命中如此重要的人，已经如同您左右手一样的人，我想见见她，和阿姨聊聊天。"

张老听完我的解释，眼睛向下垂了垂，"这话是个实话，没她那阵子的帮持，现在走不到这一步。"复又看向我，笑着说："你阿姨要是听到你这么说，一定会害羞的。"

阿姨中午去参加了一场朋友孩子的婚礼，来的时候快到下午 3 点了。1 楼新装修好的理疗室刚放入了 4 张崭新的理疗床，还没有投入使用。我们就选了那里作为聊天的地方。

阿姨讲的一口地道的吴忠方言，刚开始的时候张老怕我听不懂方言，就在旁边陪着阿姨一起，充当吴忠话翻译的角色。几分钟之后，当发现我和阿姨基本能你一句我一句地聊起来后，张老就和我们打了声招呼，溜达出去忙自己的事情了。

"丫头，我又啥都不知道，你想聊啥呢么？医学上的事情俺们三媳妇在呢，你有啥想问的你可（去）问她，别么（人家）知道得多。"阿姨是个实诚人，看到张老出去了，怕医学上的事情自己说不清楚，还好心为我推荐她的三儿媳妇苏医生。

"阿姨你别担心。上午我和张老聊天，说到还在老家院子时您在家里挑了重担，张老说您那会儿受了不少委屈。我就想找您聊聊早期您二位在老家时的情况。”我一边说着，一边把手机调到录音模式，放在我和阿姨的中间。

阿姨抿了抿嘴唇，讲起了她在这个家里的故事。

第二节　窄窄的脸

唉，我（张姨）进门，不提不心酸，提起我都是眼泪。

19 岁结婚嫁到这个家里，小光棍的老光棍（指张老的弟弟和父亲）。老张从小就没有母亲，家里头这块别比我强。生产队那会儿还打工，就是要挣工分，刚开始我不太会干，别还帮着我干。但是自从家里的担子（我）能挑起来后，他就都交给我了，什么都不干了。

我原先是巴浪湖农场的，“文化大革命”的时候我的父亲被判的是反革命，那会儿不嫁来农村的话我现在都拿着退休工资退休了。可是木（没）办法，只能嫁到农村来。那会儿 19 岁一嫁过来，老父亲就把我的户口转到农村来了。（我为此）也难过哭过鼻子，一点也不想在农村待。因为巴浪湖的条件再怎么（不好）也比农村强，但是也没办法，家庭的担子，要负自己的责任么。有个说法，嫁鸡随鸡嫁狗随狗，嫁了坷垃蛋子（石头疙瘩）偷上就走么。

有时间为了家务事两个人要叨叨蛋蛋（吵架），也有时候不知道啥事，两句话说着说着就吵起来了，我就气的。我这个人你让我吃苦行，受气我可不干。在他这儿是没吃过的苦也吃了，受不了的气也受了。有时间别说我，我还连别喊呢，说呢：我不是失败的，我是成功的！话又说回来了，夫妻哪有不磕的呢，哪有盆啊碗啊不磕的呢，不可能的事情。不像现在年轻人别都看开了，那会子都顽固，你想别都大男子主义，只能他说你，不能你说他。一怎长么短（怎长么短，唠叨的意思）的别就生气。

那会儿俺们老父亲（张老的父亲）还好，老父亲不挑剔吃饭，你只要做熟，不要做生了就行。生活上教俺们不要做暗事，就你有啥事，怎么就怎么，明明白白的。是个明理的人，不是说那么个我怎长么短的，没有；怎么把你给说个一顿，没有！俺们也尊重他。

老父亲从小就随着老张一起，他就把父亲伺候着，早早地按时按点的饭，早上、中午、下午 3 顿饭都早早做上。我嫁过来后，就开始伺候老父亲，按时按点把饭做了端上去。有时间实在麻烦的嘞，也就稀里糊涂地给弄点给他端上去，给端上去心里俺们也难受的，觉得不对，后头又赶忙再给好好做上。有时间脾气上来了，也也也，唉……

讲起往日心酸事，阿姨鼻头一酸，眼泪落了下来。

我连着生了 3 个女儿，木有男的，老四才是个男的，就是金东。他在肚子里，也不知道是男的女的，我这个人也不管这些。

那会儿金东在肚子里大概 4 个月的时候，我们生产队让给一个沟上修桥。过去的沟，大约有一房子深，不修桥走不了路。那会儿我就要朝上头背土，用背篼子背土来，单肩的那种，一筐大概四五十斤重。土背上去还要倒掉。修的桥，还要做拱形的，我们都是赶紧把土、水泥都背来，在水下来前把拱形做好。拱形一做好水就下来了，然后再挖土做桥面。

沟修完，头到（等到了）上面生产队就开始忙了。

那会儿有几样（要忙的）呢，要插秧，割麦子。那会儿受的苦呀，肚子里还带着一个呢，挺着肚子，这些都去干了。

除了生产队的工，家里头也都是我的。家里有几分自留地，地我要种上，鸡鸡鸭鸭的还有羊都要养上。一年有个啥事呀，回民的过节呀，老人的几个节日呀，养的羊就都宰着使上了。不嫁到别家不说，嫁到别家就啥也不说了，豁出来了。要不没有立足之地，你说咋办呢。

一年到头，瘦的，脸仄仄的（窄窄的）。瘦成那么个样子，奶娃娃都不够。那会儿也不像现在，奶粉牛奶什么的啥都买不到。下面几个娃娃都小着，营养总得跟上么。我都是蒸的面，就用干面放锅里蒸，蒸熟了就散开了么，用水冲开给娃娃喝上。想喝个糖都没有呢！糖都是供应的 2 两糖，一人 2 两红糖。

你想那个条件下……唉！

第三节　昂贵的工分

“那张老就什么家务都不做，也不去生产队帮您，只给病人看病吗？”我问道。

“他的负担也重。你想想么，骑个自行车，那会子大部分病人都在家住，他要跑着各家给别换药。”阿姨说，“那会儿我去生产队挣工分，我挣上 10 分，再给他平上 5 分。为啥呢？别都一家子去干，不去要扣分么，我就给他平上。一年要挣够 1000 工分呢！”

“别也有人说，有你老汉那把子手艺呢，这个田你还种上干啥？这个田我哪敢不种呢！”

阿姨接着说：“那会儿割资本主义尾巴，不叫你自己干，必须都要跟生产队一起，你自己干就是资本家。所以他哪怕是给别人看病，都要悄悄地，不能宣传，工分也必须挣上。我就一个人挣两个的么，都过的苦日子。可是我还好一点那阵子，老院长别经常跑外头，在外头再怎么没的别看病也有钱。挣工分，他不出去，我挣的也不够给他平的时候，就给生产队投钱。1块钱买的4分工，我那阵子在我们老家干活，一天才挣得7毛钱。”

我倒抽一口气，4分工就卖1块钱，这价格可真够狠的！

“这工分还要买啊，不买不行吗？”我问道。

阿姨眼睛一瞪，“那不，你给别生产队投钱么，你一年看给别个投给多少钱，别个给你算着工分，再给你分粮。那会儿一个劳动日，就挣4分多。粮用钱也买不到，必须是生产队给的票才能换粮。你看看，这生产队……”

这生产队也够黑的。阿姨后半句没说，但从她的表情上，我读到了这后半句。

“那会儿1块钱可值钱呢”，阿姨顿了顿，“看一场电影5分钱，那还是最好的电影。那会儿菜都几分钱，5分钱是最贵的菜。就这，那阵就5分钱都嫌贵得了不得了，没钱呀，现在就七八十的都人有花呢么。那阵没钱呀，2分钱都当个钱花呢么，俺们那会走个街（逛街），给你5毛钱，你去还买的吃了花了，回家还余钱呢，你现在？现在，别说2分钱了，1块钱掉地上好些娃娃望着拾都不拾。”

对此我深有同感，不禁回想起小时候常听到的童谣：“我在马路边捡了1分钱，把它交给警察叔叔手里面，叔叔拿着钱，对我把头点，我高兴地说了声‘叔叔，再见’。”随着居民消费水平的上涨，产品价格标签上小数点后面的两位数很多时候只起到一个装饰作用。这首歌如果今天再有孩子唱起，恐怕要改成“我在马路边捡到1块钱”了。

第四节　泼辣羞涩的她

这时张老从外面进来，手里拿着两瓶矿泉水，他把矿泉水递给我和阿姨，说道：“喝点水再聊，你看我忙的，刚刚才想起来都没给你拿水。”然后又低头看着阿姨，“你晚上别回去做饭了，正好还有两个从北京过来的老师，咱们连上小魏和那两个一起，在外头吃完了再回去。”

“行。”阿姨点点头，应承到。

看着这恩爱和谐的画面，我突然有些好奇他们是怎么凑成一家子的。待张老出去后，我笑嘻嘻地看着阿姨，调侃道：“张老是专门来给您送水的哦!”

“哪有!”阿姨嗔怪着，笑意已爬上眼角眉梢。

“阿姨，”我清了清嗓子，“您前面说到自己原先是巴浪湖农场的，那是怎么和马莲渠的张老认识的呀?”

阿姨把一条腿曲起来，双手握着张老送来的水瓶，扬声道：“哎哟，那说来话长了。”

“文化大革命”的时候我的父亲是反革命，没有人瞧得起我，都看不起我。那会儿批斗会一开，别要说斗我的父亲，拉起来就是连拧带打的。我回来不敢给我妈说，我妈身体不好，有病呢。我就在外头连跳带转地哭鼻子，还不敢叫人看到，不然别说你反革命的子女怎么怎么着。

过去都说老子干的儿女不能当（担当），儿女干的老子不能当。有人因为我爹的情况欺负我，我不服么，就跳起来说：“我爹犯了多大的法我不清楚，我爹都干了啥我也不清楚!”别就在会上说我，我不服就叫我妈来。我妈来到会上，一看大的被批斗，小的梗着个脖子，别人说她，她就气得说我。直到把我说低头了会上才让走。回家的路边有片玉米地，不敢回去哭，我俩就坐在那片玉米地里哭鼻子。

所以说嫁到农村是没路才走的这步。

那次走吴忠呢，俺们兄弟媳妇，说也走吴忠呢。别个连俺们是姑舅姊妹，别四兄弟媳妇是俺们兄弟媳妇（表亲之间的亲上亲），别个兄弟媳妇还比我大几个属相呢，别个属鼠的，我属兔的。那会儿别大儿子已经生下来了，骑车子捎的俺们大舅爷走街上呢。“你也走呢？”别问我着呢。我说是呢，完后我又问她：“你生了娃儿了，有多少天了？往外走着怎还捎人呢？”别说，40 天。

妈哟！40 天就捎人呢！

我说，来来来，你快歇着，我捎上！

其实那会儿我才十几岁，个子小力气也小，俺们舅爷爷过来往上一坐就把车子打倒了，这车大腿就撂弯了，就骑不成了。我就找了个填炕烧柴的铁叉叉，几下子把那个车子又给敲直了。

舅爷爷回去就跟爷爷说起了我：俺们那四舅母别妹妹皮实得很，还留的长辫子。意思就是要给我寻个亲家。爷爷就给家里的亲戚都说了，让留心给我寻个媒。后来没多久，俺们姑爹上门说有个好媒，要给我管上。连说成到结婚，两个月，我还糊里糊涂也不知道是咋回事呢就嫁给别张家了。

说到自己的事儿，阿姨是彻底打开了话匣子，语言也愈加生动起来。

“嫁之前您见过张老没？”我问道。

阿姨一拍腿，“吓得，哪敢见个面说话呢啥，别个一到俺们家，我就吓得飞了跑了！”

“咋跑了嘛，就不怕万一长得不好了啥的。”我打趣道。

“谁知道呢嘛，吓得很么！”阿姨说着，许是想起了那时的窘态，表情有些许羞涩，“也没顾上看看，羞得就吓得跑了。糊里糊涂就这么个嫁了么，就这么个。”

“那会儿嫁的时候张老家给‘麦哈勒钱’(聘礼）了没?”在穆斯林信仰中，聘礼是婚姻成立的条件之一，这是对女方本人及女方父母的尊重，也是将来女方家添置嫁妆与举行婚礼之用。而在当时那个物质匮乏的年代，我很难想象会有怎样的聘礼。

“给了300块彩礼。俺们经典（《古兰经》）上说，这个非得要，不要会很失败。”阿姨说到这儿，神采奕奕的。

“可是呢，俺爹没说要，俺爹想反革命的子女，能嫁个好人家就知足了，没要彩礼。没要呢，可是别个还给了，300块钱呢！那会儿有啥呢啥，拿着钱都木有地方买东西！陪嫁的时候就带了一个箱子，俺爹买了个箱子，里头都还空着呢，哪有东西呢么。俺爹还说：‘丫头呀，你都别叫别个看这个箱子……’我说俺知道呢。可是别老张家里条件好，那会给俺和俺爹买的条绒，范例金（音译，猜想是一种纱织品），毛背心，这在当时在我们这儿就是最好的，别就样样都给我给呢。”

说起结婚时空空的陪嫁箱子的窘相，还有后面张老家给置备的“高规格”的聘礼，阿姨的情绪就像过山车一样，忽上忽下。

新娘子都要穿新嫁衣，那当时阿姨的嫁衣是谁给做的呢?想着我就问了出来。

阿姨说那会儿嫁妆都是自个儿做，也有找裁缝做，买是买不上的。她当时就用张老给的布，给自己做嫁衣。“我的衣裳那些都是俺们姑妈做的，俺们小姑妈给我做的花棉袄子，再到后来妹妹上学，妹妹上初中呢没有办法，又给妹妹穿上了。”

第五节　起早贪黑两头跑

阿姨是巴浪湖农场出来的，对于打田埂、插秧、种地都是一把好手。她说刚开始在生产队干的时候，也能体现个人价值，但干的多未必就得的多。都是吃大锅饭，总有混饭吃的，而她觉得自己是“做饭”的那个。家大人多，虽然有张老行医贴补家用，但生活还是很艰辛。直到吴忠实行包产到户后，日子才一天天好了起来。

她回忆道：“俺们生产队开始包产到户的时候，俺们还不知道，有些个生产队好比领导呀啥的，别就都知道了。俺们侄儿子是个生产队的队长，大队的，侄儿媳妇就来就跟我说：‘舅妈，我咋听别都说呢，生产队朝下分呢。’我还没听过的，就问她是不是分呢？她给我说：‘我听别说分呢！’生产队里那么多年，从来没想过还能往下分呢，刚开始都不相信。”

“后来说分，到地里头尺子拉上，一家分多少几下子就分完了。分完后有田不平，就这一块田，这头高那头洼，那阵子我们都要平田，自己家的田自己家平，要把田平成一样的。原先在生产队有老农，平田的时候老农说我朝哪点堆，我就背着土朝哪点倒。头到生产队散了以后呢，那老农的田还没俺们的田好呢，后头也没老农了。”

“再说分下来后，那会儿为了淌水头都要打烂呢，一家一个田口子么，哪能淌上个水呢么。”

以前种地都是引水灌溉，能够供应给各家灌溉的水源有限，所以为了抢水源给地里灌溉，打架是经常的事情。但是这没有难倒她，不服输的阿姨用她的勤劳解决了“淌水排队”这个问题。

“俺们那阵孩子小，点的水稻，又害怕晒，又害怕冻。我就早上 3:00 出门到地里，别都还在家里睡着呢。3:00 天还黑得很呢，春天将是水刚下来那个时节，早早去田里把水灌满，等别都朝地里走着呢，我开始朝回走。回来就要给娃娃做饭，饭做着吃掉了，开始就有换药的这些人就来了，就要开始支应着。你要是跟别个都一样睡到晌午去了，你就等着去吧，啥也干不了。”

老阿姨嘿嘿一笑，“还是包产到户好，自己尽自己么（自己尽力做好自己的事情），早了我早点出去干干，热了我回来，下午我再出去。”

“水稻要有几个期限才能成熟，我们过去都是点的稻子。第一个期限，是骚乎头子①，是水稻刚发芽才扭个嘴嘴子（小水稻苗）的时候。为啥我早上要早早去田里，种水稻有三怕：一怕冻，二怕晒，再就是怕碱——旱碱。稻子点上以后赶早上 3 点钟去田里，去得早没人抢水，我就轻轻松松地把水灌上。灌水一个是可以防冻，还能保证水稻好好发芽。春天水刚下来的时候，气温、低温都冷得很，灌上水了后白天太阳晒上一天，田也热乎乎的，水也晒得温温的，温度都保持到地里了，这个温度就能让水稻好好发芽。等到下午三四点的时候，要去把水再撤掉，不撤掉的话太阳一落山，温度下来水冷了就把水稻根冻坏了。第二天早上再来把水填上……这个水要一直填到啥时候呢，刚正子（苗长高长直溜）的时候，这是第二个期限。这个时候田里头干点湿点都行，但是还是要保持好水分。过来就是两叶一心，出两个叶子，一个钻钻子（秆），那个时

---

①宁夏方言，指第一茬，领头的意思。在羊群中有个“骚乎子羊”，即“领头羊”的意思。

候去田里的时间就早点晚点都行呢。为啥农民辛苦呢，种地的时候一点都马虎不得，按时地跑着管田，不然田里就没苗子。这么个管好了，田里都是苗，草也少。”

一想到她曾经天天凌晨 3:00 顶着星光去田里劳作，我不由得对阿姨竖起了大拇指，如此勤劳勇敢的人，一定要赞一下！“那自己生产后家里的粮够吃么？有没有多出来的？”我问道。

阿姨点点头，说：“够呢！记得俺们那天粮食打出来后，也没地方盛，就随便倒那地上，弄地上以后呢是，上头的好着呢，底下地潮得很，粮食就有点发霉了。俺和俺们兄弟媳妇，两个人是朝高头（把上面）上好的一装，底下的就拉到加工厂，就碾成米了么，碾的米回来换的吃肉。”

“霉了的还能碾成米？”我想到曾经学过的化学知识，粮食发霉后会产生黄曲霉素，对人体有很大的伤害。“那您知道那些米哪里去了吗？”

“谁知道呢，反正俺们就是换的吃肉么，1 斤肉 1 块四毛钱。”阿姨摊摊手，确实，米的去向她也不知道。

第六节　她和她们

“包产到户以后，大家都自己干，就不能说谁是‘资本主义的尾巴’了，老张他就大大方方地出去给人看病。他看得好，来找他的人就多，病人回去又一传十、十传百的，找他看病的人就越来越多。”张老的医术早在很年轻就驰名乡里，阿姨为此很是自豪。

“我攀那大亲家也是因为这个。亲家别这个位置骨折（老太太在腿上比画着），亲家母陪着亲家看病呢，瞧上我们大丫头了，就来跟我说，别儿子在吴忠银南供电局里呢，问我咋样呢。亲家是城里的，那阵子，城里的别还瞧不起俺，女儿想给到城里呢，别都还瞧不起。那阵子亲家儿子在城里工作，她还在马连渠。亲家母提出来了，我就开心的，后头和老张一商量，就把大丫头嫁过去了。”

“俺们那会都在马连渠，还没上到吴忠来。老二老三丫头都是在马连渠结婚，儿子这边，老大张金东，也是把媳妇娶回马连渠的，就住的老家平房。条件也不好，一天辛苦的。到后头这两个才是在吴忠结的婚，在这里买的楼房住下。”阿姨说道。

说到金东哥的媳妇，我眼前不禁浮现出一个女子温婉恬淡的笑脸。上次在银川的医院，我和马莉姐聊过一次，她和我说起过刚嫁到马连渠时的情况。正好聊到这个节骨眼上了，我就把从马莉那儿知道的情况告诉了阿姨：“阿姨，我听马莉姐说过，她说刚结婚那阵觉得挺辛苦挺累，后来一看说妈——就是说您，更辛苦。她说那会儿没有护士，每天晚上都是你俩换着值夜班，病人一摇晃铁门，你俩就要起来去照看；还说过她临近预产期的时候，早上挺着大肚子去做米饭，刚把米饭蒸好，肚子就疼了，差点把孩子生家里。”

阿姨听我说完，抽动了一下鼻翼，深深地叹了口气，又继续道：“那个娃娃生下以后，就刚 3 岁，银川医院就盖好了。要有人去银川呢么，那谁去呢么，只能是大儿子和大媳妇。不去没办法，她哭得不愿意去。她哭，我也哭，都舍不得。但是不去咋办呢，那个医院已经建成了。结果这就没办法，搬到银川去了，搬到银川去那会还在医院后头的院子里头住着呢。开始媳妇大女儿就上幼儿园了么，要朝幼儿园送去呢，娃娃好是哭呢：‘我不上幼儿园，我去马连渠呢’。”

听得我有些动容，看着阿姨微润的眼眶，想起马莉姐在说起婆婆的时候眼里也是泛着泪花，“孩子这是想奶奶呢。”

“嗯，‘我不上幼儿园，我去马莲渠呢’娃娃哭的那是。唉……大媳妇，到今天，扛着半边天。张金东在外头，她就在里头，干这行，辛苦。不干咋办呢，逼到这份上了，只能朝前……”想起她们为了支持家里男人事业而做出的付出，阿姨心里五味陈杂。

喝了口水，她继续讲道：“我3个女儿，老大和老三学的医，就老二艳萍最掐亏（吃亏）——她学的财会。不是说财会不好，家里头有这个手艺，肯定还是学上好么，你说对吧？那阵子给她找了个工作，工作了一段时间以后不行，我说不行你别干了，回来上学去，她不上么，不爱学医，没办法。再后来找了对象就结婚了，这也是家里有条件能帮上，要搁别人家她也是麻烦着呢。”顿了顿，阿姨补充道：“我是实话实说，她也知道。”

“大丫头是亲家寻上门的，女婿在供电局，两个人生活也好，不让我操心。老三也学的医，但是生活上不让人省心。老三长得心疼，上学那会儿，我给她做的背带裤，上边前头带兜兜的那种，给做上穿出去别都羡慕的，回去也学着做着穿上，就没我们老三穿上好看。学校老师别都说着呢，让老三以后当演员去呢。但是我们回族哪有那一说呢！不可能的，不会让她去当演员去的！她也听话，就叫学了医。可是呢，她的婚姻，唉……子女里就她，两口子经常吵吵绊绊的。现在年轻人过日子磕磕绊绊的也多，说起来不算什么，但是俺们当长辈的，都希望孩子们能和和睦睦地过日子，有时间知道别个闹别扭了心里头就难过的。跟老张说起这个，老张给我说孩子自己的事情让自己把握去，我就啥话也不说。可怜天下父母心，都希望子女生活开心快乐，你说对不对？”虽然是个问句，但充满了肯定。

第七节　不用言明的温柔

在吴忠张氏医院的4楼，张老办公室的斜对面，有一间用来存放被褥、床具的房间，之前来医院的时候，那间房间里总是会传出“咯哒咯哒”的响声。起初，由于有装修时的电钻声，我误以为那“咯哒咯哒”声也是装修声，直到有一次去裁缝店修补衣物，才发觉原来那是缝纫机工作时发出的声响。

张金海曾说过4楼除了会议室、财务室，就是父亲和母亲的办公室。张老的办公室我已熟悉得不能再熟悉，而阿姨的办公室又是哪间呢？

“金海说四楼有您的办公室，您平时也来医院工作吗？”我问道。

阿姨有些迷茫地反问我：“办公室？你说的是不是那间屋子啊？”

说着，她就起身带我去了4楼。

来到4楼，阿姨在库房的门口停下，掏出钥匙打开了房门。屋内靠墙的位置整齐地摆放着一摞摞床单、被褥，还有用塑料布盖住的整卷棉布，靠窗的位置则是一台老式脚蹬缝纫机。

“老二说的就是这间吧？”阿姨问我。

“这……”我思索了一下，这里看起来更像是库房与工作间的结合体。“您平时来医院后都在这里？”

“昂，做做针线活儿，拆洗下被褥什么的。”阿姨指着那卷棉布说，“这边的床单和被套都是我自己做的。”

经她提醒，我才发现那卷棉布的花色果然和楼下住院部的床单花色一致。

“医院的床具全是您自己做的？那数量可不少啊，为什么不交给裁缝店定做呢?”我不解。

阿姨眼皮一翻，笑呵呵地撇了撇嘴唇，说道：“那多贵呢！年轻时还给家里人做衣服呢，扎个床单比做衣服简单多了，俺们买来布，自己蹬着缝纫机一阵阵子就做出来一套。我这又不用手工费，布也是让俺们丫头买的整匹布，外面一套做下来几十块，我这又花不了多少钱。”

若是病人们知道自己用的床具是阿姨亲自做的，心里是否会暖暖的满是感动?不论如何，我已经被感动了，有如此持家有方的妻子和母亲，张家的男人们真是幸福啊。

但是也并不是家里所有人都支持阿姨做这些，“儿子、丫头说这个费眼睛，都不让我干，你说我一天在家待着也没有几个意思，这都是年轻时常干的，来这儿也捂个心慌[①]。一个家庭，最重要的就是女人，女人把家里头的事情都做完做好了，把孩子也带好，男人才能踏踏实实地做事情。”她说道。

那台缝纫机是早年的时候张老买给阿姨的，她用它给家人做过衣服，做过配合药膏使用的敷料，现在在医院库房里继续做着病房里的床单、被套，偶尔还要修补破损的床具。创业容易守业难，阿姨嘴上虽然说着嫁给张老吃了不少苦，但从她的神态和言语中的点滴细节中，都是对丈夫的支持与尊重。

我注意到阿姨戴了一对漂亮的大耳环，就问她：“这耳环是张老买的吗?”

“呵呵，就是的。那会会子哪有金耳环呢，见也没见过金耳环。”阿姨笑呵呵地说着，还顺便摸了摸耳环。

“张老经常给你买礼物吗?还是出去玩的时候才给您带礼物?”

---

①捂个心慌，宁夏方言，是“找点事情做让心里踏实”的意思。

阿姨嘴角笑容更甚，说道：“自己买，别不管。而且要说出去非得两个人一起，因为啥呢，我这个人泼实[①]，有时间啥事我还给他考虑着呢。说实在话呢，头结了婚，我把别看得特别重要，可是别把我呢，”阿姨耸了下肩，“无所谓。”

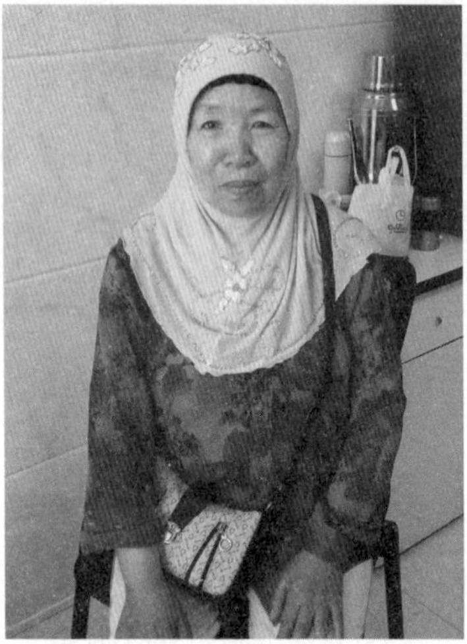

张宝玉的妻子

看到阿姨这么活泼的小动作，我不禁失笑。这哪里是无所谓，张老走哪里都带着她一起，那分明就是在意到了骨子里。本想告诉阿姨，可是转念一想，老一辈人面情薄，张老如此含蓄地表达感情，阿姨又怎么会真的不知道呢？我眼珠一转，一个调皮的念头蹦了出来，于是我说：“阿姨，您下次给张老说让他给你送礼物嘛！现在年轻人都过情人节呢，你们也可以过嘛。结婚纪念日呀情人节呀，他要不送礼物你就逗他不给他做饭了！”

“哎哟！”阿姨挥挥手，乐得前仰后合的，“今天我到市场上买东西呢，别那个门市部那个小姑娘子，说的‘哎呀，这么多东西，叫那个姨爹来给你拉来呢么’。我说别不给我拉么。别个姑娘就说你总给他撒娇呢么！哈哈，小姑娘笑得我，笑死我了。我心想：我的妈哟，我的娃娃都比你还大了，还撒娇呢！”

“您这一辈子是不是没撒过娇？”

---

①宁夏方言，指泼辣皮实，能力强。

“啥撒娇。木有的!”阿姨翻了个小白眼，有几分嗔怪之意。

“可以试试，我估计您下次撒娇还把老院长吓一跳呢!”我继续怂恿道。

“别那个天天看病，见的人多了，根本不吃你这一套，啥你来撒娇呢。”阿姨嘴上这么说，可眼睛都乐得快眯成一条缝了。

正巧张老这时推门进来，我和阿姨对视一眼，哈哈大笑起来。张老站在门口，半个身子探入房间，一手扶在门把手上，还维持着推门的姿势，被我俩笑得莫名其妙的。他疑惑地看看自己老伴儿，又看看我，问道：“咋了?”

阿姨冲他挤挤眼，回道：“木咋，我们女人家的小秘密。”

第八章　医者的江湖

第一节　流派是一种身份

在金庸先生的武侠世界里，少林派、武当派、峨眉派、昆仑派、崆峒派、明教、丐帮、五毒教、华山派等门派各自执掌武林一方。江湖中有着门派身份的武林高手如云，他们相互切磋武艺时，若需自报家门，则通常说："在下为某某派某某某。"也有火眼金睛者，通过一个招式即可判断出对方武艺出自何门何派。门派是一个武者初入江湖时最重要的身份证明，也是他们区别散修的一个重要标志。

中国地大物博，幅员辽阔，抛开小说里的武林世界，在现实世界中很多行业也都分出了门派。饮食上有以川、粤、苏、闽、浙、湘、徽、鲁等菜系为代表的中国"八大菜系"；国画上分有长安画派、民间画派、金石画派、岭南画派等。

中医也不例外。

如四川相对阴雨多，较为潮湿，所以当地人多喜辣食，而医生也一样要开一些辛辣芳香祛湿的药品来化解自然界多余的湿气；东北则天寒地冻，至少以前是这样，东北人为了保护身体，只能是睡火炕、喝高浓度酒，得的病也更多地是因为寒冷而导致的风湿、咳喘、胃病、心脏病等，所以医生必须要在药里加入温热驱寒的药物来克服多余的寒气[①]。一样的原理，在中医的圈子里，根据地区纬度和经度的不同、地方百姓的身体差异、季节气候等因素，各个地方的医生在用药上不得不考虑用一些药品来去除本地的特有的致病因素，久而久之，门派形成，于是中医界就像武林和江湖一样，门派纷争大起。

中医界门派的形成，除了与社会背景和学术背景有关，还有自身的条件与因素有关。众多的不确定因素结合在一起，使得后人对中医学术流派的成因或标准探讨不休。有的认为，学说与师承是基本条件；有的认为，学说才是根本标准，师承关系只能作为参考；还有的认为，除了学说和师承外，还必须要有传世之作以影响后人；等等。

综合各种论点，结合中医发展史上著名学术流派的成因，这样就可以认识形成中医流派的主要条件，或者说判断标准：第一，要有代表人物。这个或这些人物可以是宗师，也可以是其继承者。但这个或这些人物必须是其鲜明学术观点的提出者，是一个或一些有影响的学术带头人。第二，要有一批传承和发展其学说的人物。因为学术流派要“流”，不“流”则何谈对后世影响；再说，既是“派”，总得有几个人物，个人何以成派。但这些传承者不必非是亲炙或私塾的师承关系。[②]第三，在学术上要有创新，在理论或方法上标新立异，旗帜鲜明。或者在一门学问之中创立了新的学说，或者提出了该学说中不同的学术观点，或者治学上有独特的风格与方法。第四，

①笑谈中医七大门派 http：//www.360doc.com/content/10/0528/06/852636_29902070.shtml.

②中医学术流派的概念 http：//tcmvod1110.blog.sohu.com/153794067.html.

要有一些代表著作。这些著作要能记载和反映该学术流派的学术思想与治学方法。如果简单归纳，只有 3 条标准，即代表性人物、代表性观点与代表性著作。

三者相辅相成、缺一不可，但又因为是三者原因，中医学术流派的命名不尽统一。有以代表性人物命名的，如河间派、丹溪派；有以学科命名的，如医经派、经方派、伤寒派；有以观点或学说命名的，如补阴派、温补派、汇通派；有以地域命名的，如易水派、新安派、绍派伤寒；等等。一些流派甚至将代表人物、学科特点、地名结合在一起，使得观者一看便对这个流派有了初步的认识。

第二节　正骨界的后起之秀

2012 年 11 月 28 日，国家中医药管理局公布了第一批 64 家全国中医学术流派传承工作室建设单位名单，宁夏张氏回医正骨医院的张氏回医正骨疗法流派传承工作室作为宁夏唯一的 1 个项目入选。借助流派传承工作室项目的建设，对疗效显著、特色鲜明、优势突出的诊疗技术进行挖掘、整理和推广，达到提炼优势技术，开发特色回药，培养复合人才的目的。

"全国中医学术流派传承工作室要求至目前的代表性传承人已传承三代以上并有明确传承脉络；具有流派学术思想和学术观点；具有独特的流派临床诊疗技术和显著的临床疗效；流派临床诊疗技术仍广泛服务和应用于临床；在省内乃至全国范围内具有广泛影响和良好声誉；拥有仍活跃在中医药临床一线、在行业内具有代表性和影响力、积极开展流派学术传承和诊疗活动、能承担'流派工作室'建设任务的代表性传承人。"医院的档案室里，张老眯着眼，从一排排的档案中找出了当初

档案室里有关学术流派的文件资料

建立“流派工作室”时的文件。

按照全国中医学术流派传承工作室的要求，张家的回医正骨术完全符合工作室建设的要求。张老走到靠墙的一排档案柜前，打开了玻璃柜门，里面满满当当都是学术流派的档案盒，有关于学术流派建设的，传承脉络的，还有人才培养的。

张老说：“我们这个张氏回医正骨技术是以祖传回医正骨方法为特色。从我爷爷张华坤到我父亲，再到我的孩子们这里，已经是第四代传承，从传承人这块讲我们有清晰地传承脉络。这 150 年的发展里，又学习各家之长，结合现代医学科学技术，临床上反复实践，不断归纳总结，现在形成了独具特色而又简洁、方便、易操作、无创、收费低等优势的正骨技术。而且在治疗各类骨折、关节脱位、骨髓炎、骨迟缓、颈肩腰腿痛、烧烫伤及各类外科疮疡等，我们是具有一定优势的，尤其在这个四肢创伤骨折方面。这些都符合文件里说的‘要有独特的技术和显著的临床效果’。还有就是我们这个回医正骨一贯主张治疗骨折不开刀、不打石膏、不用内外金属物穿刺固定，尽量采用手法复位，并且结合小夹板做外固定、配合骨伤回药膏外敷。这与西医的常见治疗法有很大的不同，不开刀了患者受的痛苦就小；不打石膏，皮肤透气好，还能经常运动肌肉，可以有效地避免肌肉萎缩。这些特点和优势，让我们在申请流派传承工作室建设的时候，顺利了很多。”说起自家正骨术的特色，张老如数家珍。

一、办公室论“骨”

档案室在老医院的3楼最里面，出来后要穿过医院的住院部，一路上遇到的病人和病人家属都笑呵呵地主动与张老打招呼。回到办公室时，张金东正巧也在，他刚看完一个桡骨骨折的病人，我们进去时他刚走到衣架旁脱下白大褂。

“魏老师你过来啦！”张金东挂好衣服，转身为父亲泡了杯绿茶。

“你一会儿还有啥事没？我刚带小魏看了些咱们流派传承工作室的资料，你不是前段时间刚参加了那个学术流派交流会么，一会儿没事的话留这儿给小魏讲讲。”张老接过茶杯吹了吹面上的茶叶，喝了口茶，向张金东说道。

张金东是个利落人，虽然经常忙里忙外没时间收拾办公室，可就在这说话的档儿，他就麻利地将办公桌上的文件规整好，还出门倒掉了废纸篓里的垃圾。“行呢，半个小时后我得走一趟银行，这会儿要是没病人来就没啥事。”

“说到我们这个张氏回医正骨流派啊，在2012年以前出了咱们宁夏就很少有人知道了。那个时候大家熟知的几大正骨流派有平乐郭氏正骨、福建林氏正骨、少林杜氏伤科等一共12个，也有学者称之为‘正骨十二家’。”谈起正骨，张金东马上就进入了状态。“他们各自的学术思想和正骨手法都是自成一派，独具特色的。您看看这个，是经过浓缩整理的各家特点，非常有代表性。”张金东递给我一份资料，上面对他刚才提到的几个正骨流派从特点、学术思想、正骨手法上都作出了总结说明。[①]

1. 河南郭氏正骨

平乐郭氏正骨以“整体辨证、手法整复、夹板固定、内外用药、筋骨并重、动静结合、功能锻炼”为特点。

学术思想强调“娴熟的手法复位，合理科学的固定，有效的药物疗法，动静结合的功能锻炼”。气血学说是平乐正骨理论的核心。平乐正骨认为：气血是人体生命活动的物质基础，气血的变化决定了脏腑经络的变化。主张伤科临证应以气血为纲，整体辨证，审证求因，始终围绕气血变化加以调治，方能取得良好的效果。

正骨手法在平乐祖传的定搓、压棉、缚理、拔伸、砌砖和推拿等手法基础上，继承并发展总结出拔伸牵引、推挤提按、折顶对位、嵌入缓解、回旋拔搓、倒行逆施、摇摆推顶、旋撬复位八大正骨方法。另外，还有治筋四法：揉药法、理筋法、活筋法、通经活络法。

2. 福建林氏正骨

学术思想林氏强调正确的复位、合理的固定、及时恰当的功能锻炼、有效的内外用药是保证骨折愈合的基本原则。该派推崇《医宗金鉴·正骨心法要旨》，认为手法乃正骨之首务，手法复位是治疗骨折的最重要环节；其次强调伤筋与骨折、脱位相互之间的关系是非常密切的；再次阐发痹证病因，崇尚辨证论治；最后论述痿证病因病机，主张治痿独取阳明。此外，林

---

①曾伟清、陈锋、魏华、许明敏、邓宇：《当代中医正骨十二家简介》，《西部中医药》，2012 年第 2 期。

氏对伤科内伤颇有研究，他认为：伤科内伤不同于内科内伤，其治以《血证论》为辨证基础，治疗原则以疏通内部气血为主。

正骨手法有林氏正骨十法：触摸、拔伸、持牵、按压、提托、推挤、摇转、捏分、反折、理筋。常用的理筋法有：揉筋法、按筋法、拿筋法、推筋法、播转法、摩筋法。

3. 北京刘氏正骨

刘氏对伤科诊治以正骨手法、固定、用药和调养为基本治疗原则。强调手法的重要性，提出“七分手法，三分药”。在手法应用中，注重辨证论治和手法纯熟，强调“一旦临证，机触于外，巧生于内，手随心转，法从手出”，达到“心手相应”的境界。刘氏认为筋骨之损伤必及于气血，故此治疗筋骨损伤，调理气血当为首要。刘氏强调伤科治疗因病而异，法施有套，从颈、腰到四肢各部位都有一套完整的手法。

正骨手法刘氏接骨八法，即推、拿、续、整、接、掐、把、托。上骸八法：提、端、捺、正、屈、挺、扣、捏。治筋八法：戮、拔、捻、挺、捋、归、合、顺。在诊治伤筋时，刘氏认为“筋喜柔不喜刚”，手法应柔韧和缓，外柔内刚。在治疗脱骸时，上骸八法的运用突出一“摘”字，亦即“欲合先离”之意。其接骨之时是筋骨并重，指出伤骨必伤筋。

……

还有少林杜氏伤科、上海石氏伤科、辽宁苏氏正骨、四川郑氏正骨、上海魏氏伤科、广东何氏伤科、天津苏氏正骨、北京罗氏正骨、湖北李氏伤科等，一共12家。

我将这12家流派的特点一一细细看过，这期间张金东也根据我看的进度为我讲解各家的情况。“金东哥，不瞒您说，我这个门外汉觉得各家的手法好像……差别不是很大。”斟酌了一下用词，我坦白道。

“这个就要我给你讲啦。”张老放下茶杯，倾身向前，拿过我手中的资料说，“咱们正骨，是不是就是把错位的骨头恢复到正常的样子？”

我略一思索，不论是骨折、脱臼还是扭伤，都属于骨头错位了，那通俗地讲，正骨可不就是将错位的骨头恢复到正常的样子嘛！

张老见我多了分了然，微点了点头继续道：“咱们传统文化里，讲究一个‘悟’，各家的医术在传承的时候，即便是一个简单的手法，也会不断地去悟。比如发力点是腰、肩、臂还是腕？每一个手势在给徒弟讲解的时候如何能精准地讲出技巧让徒弟习得要领？师傅领悟完教给徒弟，徒弟继续思考，在师傅的基础上又精细升华一下，所以到最后在非正骨医者眼中一个拉拽的动作，在各个流派世家中就有了‘拔伸’‘牵’之分；而又因为各家历经几代的临床实践，手法的顺序、身体的配合、筋骨的舒展顺序都有所不同，这就使得每家的手法都与众不同而独具特色了。大概就是这么个意思。”

“那咱们张氏回医正骨和其他各家流派在手法上有什么区别吗？”我问道。

张老笑眯眯地看向张金东，后者推了推鼻梁上的眼镜，镜片后那双和张老十分相像的眸子带着笑意。“区别肯定是有的，各流派的正骨手法都是经历几代人实践总结出来的，肯定有各自的习惯和经验在里面。但是我们这个流派和别的流派最大的区别不是在手法上，而是其他方面。”

“从民族医的角度来讲，咱们国家的 56 个民族中，除了汉族有 55 个少数民族，像蒙医、藏医、苗医等众多的民族医都是在华夏土地上自然产生的，只有回医是内外结合的产物——阿拉伯医学和中医。所以从这点来说，回医与其他民族医就有本质上的区别。再说正骨流派中，清宫正骨、洛阳郭氏正骨、重庆燕庆门骨伤、南少林骨伤等，多多少少都跟这个宗教有千丝万缕的关系，有和道教有关的，还有和佛教有关的。回族医呢，肯定离不了伊斯兰教呀，比方说忌用回族忌用的药物与制剂，保持回族习俗的等，都是围绕《古兰经》和伊斯兰教的。”

“所以和其他的民族医相比较，我们有医术来源上的不同；和正骨流派中的其他各家比，我们有宗教习俗上的不同。”

张金东顿了顿，又继续说道：“上次我去参加学术流派会议的时候，又发现了一点，也是我们这个流派最大的一个特色。其他流派我都研究过，他们只看骨伤，不看烧伤不看疮疡这些外伤疾病，唯独我们这个流派看这些病。《回回药方》过去不只有折伤，还有烫火伤、棒疮齿伤、金创伤。什么叫金创，过去冷兵器时代打仗都用刀枪剑戟，那个时期刀伤剑伤戳伤造成的外伤特别多，所以叫金创科。我们这个流派呢，就保留了《回回药方》里折伤、骨脱出伤、烫火伤和金创。过去叫六门十类：折伤门、金创门、烫火烧伤门、棒疮齿伤门等。这个特色全国其他的正骨流派中是没有的，我准备下次再去参加学术交流会的时间就要提到这个。从我们流派自己的特色来讲就是既有骨伤，又有烧伤创伤，虽然是叫张氏回医正骨疗法，但是不只是有正骨。”

“嗯，我的针灸也还可以。”张老补充道。

只有张氏回医正骨流派除了骨伤还看烧伤创伤？那岂不是具有了唯一性？我有些不太确定，抱着求证的态度又问了一遍：“那其他骨伤流派没有这个特点吗？”

张金东摇摇头：“没有这个特点，我去开会的时候问过各个流派的参会代表，都是只看骨伤，不看外伤和烧伤疾病，我们是这 3 个都看。上海的石氏伤科，还有洛阳的郭氏伤科我都去他们的医院交流过，也观摩过他们给病人治病的过程，在骨伤的手法治疗上我们也曾经切磋讨论过，但是像外伤和烧伤都没有。”

在今天来采访前，我在网上搜索学习了大量关于中医流派的资料，大多是关于我国中医流派分类的信息，很多知识都是空白模糊的。对于张氏回医正骨流派在正骨界中有怎样的地位和价值，说实在话，真的是盲人摸象没有概念，现在听了张金东的介绍，才恍然大悟——原来这个流派还填补了正骨界的一个空白！

二、中医之殇，或有转机

“您刚才讲的这些特点我觉得很有价值。之前我自己也查阅资料看了些正骨流派的信息，但是并不能很好地认识到各个流派的特点。”我坦诚道。

怎料张氏父子闻言轻叹一声，张金东看了看父亲，又把目光转向我说道：“不瞒你讲呢，现在整个中医正骨领域西化很厉害。中医正骨的精髓就是手法，手法这部分很多地方都没人做了，都西化做手术了，像中国中医科学院望京医院那么大一个中医骨伤研究培训基地，我在那进修过，我们医院也有大夫去那进修，可以手法复位的骨折都是做手术切开钉钢板。我们这些从事传统正骨的医师都觉得，这是中医之殇啊。”

“为什么会有这种现象呢？”

“很多原因造成的。”张金东为父亲添了杯茶水，又看向我的杯子，见我杯子还满着就放下水壶继续说道：“第一是人才培养。现在学西医的比学中医的多得多，你学西医可以采用量化的办法把知识和学习要点明确化，但是学中医有很多需要时间的沉淀和经验的积累，学习难度比学西医大。第二就是费用和效率问题了。学手法治疗给病人治病的时候几分钟正骨复位了，但是这背后是几年甚至是十几年的手法学习，而且收费比较低；手术就不一样了，病人觉得切开清清楚楚地看到哪里有问题比用手摸着复位更让人心里踏实，而且从医院的角度讲投入了设备、材料，收费也相对会高一些。人家有专家就说了，是‘廉’把中医害了。比如，腰椎扭伤，找西医做个核磁，全套检查需要几千元。而回医就凭手摸摸、捋捋，搬一下几十块钱，连片子都不用拍。‘越贵的就是越好的’，这样的消费心理，直接影响了民族医的发展。”

张金东感叹道：“说到底，还是在我国现存的医疗体系中，人们对民族医多少存有偏见。”对于张金东的话，张老默然。

作为一个学习民族学专业的人，我更倾向于将张氏父子口中的“偏见”理解为“条件反射”。为什么这么说呢？偏见，是主观色彩浓郁，经过思考分析后的选择；而条件反射，是原来不能引起某一反应的刺激，通过一个学习过程，就是把这个刺激与另一个能引起反应的刺激同时给予，使他们彼此建立起联系，从而在条件刺激和条件反应之间建立起的联系。举个简单的例子，在面对丰富多彩的民族文化时，人们普遍是热情欢迎投入其中，看看近年来旅游的热点地区就知道了，越是民族特色浓郁的旅游景点越受到人们的追捧。这说明大众对于具有民族特色的东西并不排斥，甚至是比较欢迎的。但同样是具有民族特色的民族医学，为何就被大众无视或排挤了呢？

因为几十年来，从60后到现在的10后，大家在看病这个问题上有且只有接触过一个词“西医”。感冒发烧，吃药打吊针；身体检查，有高科技的检查设备；至于你说中医？老一辈或许会定时去中医院做做理疗保健，或者抓服中药调理身体什么的，而年轻人则一溜烟跑没影了。中医尚且如此，更何况民族医？大街上如果随便拉几个年轻人问："你知道什么是民族医吗？"对方十有八九会一脸茫然地回答"没概念""没听过""不知道"。

"所以不是人们对民族医或多或少的存有偏见，而是大众在遇到病痛时条件反射地只会想到他们看到听到最多的西医。"我在心里悄悄地嘀咕着。要改变现状，单靠民族医从内发力去宣传推广自己是不够的，还需要来自其他力量的引导和帮助。好在政府出台了专项政策扶持推广民族医，2011 年的时候，张氏回医正骨作为"国家公共卫生资金专项民族医药适宜技术推广项目"，在银川市举办了两期培训班，当时来自区内 28 家中医院相关科室的技术骨干 160 余人参加了培训。

"推广培训后情况应该要好些了吧？"我问道。

张金东爽朗一笑，说道："当时这件事让我们是既自豪又惊讶。你想啊，我们是民营医院，28 家公立医院派医生来进修，还主动要求搞技术合作、技术支持，这在原来是不敢想象的。对于民营医院来说，公立医院是'老大哥'。现在'老大哥'放下了身段，一方面是因为政府重视，另一方面是因为我们有货真价实的过硬技术。借着这个机会，我们和公立医院间的互动往来也密切了起来，在推广回医手法正骨的同时，还能相互交流经验，取长补短。当然也不可能短短两期培训就能让公立医院的技术骨干们转成回医正骨师，但重要的是，通过这个培训班让更多的西医可以了解回医正骨，慢慢地，会有越来越多的医师和患者了解和接触到咱们的回医正骨。"

"最近这两年国家出台了好多政策，鼓励中医和民族医的发展，这让我们看到了未来发展的希望。父亲经常给我们兄妹几个说：曾经那么艰难的日子我们都挺过来了，在现在这个好时代，更要坚持传统手法正骨，不忘初心，把咱们张氏正骨骨伤、烧伤、烫伤三伤同治的特点发扬光大，让它成为正骨界一支后起新秀。”末了，张金东缓缓而坚定地说道。

第九章 “小老三”的春天

医界有个不成文的规矩，认为“西医一流，中医二流，民族医三流”，民族医学似乎就成了爹不亲娘不爱的“小老三”。但是，张老却不甘心让有着专科优势的回医当一个默默无闻的“小老三”。他和孩子们一起申请自治区课题、撰稿出书、积极参加社会公益活动，吸引着越来越多的人关注和重视张氏回医。

第一节 心中的执念——非物质文化遗产

一、思考与探寻

张老忙的时候，我就自己去医院这儿逛逛那儿看看地找素材，再加上平时跟着张老在医院工作的时候也经常跑上跑下，不知不觉间竟对吴忠和银川一共 7 层楼的医院熟悉到闭着眼睛都不会走错房间的地步。

医院走廊的墙壁上挂了很多宣传板，有宣传医院文化的，诸如医院五种精神的“亲情服务精神，技术创新精神，廉洁行医精神，无私奉献精神，团结协作精神”的；还有宣传回药特色、医疗技术的。有时我也会站在宣传板前静静地看着上面的内容，今天意外发现一件经常接触但总会无意间漏掉的信息。

在一张绿底介绍张氏四代传承人的图上，赫然写着“国家级非物质文化遗产”10个大字。我又看了看其他或张贴或悬挂出来的宣传板上，都有“非物质文化遗产”这几个字，依稀记得张老办公桌上还有非物质文化遗产传承人的奖牌和证书。

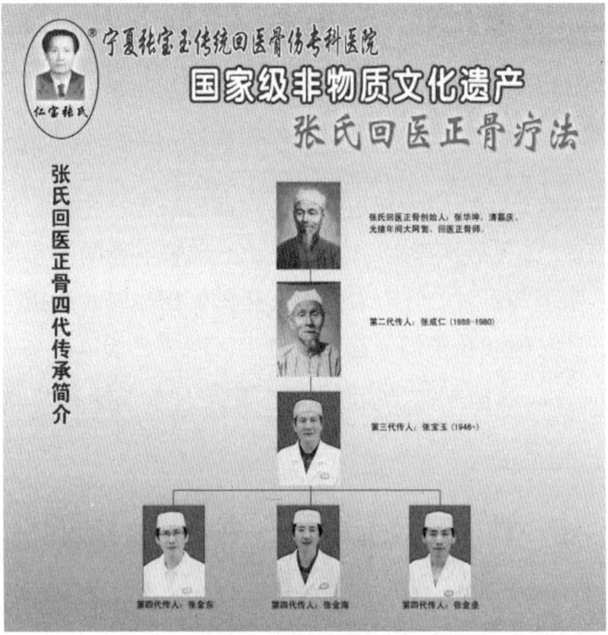

张氏回医正骨的传承谱系

以前看过由联合国教科文组织拍摄的世界遗产纪录片，片中展现出的世界遗产那美轮美奂的自然风光与悠久丰富的人文历史让人叹为观止。九寨沟、敦煌莫高窟、泰姬·马哈尔陵、科隆大教堂、波多尔月亮港……大自然的鬼斧神工或人类的智慧凝结出的杰作，让人觉得“此景只应天上有，人间哪得几回闻”。看过它们的颜色后其他的景致都黯然失色，那些是大自然和前人留给后世人类的遗产。自那之后我对“遗产”就留下了深刻的印象——让人敬畏向往的杰作。

回过神来，置身在医院中的我扭头看了看四周：朴实无华的白色墙壁，端着医疗器材匆匆擦肩而过的医护人员，充满了特制骨伤药膏气味的空气……再想到张老那和蔼可亲的面容，我不禁有些恍惚。这真的是“人类的遗产”吗？与我认识中的“遗产”相比较，怎么这么接地气？

心中有了疑问，像种子一样不一会儿就生根发芽越长越大。带着求知，也是为自己解惑的心理，我从医院出来，就近寻了个可以用 Wi-Fi 的地方，用手机联网上网搜索答案。“有问题找百度”，我在搜索栏里键入“非物质文化遗产”，一瞬间就显示了出“百度为您找到相关结果约 1,740,000 个”。

好家伙，这么多内容啊！

我暗自咂舌，怪不得现在都说：“联网，就能站在世界信息的中央。”网络果真是取得信息最快最便捷的手段了。

定了定心神，我向搜索出的结果细细看去。搜索结果的第一条是“非物质文化遗产”的百度百科，点击进入，一段文字映入眼帘。

> 根据联合国教科文组织《保护非物质文化遗产公约》定义：非物质文化遗产（intangible cultural heritage）指被各群体、团体、有时为个人所视为其文化遗产的各种实践、表演、表现形式、知识体系和技能及其有关的工具、实物、工艺品和文化场所。各个群体和团体随着其所处环境、与自然界的相互关系和历史条件的变化不断使这种代代相传的非物质文化遗产得到创新，同时使他们自己具有一种认同感和历史

> 感，从而促进了文化多样性和激发人类的创造力。
>
> 根据《中华人民共和国非物质文化遗产法》规定：非物质文化遗产是指各族人民世代相传并视为其文化遗产组成部分的各种传统文化表现形式，以及与传统文化表现形式相关的实物和场所。包括：(一)传统口头文学以及作为其载体的语言；(二)传统美术、书法、音乐、舞蹈、戏剧、曲艺和杂技；(三)传统技艺、医药和历法；(四)传统礼仪、节庆等民俗；(五)传统体育和游艺；(六)其他非物质文化遗产。属于非物质文化遗产组成部分的实物和场所，凡属文物的，适用《中华人民共和国文物保护法》的有关规定。[①]

短短两段文字，将非物质文化遗产的定义、我国的相关法规、涵盖内容都做出了明确的解释，让人一下子就能明白了什么是非物质文化遗产。我继续向下看去，在进度条下拉到 2/5 的位置，看到一段关于非物质文化遗产对我国以及世界各族人民很重要的文字。

> 非物质文化遗产是各族人民世代相承、与群众生活密切相关的各种传统文化表现形式和文化空间。非物质文化遗产既是历史发展的见证，又是珍贵的、具有重要价值的文化资源。我国是一个历史悠久的文明古国，不仅有大量的物质文化遗产，而且有丰富的非物质文化遗产。我国各族人民在长期生产生活实践中

---

①“非物质文化遗产”百度百科 http：//baike.baidu.com/link？url=4baMjP2p8AqgTK9_XVPvXdYpF5irgjty1Gip6hxKhoLSJNZYkTZhxiBWPbG7qdUnN7JWLxhPfjG5eA3SDG74Ta.

> 创造的丰富多彩的非物质文化遗产，是中华民族智慧与文明的结晶，是连接民族情感的纽带和维系国家统一的基础。保护和利用好我国非物质文化遗产，对落实科学发展观，实现经济社会的全面、协调、可持续发展具有重要意义。非物质文化遗产的普查，是国家在 21 世纪初进行的一次大规模的文化普查，是掌握全国及各地区非物质文化遗产蕴藏状况和了解民情民心的重要手段。普查所得的资料和数据，作为全面分析国情的重要资料之一，是国家或地区主管机构制定文化政策乃至制定国策的重要依据。非物质文化遗产普查又是对非物质文化遗产进行有效的保护，对濒危的非物质文化遗产进行抢救的基础。因此，根据国务院统一部署，对全国各地区的非物质文化遗产所进行的普查，无论对非物质文化遗产的继承和发展，还是对国情的调查，都具有重要意义。①

这段文字让我意识到曾经自己对“人类的遗产”的认识是多么的片面，也引发了新一轮的思考。巍峨的高山、秀美的河川、震撼的建筑……这些有形的东西只要存在于那里，就能被后人观摩、学习和感慨。而诸如音乐、技艺这些无形的东西，包含了人类的情感，包含着难以言传的意义和不可估量的价值。因此，无形的东西往往比有形的东西更加重要。一个民族的非物质文化遗产，往往蕴藏着传统文化的最深的根源，保留着形成该民族文化的原生状态以及各民族特有的思维方式等。

---

①“非物质文化遗产”百度百科 http：//baike.baidu.com/link？url=4baMjP2p8AqgTK9_XVPvXdYpF5irgjty1Gip6hxKhoLSJNZYkTZhxiBWPbG7qdUnN7J W LxhPfj G5e A3SDG74Ta.

可以说这就是文化的命脉！

非物质文化遗产的存在与其所存在的社会背景和社会环境有着很大的关系，植根于人们所在的时空、社会活动。正是由于这种“接地气”的特性，使得非物质文化遗产的破坏和消失更不易被人们所察觉。比如20世纪80年代初在我国还随处可见的皮影戏、木偶戏，现在只能在一些特定的旅游区才能看到；如今在工艺品店里售价高昂的剪纸艺术，在几十年前的中国农村，几乎一半以上的妇女都会。现代化的冲击，丰富的电视节目和现代人的快节奏生活方式，使得许多传统的民族的表演艺术失去观众。就拿2001年获得联合国教科文组织第一批“人类口头和非物质遗产代表作”桂冠的昆曲艺术来说，全国6个昆曲院团每年究竟演出多少，有多少观众，结果恐怕并不乐观。

现代化的冲击，现代化、商品化带来的种种变化，使非物质文化遗产失去了原有存在土壤和社会环境，也就慢慢走向了消亡。

想到这儿我唏嘘不已，历史传递到我们手中的瑰宝，多数已经明珠蒙尘了，好在还有高瞻远瞩的人们建立相关的机构和制度来保护这些“明珠”。恐龙虽然从地球上消失了，但我们还能从博物馆中看到它们的化石；无形的文化消失了，那就真的是一缕青烟随风了无痕了。

二、执念与动力

经过两天的思考，在我觉得自己对非物质文化遗产有了更加全面的认识后，我约了张老，想请他谈谈自己对非物质文化遗产的看法。张老正好打算第二天到银川来看看工地上的施工进展，于是很痛快地答应了下来。

第二天下午，我在工地上找到了正在视察的张老。夏季的午后，天空干净得没有一丝云彩，阳光直直地照在工地后院的土地上，蒸腾起的热气让空气都发生了细微的扭曲。透过颤抖的空气，我看到了在工地上到处走走看看健步如飞的张老。今天张老戴了顶白色绣浅黄色暗纹的小帽，上身穿着件冷色细横条纹短袖衬衫，黑色长裤，脚上是双软皮凉皮鞋。他看到我后，侧身向身边的工程监理交代了两句，就朝我走来。

“走走，咱们去老医院办公室聊去，这工地上土大的。”张老朝我挥挥手招呼道。

我随着张老回到老医院的行政区，在路过综合办公室时，张老让我在门口稍等一下。综合办公室里的两位工作人员都在忙着接打电话，看到张老进去，其中一个年纪稍轻一些的连忙要站起来。张老摆摆手示意她坐下不用站起来，用很亲和的声音问道：“咱们非物质文化遗产的资料你给整理出来了没?”工作人员向办公桌左上角看去，张老循着她的目光看到了静静放在那里的一摞资料，还不待工作人员说什么，张老就上前拿起资料冲她点点头离开了办公室。

回到办公室，张老将手上的资料放在茶几上，招呼我自己给自己倒水喝。来的次数多了，我和张老的相处模式也变得更加随意自然，尤其在喝水这件事儿上。

张老摘下小帽，轻扣手指，细致地弹掉小帽上的浮尘后才将它挂在衣架上，随后他取了块手帕擦了擦额头上的细汗。做完这些后，张老这才坐在沙发上抿了口茶，舒坦地呼出一口气说道：“以前年轻的时候太阳下跑一天都没事，现在年龄上来了，才这么一会儿就觉得累。”说着他又拍了拍刚才抱回来的那摞资料，“这都是我让整理出来的咱们这个非物质文化遗产的资料，你看你是在这边看呢，还是带回去看都行，带回去的话就过几天看完了再拿过来。”

我取过最上面的一份资料，一边翻看，一边心下快速地思考着：虽然张老说可以带回去看，但这些资料都是医院存档的，破损油污或者丢失了我可是担待不起的，保险起见还是在这里看完的好。于是我放下手中的资料，望向张老说：“张老，前两天我自己找了些关于非物质文化遗产的资料看了看，也思考了一些，但是现在对咱们这个张氏回医正骨还有些不太明白的。”

“你哪些不明白呢？你问。”张老用手指沾了些晶莹剔透的绿色药膏，一边涂抹在手肘处一边说。

我看了看他的手肘，那里的皮肤红肿了一大片，还起了些小疹子。张老说过他的皮肤薄，怕晒，太阳直晒一会儿后就会红肿起来火辣辣地疼，今儿烈日当头，看张老现在皮肤红肿的程度，就知道他肯定整整一中午都在工地上忙乎。这么大年纪了还在努力拼搏……心底有些异样的情绪涌动，我连忙别过眼睛，想起正在继续的话题，问道：“比如您最初是怎么想到要申请非物质文化遗产的？申请的动机是什么？”

张老一听，呵呵笑了起来：“说起来是个意外呢。刚开始时我们并没有这个（非物质文化遗产）概念，就想着像一般的私人医院一样把手头能做好努力做好。完后有一天，就接到政府部门打来的电话，说过有领导要来参观我们医院，是哪来的领导来干啥别也没说。我们就奇怪得很，怎么突然就有领导要来检查？后来到领导来了，才知道原来是国家文化部的领导，完后才从别人那听说来为啥这国家文化部的领导要来我们医院考察。”

“具体情况也是听别人说的，听别人说附属医院有个陈主任，专门看肾病，他老家是吴忠这边的，就是我们巴浪湖农场的。陈主任家的兄弟以前腿骨折了，我们给看过，都是学医的么，陈主任就因为他兄弟的事儿对我们有了了解。附属医院是咱们区上的大医院，偶尔的机会就有国家文化部的领导去附属医院，领导去了问起来咱们宁夏这边有没有医药方面的类似这种民间流传的技艺啊什么的。这个陈主任就想起来我们医院了，给领导说：‘吴忠有，找那个张接骨匠，他就有家里传下来的手艺。’后来就是文化部的副部长来我们医院考察，当时吴忠市市长、卫生局局长、区上卫生厅的领导都陪着一起来的，很重视这个事情啊！别领导们在我们医院整体地看了一遍我们的正骨、烧伤、烫伤疗法，考察完对我们这个（技术）评价很高，就顺便问了句我们现在这个手艺传承是怎么弄的。我们就说了：‘就是父传子、师傅带徒弟那样往下传么。’别领导点了点头，后来要离开的时候就给我说建议我们去申请非物质文化遗产。”

“您当时了解什么是非物质文化遗产吗?”此时张老已经涂抹完药膏，而我也调整好情绪将注意力全部放在正在进行的谈话上。

“最开始的时候不知道么。”张老答道，“人家领导走了后，我们就赶紧到处找资料。那会儿这些事情都是让几个儿子弄的，他们年轻懂新技术，会上网找个啥，等他们找好了，再整理出来让我也学习，也是学习完才知道了什么是非物质文化遗产。以前光知道手艺和技术要子子孙孙地传下去，有技术不说主要的还是能造福乡亲群众，自从了解了什么是非物质文化遗产后，这个心情就变了。”

“我们属于是‘拱北’的，大多数时候都是施药、散药，钱得的少得很；学习手法的时间也比较长，还累得很，所以如果不是自己家往下传，很少有人会主动来学的。以前我没给孩子们说过，为啥让他们都学医呢，就是怕万一他们自由选择职业，家里这个技术没人传承了怎么办。”张老轻叹了口气，揉了揉额角继续说道：“所以最早知道了‘非遗’后想的是‘这要申请上就可以吸引更多的人来学习我们这个技术’。后来了解得深了后想的是咱们传统医学传承了几千年了——可是现在的发展你也看到了，不单单是传统医学，好些传统的东西真都成了‘遗产’了……心里头这个担子重的呀，还有责任感……觉得光我们自己重视不行，最好还要让大家都知道、了解到(传统医学)，尽量去发扬光大!”

张老后面说得有些激动，他张着手臂在空中比画了好几下，想组织一个完美的句子来表达自己内心的想法，却最终说出了一句有些断断续续却朴实无华的心里话。

张老所说的“拱北”，是指“大拱北医术”，它的创始人是祁瑞峰。历代回族医学弟子都将其作为必修课程，学习钻研其中的理、法、方、药、术及药物采制技术。由于“大拱北”医者精于医药，且疗效卓著，人们把“大拱北医术”誉为“神医”，在回族医学体系中占有重要的地位。

至于“拱北”一词，则是由阿拉伯语 GUbba 音译而来，原意为拱形建筑或圆顶建筑。中国伊斯兰教四大门宦都有供信众走坟的拱北，被视为“圣地”，这些门宦以拱北为其重要宗教设施和教务中心。

张老抿了口茶水平缓了一下情绪，从旁边的那摞档案中翻出一份有些微微褶皱的资料。在确定要申请非物质文化遗产后，张老及子女们面临着一个新的选择——申请哪个级别的非物质文化遗产。资料中有一段用红笔画出的文字：“为使中国的非物质文化遗产保护工作规范化，国务院发布《关于加强文化遗产保护的通知》，并制定‘国家 + 省 + 市 + 县’共 4 级保护体系，要求各地方和各有关部门贯彻‘保护为主、抢救第一、合理利用、传承发展’的工作方针，切实做好非物质文化遗产的保护、管理和合理利用工作……知道有 4 级这个保护体系了，我就和孩子们商量呢看是准备申请哪个。”

“一开始我们想的是申请自治区的，完后再申请国家级的。但是商量来商量去，总觉得自己决定吧心里不踏实，完后突然有一天，忘记是谁了，说：‘咱们咋不上国家非物质文化遗产网那个上面看看呢啥？’这么一提醒，金东就想起来了，赶紧开电脑上网查么，还真找到不少可以用的。”说着张老走到办公桌后，弯腰拿起一旁的鼠标晃动了几下，还处在休眠模式的电脑就被唤醒了。

张老回头看向我，示意我走到电脑这儿来，“这些电脑啊什么的高科技的东西我不太会用，小魏你来这儿，用这个连上咱们国家非遗的这个网站上看看，我给你说我们当初是咋摸索着申请的。”

我绕过办公桌走到电脑前，张老本意是想让我坐着用电脑的，但椅子只有一张，咱怎好意思自己坐着而让老先生站着？于是相互推让了两下后，最终张老坐在椅子上，我蹲在椅子旁边操作键盘和鼠标。按照张老的指示，我打开了中国非物质文化遗产网。一打开网站，映入眼帘的是占据屏幕上方约 1/4 空间的正红色底抬头，抬头的左侧是彩旗飘扬的天坛，几个绛红色苍劲有力的毛笔字“中国非物质文化遗产网”映在天坛下方；右边则是一张精致妩媚的京剧花旦脸谱。

张老半握右手，食指轻点在抬头下方菜单栏的位置上，眯着眼睛从左向右地查看着，又指回第四栏“非遗介绍”说：“就这个，你点开看看。”我依言点开网页。张老看着页面说道：“你看这上面讲了‘什么是非物质文化遗产’‘为什么要保护’，还有‘保护工作的意义’，我们就是看完这些才知道具体该往哪个方向去努力。所以呢，金东就去查了国务院在2006年就已经批准了一批非遗，我们当时申请刚好能赶上第二批国家的这个‘非遗’的申请，于是大家一合计，这是个好机会呀，那就二话不说立马开始准备。”

“这开始准备了，我们就开始考虑是往哪个方向申请。当时正好去参加这个正骨各个流派的学术讨论会，会上就有已经申请了‘非遗’的中医正骨疗法的传承人，我和金东一起去开的会，下了会休息的时间就赶紧向人家请教么。”张老说到这呵呵笑着，据他讲当时请教的问题五花八门一个赶一个，可是把人家问了个扎实透彻，后来为了避免走弯路，张老回到银川后还带上医院的骨干去中医正骨疗法的传承工作室考察学习了好几次。

“当时第一批的‘非遗’国家批了 518 个，里面关于传统医药的只有 9 个，你找找看那个第一批的名录。”张老说。我在网站上搜索起来，打开后一看，果然如张老说的一样，第一批只有 9 个。

表 1　第一批国家级非物质文化遗产名录传统医药（共计 9 项）①

序号	编号	项目名称	序号	编号	项目名称
440	Ⅸ–1	中医生命与疾病认知方法	445	Ⅸ–6	中医正骨疗法
441	Ⅸ–2	中医诊法	446	Ⅸ–7	同仁堂中医药文化
442	Ⅸ–3	中药炮制技术	447	Ⅸ–8	胡庆余堂中药文化
443	Ⅸ–4	中医传统制剂方法	448	Ⅸ–9	藏医药
444	Ⅸ–5	针灸			

这 9 个名录中，只有藏医药是民族医学，其余 8 个均为传

①中国非物质文化遗产网 http：//www.zgfy.org.

统中医。传统医学在总名录中只占了 9/518，民族医学更是只有传统医学 1/9，但这并没有打击张老的积极性，反而让他在这 1/9 中看到了民族医的希望。“当时看完觉得这个事情你说困难，它真的很困难，518 个里面才这么几个个是传统医学；但你要说有没有可能做到，那是有的啊！所以我就给我们医院的（筹备申请非物质文化遗产的工作人员）说：‘咱尽最大的努力去做，能不能成都是后话。’”

“别人我不敢说，就我自己，当时把残留的 4 本《回回药方》、吴忠的县志、咱们区上回医研究院的报告都看了个遍，还去医科大（宁夏医科大学）找做这块儿研究的专家请教问题，可是看了不少书，做了不少准备呢。还和之前参加会议时认识的以及后来人家又帮我们联系的其他流派的传承人联系，人家听说我们这个情况后也都热情得很，二话没说，就把别当初申请国家非遗的本子发给我们让参考。那段时间大家忙得都没睡过一个安稳觉，又是查找历史资料，又是写文章总结我们这个流派正骨手法和学术思想的，反正没一个人说累，都绷着劲儿，最后把个厚厚一本申请书送上去的时候，都累瘦了一圈。”那段“大家共同努力办大事”的日子让张老记忆犹新，现在想起来仍让人感慨万分。

在第二批的国家级非物质文化遗产名录传统医药项目中，民族医的数量增加了很多，8 个项目中 6 个都是民族医学。张老家的“张氏回医正骨”虽然来自回回药方，但并不能代表整个的回族医学，所以和汤瓶八诊一起作为回族医药被收录其中。同期申请的其他项目，有些因为其所在的项目名称已经在第一批中有项目收录，则作为第一批名录相同项目下的扩展项目被收录。

表 2　第二批国家级非物质文化遗产名录传统医药（共计 8项）[①]

序号	编号	项目名称	序号	编号	项目名称
970	Ⅸ-10	中医养生	974	Ⅸ-14	瑶族医药
971	Ⅸ-11	传统中医药文化	975	Ⅸ-15	苗医药
972	Ⅸ-12	蒙医药	976	Ⅸ-16	侗医药
973	Ⅸ-13	畲族医药	977	Ⅸ-17	回族医药

几乎是同一时期，宁夏回族自治区的区级非物质文化遗产保护工程也在紧锣密鼓地展开。经 2007 年 1 月 9 日自治区级非物质文化遗产保护工程专家委员会评审，在全区各市、县申报的 58 个项目中，遴选出 32 项自治区非物质文化遗产名录推荐项目，报自治区非物质文化遗产保护工程领导小组审定。已入选国家级代表作名录项目的《宁夏回族山花儿艺术》《宁夏回族民间器乐及其民俗》《宁夏回族传统服饰》3 个项目直接进入自治区代表作名录。正在申请国家级第二批非遗项目的张老家得到消息，自然是不会放过这个机会。

“反正都是要报申请写本子，我们前面的准备工作也都做得充分，就连着写了申请区级项目的本子。哎，对了，说到这儿我想起来个事儿。”张老语调一转看向我，清亮的眸子里一闪一闪的，“你是做我们回族研究的，区上第一批里有好些个项目你有空了也可以去看看，比如海源的回族婚礼、中卫那边的祭河神，还有隆德高台马社火，我给你说啊，去开会的时候听了人家这些个项目的介绍我都心动的，要不是医院这边实在太忙，真想过去亲眼看看它们都是怎么回事。回头你要是去看了，记得给我讲讲都是个什么情况啊。”

张老说得我也对这几个项目产生了浓厚的兴趣，心想赶明儿一定要去见识一番！

---

①中国非物质文化遗产网 http：//www.zgfy.org.

表 3　传统医药（17 项，合并后为 12 项）

序号	编号	项目名称	申报地区或单位	备注
1	Ⅸ-7	中医养生（药膳八珍汤、万应茶）	山西省太原市 福建省晋江市 福建省永定县	1
	Ⅸ-16			2
				3
2	Ⅸ-1	鹤年堂中医药养生文化	北京市	4
3	Ⅸ-23	九芝堂传统中药文化	湖南省	5
4	Ⅸ-24	潘高寿传统中药文化	广东省广州市	6
5	Ⅸ-25	陈李济传统中药文化	广东省广州市	7
6	Ⅸ-35	同济堂传统中药文化	贵州省贵阳市	8
7	Ⅸ-9	蒙医药（赞巴拉道尔吉温针、火针疗法）	内蒙古自治区	9
8	Ⅸ-13	畲族医药（痧症疗法、六神经络骨通药制作工艺）	浙江省丽水市 福建省罗源县	10
	Ⅸ-15			11
9	Ⅸ-30	瑶族医药（药浴）	贵州省从江县	12
10	Ⅸ-33	苗桥药（骨伤、蛇伤疗法、“九节茶”药制作工艺）	贵州省雷山县	13
	Ⅸ-34		贵州省黔东南苗族侗族自治州	14
11	Ⅸ-36	侗医药（“过路黄”药制作工艺）	贵州省黔东南苗族侗族自治州	15
12	Ⅸ-48	回族医药（张氏回医正骨疗法、回族汤瓶八诊疗法）	宁夏回族自治区吴忠市	16
	Ⅸ-49		宁夏回族自治区银川市	17

（张氏回医正骨和汤瓶八诊一起作为回族医药被收录在第二批的国家级非物质文化遗产名录传统医药项目中）

在第一批国家级非物质文化遗产名录中，宁夏有 3 个项目榜上有名。由于是首批，又是民间极具民族与区域特色的文化项目，它们及其传承发展工作所获得的各方的关注也较高，加之第一批项目经费到位及时，已经取得了可喜的阶段性成果，让作为“晚辈儿”的第二批非遗项目传承人们很是羡慕。张老也不例外，他坦言道：“你想么，申请上了有知名度，有项目扶持资金，不管是从咱们说这个项目本身的发展还是对地方上的发展，都是有积极带动作用的。你最开始问我申请非遗的动机，这也是其中一个吧。”

我想到张老过往的经历，他是个极具个人能力与魅力的团队带领者，在申请非遗这样的大工程上，一定少不了来自其他人的帮助。这么想着，也就顺口问了出来：“那在这个过程中有没有来自他人的帮助呢?”

张老嘿嘿笑了两声，说道：“不瞒你说呢，在申请‘非遗’项目的时候各方领导给我们帮了很多的忙，帮助我们争取到了很多的项目。特别感谢咱们的干部，真心实意地为我们群众做事情。申请到了‘非遗’的项目之后，我们就能争取到更多发展医院的资金。现在发展什么都需要资金，可是（政府或用于项目的）资金有限，很多和我们同时申遗的项目都要资金，国家相关的领导还亲自责成自治区发改委给我们优先拨的款：‘那个某某某今年没有资金可以明年搞，某某某今年没资金也可以缓缓唱，还有某某某今年没钱了明年剪也可以，但是这个张接骨匠呢，他建设张氏正骨遗产保护基地，基建今年就急着用钱，谁骨折了能等到明年再看呢？所以先给哪个项目拨款这一目了然嘛。’真的是非常感谢领导们对我们的扶持，今年（2015 年）还从‘非遗’项目里拿到了 600 万的扶持资金呢，这笔资金对我们在银川新建的正骨医院来说真的是雪中送炭。”张老现在想起当时部长帮自己争取资金时说的这番话，仍旧是记忆犹新，语气中满怀着感激之情。

第二节　往北 300 米的新医院

从最初的小平房，到后来在吴忠建起的 4 层医院，每一次发展的背后都是张宝玉默默耕耘付出的身影。

“我现在的心情，就像马上要收获了的农民伯伯。”

深秋时节，站在已经全面竣工的新医院大楼前，张宝玉激动万分。

记得一年前第一次和张老见面时，就是在新医院的工地上，那时的建筑主体已经完成，内装工作才刚开始不久，一座高高的脚手架还搭在大楼正中的位置，工地上到处是飞扬的尘土和堆砌的建筑材料……一年后的现在，主楼外的空地收拾平整，铺上了砖石；素净的大楼外墙上铺设了 LED 灯和绿色的尖拱装饰；曾经搭立脚手架的地方是大楼气派的正面入口。整座大楼像一位恬静的回族少女坐立在那里，等待着迎接来自四面八方的客人。

在与张家人接触的这段日子里，他们说得最多、关心得最多的就是新医院了，不需要刻意再去问些什么，耳濡目染的，我了解了很多关于新医院的信息，也深刻体会到了张老对它所倾注的情感。

早期的张氏回医正骨（银川总院）是位于银川市北门金三角的一栋 3 层小楼，一楼为治疗科室、药房，二楼是住院部和巴掌大小的行政办公区，三楼则是住院部、回医正骨研究所。自 2005 年开门看病至今，张氏特色的正骨手法和良好的服务质量让越来越多的骨伤患者慕名而来，加之面临拆迁等问题，原有 2000 平方米业务用房已无法满足医院快速发展需要。2012 年秋天，在自治区各级党委、政府的关心支持下，医院计划异地搬迁扩建，通过向自治区政府提出申请，张家购得了清河北街金三角向北几百米的一块土地，用于新医院的建设。

从购地到设计建筑图纸，再到工程队招标、建设，这一系列的工作中都能看到张老忙碌的身影：工程自开工以来他就全程参与，不定期就去工地上监督工程进展；为了配合新医院的发展扩充医疗队伍，银川方面的医务人员招聘工作由张金东负责，吴忠那边则是他亲自上阵；甚至在遇到资金周转问题需要从银行贷款时，张老也会出面。这位负责任的老院长和老父亲总想尽最大的力为医院和儿女铺平前进的道路。换言之，医院于他，和儿女一般重要。

早些时候说起新医院时，张金东是这样说的："这个过程(新医院的建设过程)，可以说是一位农民伯伯在等待春天种下的种子一点一点长大成熟，也可以说是一位父亲在看着孩子一步一步成长起来。我们这个建筑设计图纸是委托轻工业设计院设计的，工程队通过招标招的，医院有专人担任工程的项目经理，说起来父亲只需要当个开心的甩手掌柜就好。但是老父亲这个人做事情特别地认真，像工地上的事儿，如果他没有亲眼见到，你说破天他也不相信，必须要亲自核实了才行。"

张老是个闲不住的人，这也是为何前文中多次提到我经常去工地找他的原因了。"老骥伏枥，志在千里"，说的就是张老这种老当益壮的人吧！

走入新医院大楼的一楼大厅，大厅整体采用了干净的乳白色做基调，不同于以往森白的装饰，乳白色看起来更加柔和恬静，让心急来看病的患者在进入医院的一瞬间就能感受到一种无声的安慰。

张老自豪而欣慰地环视四周，"小魏，你看看我们这个新医院怎么样?"眼神中掩饰不住的得意之色。

还没进入大厅时，我就开始仔细地观察四周了，又怎么会没注意到他刚才上扬的眼角？视线向上转去，天花板的正中是专门定制的巨大顶灯，中间为张氏回医正骨标志，周围是充满伊斯兰风情的手绘莲花型环灯，配合简单的圆与线条，构成了一个看似随意又用心至极的顶灯。单从一个顶灯就如此用心，实在不难想象整栋大楼张老付出了怎样多的心血！

随后他们又用一串美妙的数字进一步介绍了新医院的情况：总占地面积 20 亩；一期完成建筑面积 2.5 万平方米，其中医院综合大楼 15000 平方米、医技楼 3000 平方米、地下车库 6000 平方米及制剂室 600 平方米；固定资产近 1.5 亿元；建成病房 260 间，暂时开放骨伤床位 200 张……

“我们按照二级甲等民族医骨伤专科医院的标准进行投资建设，届时将成为全区最大的回医骨伤专科医院。后面的二期工程将按三级乙等专科医院的标准，建造一座建筑面积 1.4 万平方米，床位 200 张的具有浓郁回医药文化氛围的回医骨伤专科医院。业务用房面积比起以前的 2000 平方米增加到 26000 平方米。科室方面除了传统的回医骨伤科、回医烧伤科、回医疮疡科、回医康复科，还增加了急诊医学科、内科、外科等临床科室和医学影像、医学检验等医技科室，相应的职能科室和工作人员现在也配置齐全了。”历经 3 年，新医院从无到有，一步步走到现在，张金东对新医院的各项情况可谓了如指掌，说起来更是信手拈来。“而且比起之前我们还会在优势科室上进一步加强。这次按照国家中医药管理局重点民族医医院的建设要求，采取‘大专科、小综合’的策略，围绕回医骨伤专科开设 6 个病区计 200 张床位，侧重于手法正骨、创伤、关节、骨病、脊柱、显微外科、康复等领域。将设置急诊、麻醉、ICU、门诊等临床科室及检验、影像等医技、特检科室和中西药剂科，其中门诊设有回医骨伤、骨病、骨不愈合、风湿痛、腰腿痛、颈椎病、股骨头坏死等专科及回医烧伤、回医疮疡、回医肛肠、回医康复、回医针灸、回医推拿、针刀、回医内外科、西医内外科等科室。医院还将加大设备投入，计划购置进口核磁共振机、螺旋 CT 机、数字遥控诊断放射系统及自动生化分析仪等一大批先进医疗仪器设备，手术室还开放 100 级的层流手术间……”

与张老父子相识以来，我从未见过他们有如此激动的时刻。听着他们的介绍，我仿佛看到了不久的将来，新医院全面投入使用后的美好景象。其实于心而言，我们都不希望医院里出现人头攒动的景象，人越少说明生病的人越少；但是如果确实有需要救助的病人，张氏父子希望他们能为患者提供更好的环境、更优的技术和更温暖的服务。

这间新医院的建成，不仅标志着民族医在医学界地位的上升、政府和群众对回族医学的重视与信任，也是张氏回医正骨在“非遗”文化传承上取得的阶段性成就。

第三节　中阿论坛上的绽放

2015 年 9 月初的一个傍晚，在结束了一天的参观学习后，我回到了位于悉尼市中心的酒店里，回到房间，稍作休息后我拿出了笔记本和钢笔，开始记录最近几天的所见所闻。

这已经是我来到澳大利亚的第 6 周了。

思绪飘回到不久前。

6 月初，我参加了宁夏大学的一个国际访学项目，在经过递交申请、审核、面试、考核等一系列流程后，终于过五关斩六将从 300 多名申请者中杀出重围，争取到了珍贵的访学名额，和其余 27 名来自各个专业的优秀研究生一同踏上了前往澳洲的旅程。

出发前 3 天，我特意去向张老道别。经过了大半年的交往相处，我和张老以及张老的家人彼此建立了深厚的友谊，此次去澳洲差不多要两个月时间，不和朋友们道别就离开，实在不合适。记得那天找到张老的时候，他正和老伴儿一起逗弄 1 岁多点儿的孙子。两个老人抱着稚嫩的小宝宝，一会儿拉拉宝宝的小手，一会儿摸摸小家伙肉嘟嘟的脸蛋，笑得合不拢嘴，场面温馨极了。我坐在一旁和张老聊天，一开始还只是偶尔摸摸小宝宝，不一会儿也抵挡不住孩子“咿咿呀呀”的可爱样子，接过来抱在了怀里。

“澳洲我去过，那是我最喜欢的地方了，如果有机会准备带着家人再过去一趟。”张老在听说我要去澳洲学习一段时间后，咂吧着嘴说，“那边的环境好，城市里的街道特别干净，我五六年前去的时候，就看好多年轻人，穿高跟鞋走累了就把鞋脱下来光脚在路上走，干净得很！还有那个海滩，白沙碧水，绿油油的草坪，你看着那些风景，心里头会不由自主地安静下来。我们去的城市都在海边，我就每天早早起来，天还蒙蒙亮的时候就和儿子们出去散步，尽量沿着海边走，看着太阳一点点升起。我给你说啊，那感觉啥时候想起来都回味无穷。”张老讲起他对澳洲的美好记忆，让我觉得此时此刻的他仿佛一颗心已经飞回了澳洲。

随后张老又给我讲了些注意事项，比如澳洲人口少，晚上6点后就不要出门了；出远门要带些常用的药品，尤其是感冒药、消炎药、肠胃药等；那边的自来水不好喝，总有股漂白粉的味道，带点茶叶泡水会好很多；那边有些药不错，很有当地特色，可以的话带些回来给家人用……我认真地听着记着，偶尔还做做笔记。诸如此类的内容，家人、老师、朋友都已经多次交代过了，但每次听到这些时我都会认真地听。就像此刻，听着张老充满关怀的细致交代，我感觉心里暖暖的。

“滴滴”，一声微信提示音将回忆打断。我拿起手机看了看，居然是张金东给我发来的信息：“魏老师，下周在国际会展中心召开中阿博览会，我们医院作为中阿健康产业博览会宁夏展团的一分子也参加展会，您有空来展会上转转。我给您打电话，一直提示是关机，希望您能看到这条信息。”

由于在澳洲学习的时间比较长，为了方便与同学和家人联系，到澳洲的当天我就办理了当地的电话卡，而国内的电话卡则收在钱包里，只有每天晚上临睡觉前才会换到手机上，查看是否有重要的短信或未接电话提醒。

看完信息后，我立即放下钢笔给张金东回电话。由于时差关系，这时的澳洲是晚上 11 点，国内则要早 2 个小时，还是晚上 9 点。很快电话就接通了，也许是拨打国际长途会显示出奇怪的号码，电话那头张金东的声音听起来很礼貌地带着些迟疑。我自报家门，并向他说明我收到了他的信息，但很遗憾我目前仍然在国外，回国时展会都结束好多天了。张金东这时还在医院加班，和同事一起准备展会上需要用到的物品，听到我这么说，他也表示很遗憾。

“展会上将有来自阿拉伯地区的诸多国家代表参观各展位，届时一定会产生一些中阿文化碰撞的火花，错失掉这样一个观察学习的好机会，确实可惜。”挂了电话，我有些惋惜地想。不过，虽然我本人不能去展会上观摩学习，但是可以请别人代我去收集些图文资料，想及此，我迅速编辑了一条信息发给张金东，拜托他将展会上的资料信息留一份给我。很快就收到了他的回复：“没问题！”

一、小别两月再见面

回到国内已经是大半个月之后了，在短暂休整了两天后，我带着给张老买的澳洲土特产“木瓜膏”去看望他。

其实我是完全不需要时间来休整的。回来时虽然坐了 13 个小时的长途飞机，但因为一路上良好的睡眠质量，下飞机时的我面色红润、精神抖擞，可以两手各提着一个 23 公斤重的行李箱轻松下台阶，前来接机的家人看到我饱满的精神状态时还感叹“年轻人就是身体好”。可中午还精神抖擞的我，到晚上就蔫蔫地窝在沙发上成了“尿包蛋”。说起来实在难为情，下了机场高速，我甚至来不及回家放下行李洗把脸，就直奔想念已久的火锅店，点了一份热辣腾腾的麻辣火锅，涮羊肉、金针菇、豆腐皮、豆腐这些涮火锅必备菜统统吃了个遍，辣得冒汗的同时直呼痛快。

嘴巴爽快完了，问题也来了。

几个小时后，肠胃兄弟开始抗议我刚才的行为——闹肚子，那感觉就像有两个小人儿在肚子里跳着热烈的街舞，很有节奏地扭动蹦跶着。之后的两天，平均每天去洗手间报道的次数都在两位数左右徘徊，虽然脚步发虚步履艰难，一贯坚信“身体具有强大自我调解功能”的我还是拒绝吃药，在家人同情的目光中一次次艰难地奔向洗手间。

“哈哈哈哈……”刚看到一脸菜色脚下发虚的我时，张老很是诧异，他还很委婉地说年轻人要多锻炼身体，不能久坐，久坐伤身。在听我说完前因后果后，张老笑得前仰后合。

“不是我肠胃脆弱，实在是家乡欢迎我回家的方式太特别了。”我捧着热腾腾的茶水，很无奈地说道。回想几年前，我可是借着节假日闯南走北游遍大半个祖国的旅游达人，各个地方的特色食物没少吃，什么油炸蝎子、蜂蛹、竹虫、草原老鼠、豆汁都能捏着鼻子吃下去，也没见任何肠胃不适。常在河边走，没想这次湿了鞋。

“那么你今天咋样了，有没有吃消炎药？”

“比之前好多了，我不管它，也没吃药，过两天应该就好了。”

闻言，刚才还笑眯眯的张老瞬间变了脸色，斥道：“胡闹呢！你这就是仗着年轻身体好瞎折腾！一般的换水土可以不用吃药，你这都几天了，很有可能是细菌感染，该吃的药还是要吃的，不能这么瞎折腾！腹泻时间长了伤元气。”说着张老起身拿起外套就要出门，“走，咱们这就往医院去。”

去医院？难道张老要带我去看病？我一时没反应过来，感动的同时也有点懵：“不用了，没那么严重……”

张老看了我一眼没好气地说道：“我不知道金东把家里的药放哪儿了，医院里有止腹泻的消炎药，去了给你找着你吃上，先把身体照顾好了，我才好放心和你讲这次博览会上的事情嘛。”

我汗颜，原来张老是担心我这带病之身不能顺利完成今天的访谈啊。

二、从展会上走出去

随张老来到医院，张金东和妻子马莉正在忙着看病治疗，无暇顾及我们，张老就引我到药房，找了治疗腹泻的消炎药给我，看到我咽下药片他才再次展露笑颜，当然也不忘记顺便“教育”我一番。

老实说，这样的场景如果发生在一年前，我是无论如何也无法想象的。想起刚开始和张老建立联系的时候，彼此之间客气而生疏，防范和警觉意识都非常强，真实表现了孙教授的话：“两个陌生的个体，在彼此接触的时候都会从自己的立场出发去思考对方，这些思考中不排除‘试探’‘猜测’‘怀疑’。随着时间的推移，双方的思考都会达到一个平衡点，在这个过程中，双方从‘他’的立场思考的次数都会逐渐增加，这时就表明初步的信任已经被建立。”而现在，不论是和张老本人，还是和他的家人，我们都可以抛开年龄、职业上的差异，真心实意地为对方着想。

就在我思想开小差的这段时间里，张老已经将提前准备好的图文资料取了出来。

“这次博览会上我们派出了医院的几个主治医师，现场为来参观的（群众）解说和诊治，吸引了不少人的注意，好多外国的领导和嘉宾也来我们展位上观摩了解回医正骨。”老先生翻着资料，喜滋滋地说道。

2015 年 9 月 10 日上午，中国—阿拉伯国家博览会在宁夏如期开幕。宁夏位于古代丝绸之路上，境内的回族同胞与阿拉伯地区的大部分人民一样信奉伊斯兰教，自举办过首届中阿博览会后，占据着“天时地利人和”的宁夏，成为了中阿博览会的永久举办地。

张老说这次的中阿健康产业博览会虽然时间不长，只有 9 月 10 号到 12 号 3 天时间，但是规模很大。举办方除了组织中阿医药企业举办医药产品展会，还组织了国内及阿盟各国医药产业界企业家交流洽谈。

“政府给提供了一个特别好的平台。”想起展会上热闹非凡的场面，张老不无感慨地说道，“我们医院参加展会是有特色和优势的。首先我们是区上卫生厅批准成立的一所二级民营非营利性民族医（回医）骨伤专科医院，有专业的医疗队伍可以在展会现场为前来参观了解我们的人答疑解惑；二一个（第二），咱还是国家级非物质文化遗产传承保护基地，对于那些不了解回医、平常觉得‘看骨头么，哪里不能给看’的人来说，他都会被‘非遗’所吸引，想过来看看。不管他是带着怀疑的态度，还是好奇、无所谓的态度，只要过来现场参观感受一下，就有想进一步了解我们（回医正骨）的可能。你说对吧？”

张老想尽一切可能推广宣传回医正骨的心情，我是可以理解的。传统文化发展到今天，面临着来自各方的压力和冲击，生存艰难，以至于很多极具特色的项目不得不被国家保护起来才能生存下来。文化是需要人来传承的，目前几乎所有登记在册的国家级非物质文化遗产都采取家族传承的方式，传承人的存在只能保证“不断流”，想要“老树发新芽”，除了有家族成员的支持外，还需要来自他处的新鲜血液。这需要传承者们想方设法去取得来自现代社会的认可。

在澳洲的时候，我观看过一场由一群在城市里生活的年轻人表演的澳洲土著舞。他们赤裸着上身，腰上围着树叶和稻草扎成的“短裙”，用泥巴在脸颊和身体上描绘出特定的图案，在骨头敲击的节奏中跳着形象生动的“动物舞”。他们说自己是澳洲土著文化的爱好者，因为深深地热爱这种文化，所以学习专门的培训课程去表演，好让这种“动物舞”被保留下来。这种纯粹因为喜爱而去学习的情况，在中国传统文化的传承中也存在，但是并不多见。

经济快速发展的今天，人们习惯了快速、向“钱”看的生活工作方式，而传统文化往往是学习时间长，见效缓慢。巨大的时间精力投入未必能带来可观的收入，这让不少人在现实的面前不得不选择忽视它——吃不饱肚子的时候谁还会有心思关注别的？

“早早地我们就开始关注中阿博览会了。以前的几届展会也想争取过参会机会，但是当时都是食品、工业产业展会，没他们医疗方面什么事儿。这次听说要开健康产业博览会，一直在关注着，所以在正式消息出来前就准备了大量的申请资料。”张老关注中阿博览会不是一天两天了，他一直期待能参加这个面向阿拉伯国家的盛会。

“机会要自己去争取，社会在不断进步，每天都有大量的新事物诞生，以前说‘酒香不怕巷子深’，但是现在‘香酒’

太多了，群众的口味也是各种各样的，你的这款酒香未必就是大家喜欢的酒香。所以我们虽然有传统手艺在，面对竞争激烈的市场，如果不主动去推广宣传自己，不会有人注意到你的。而且我们在宣传的方法上是有区分的。对病人，我们的重点是给他（她）讲手法正骨可以'不开刀、不打石膏，不用金属物穿刺牵引，不伤元气，使骨折患者免受手术治疗之苦'，还有同样的病情，我们这边治疗下来的医疗费用要比西医低很多，这些一般是病人关心的内容；对有可能成为我们回医正骨医疗队伍一员的人，我就给他们讲目前医院的发展现状、医院员工收入情况和福利待遇，让他们知道学习回医一样会有满意的收入。"话锋一转，张老和我分享起他的宣传策略。

环视医院里往来的病人和穿梭忙碌的医务人员，我在心里默默地赞叹道：老先生对人对病都是对症下药啊！

"那么在这次的展会上，您有没有做什么非常有针对性的安排？"面对中阿展会这么好的一个平台，我相信张老一定会精心准备一番。

张老闻言眯眼一笑，一副"我就知道你会这么问"的表情。"不瞒你说，为了展区的布置我们专门开了几次讨论会，确定了在这个布置上面除了有回医特色，还要有民族风情；再就是展会的展示内容也做了专门的安排。你不能说参加展会呢，就立上几个展板展架让参观者来了自己看，对吧？但是呢，干干的讲解又缺乏吸引力。这方面年轻人脑子活，我们就集思广益，让大家各抒己见一起想办法。把大家的想法收集起来后整理完又讨论了几次，最终定下了现场诊治、系列回药展示、诊疗器具展示这么几个展示环节。到展会真正开始的那天，还专门请了英语、阿拉伯语翻译来帮忙。所有这些展示环节和宣传形式，配合上我们这个展区独特的回医药特色、浓郁的回族服饰及各类宣传画册和展板展架，详细地向来参观的嘉宾介绍了我们张氏回医正骨疗法的传承历史、技术特色、系列回药制剂及发展成就等。”

“我们这次可是给宁夏展团以及宣传宁夏回医药增光添彩了！”看着这些照片，张老喜笑颜开。

科摩罗联盟副总统兼卫生部部长福阿德·穆哈吉参观

黎巴嫩的嘉宾观摩展厅

在张老提供的现场照片中，我看到了 10 多位来自不同伊斯兰国家的代表。每张照片下还被细心地标注出外宾和陪同人员的信息，诸如“科摩罗联盟副总统兼卫生部部长福阿德·穆哈吉等嘉宾在宁夏回族自治区副主席马力，自治区卫生计生委主任、党组书记黄占华等领导的陪同下，莅临宁夏张氏回医

埃及、阿曼等国家领导及嘉宾参观

约旦、吉布提等阿拉伯国家领导参观

正骨医院展厅调研指导”“来自黎巴嫩的穆斯林嘉宾观摩张氏回医正骨医院展厅，了解张氏回医正骨特色回药制剂及诊疗技术”等。

我草草地记录了几个照片上标注的国家名称，准备后期整理材料时用“XX 国及 XX 国等”一笔带过，谁知张老竟看出了我的意图，他十分认真地说：“这些伊斯兰国家的外宾来我们展区参观了解，对我们是很有力的鼓舞和支持。我看你就记了几个个国家名，这不行，一定要都记下！”

面对张老如此严肃认真的面孔，我也觉得刚才那样有些不妥，遂对照着照片下的备注将各个参观嘉宾的国家一一抄写在笔记本上：沙特、阿联酋、马来西亚、科摩罗联盟、埃及、阿曼、约旦、黎巴嫩、伊拉克、吉布提……10 个国家，几乎所有参加此次中阿博览会的国家代表都在其中。

“这么多啊……”我觉得有些不可思议，甚至怀疑信息的真实性，可是摆在桌面上的照片又实实在在地告诉我张氏回医确实有如此大的吸引力。

就在我因这数量众多的来访外宾而暗自惊讶的时候，张老又爆出一个更劲爆的消息。“嘿嘿，怎么样，很有成就感吧！我那几天听金东给我讲展会上的情况的时候，也是惊喜得很。但是还有更惊喜的呢——埃及、阿曼这两个国家的卫生部部长希望和我们医院开展技术合作，能够在阿曼、埃及开办回医骨伤医院！”

抛出这颗重磅炸弹后，不待我做出反应，张老就自顾道：“说起来办展会的那几天，几个孩子是累坏了，尤其是金东，从头到尾，方方面面他都要考虑到、照顾上。我就第一天上午去了现场，看看进行得顺利不？后面几天全是金东在现场待着，所以来的外宾全都是他接待的，也是他和人家沟通后，让别对我们张氏回医正骨疗法产生了浓厚的兴趣。这还没完呢，你看看这张照片——”张老兴奋地搓搓手，从照片堆中翻翻找找，翻出了一张在展会以外拍摄的照片。“这个是展会结束后拍的。日期是……哦，这里写着呢，你看‘9 月 17 日下午，埃及伊马德医生等一行专家莅临我院进行参观视察’。”

指着照片中间穿着黑色西装的大胡子先生，他笑呵呵地继续道：“这个伊马德医生在了解了我们的医疗技术后，就表示说希望和我们有进一步的合作，他们准备近期委派十余名骨伤科医生到我们医院进修学习，还邀请金东带队到埃及进行考察与合作建院。这个消息让我们全院上下很受鼓舞啊，大家都希望通过我们的努力，能把回医正骨传播到国外去。”

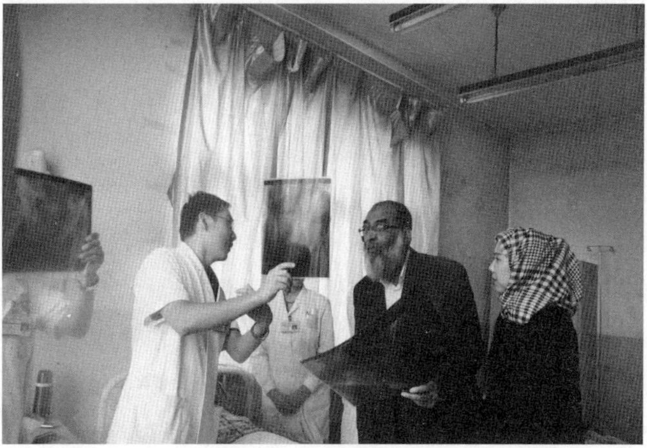

张金东在病房为埃及伊马德医生等人员讲解
张氏回医正骨特色疗法

若能和对方合作在埃及建一个分院，那张氏回医不仅在国内民族医界、中医界，就是国内整个医学界都要出名了！

“牛！合作成了的话就是‘张氏国际回医正骨医院’啦！”我竖起大拇指，打心底为张老高兴。闻言，张老也开心地哈哈大笑。

我们继续聊着，不知不觉间过去了几个小时，太阳西斜，落日的余晖柔和地散落在地板上。张金东忙完工作回来时，我们还手持照片聊着展会上的种种。他脱下白大褂，洗净手喝了一口水后就加入我们的聊天队伍中，作为全程参与展会的负责人，张金东对展会上的事情知道得更加清楚细致，就连张老刚才讲的事情大部分也是金东讲给他的。

两个月没见，张金东晒黑了不少，人也更加精瘦了，但是精神一如既往地好。说起前段时间的展会，张金东比父亲更激动："这次展会收获特别大，通过和中阿友人的实地交流，我们在医院的宣传推广上取得了非常好的效果，让越来越多的人认识到张氏回医正骨医院将成为中国回医药事业中最具有'四专'与'五特'办院体系的回医医院，这在以后的中阿医疗合作中意义非凡，甚至会在中阿医疗合作中成为最具实效力、影响力和引动力的中阿友谊医院!"

一席话，让闻者热血沸腾。

如果真的能在国内、国外成立中阿友谊医院，不仅对回医发展会产生巨大影响，对宁夏回族自治区本身的发展也会起到很好的促进作用。记得一位好友和我说过他在外地求学时遇到的尴尬事儿：大学刚入学时开班级会，班主任让大家逐一介绍自己，当朋友说到他来自宁夏时，台下有人好奇地嚷嚷宁夏是甘肃的一个市吗？大不大啊？……类似的尴尬事情时有发生。由于地处西北内陆地区，加上土地面积小、经济发展水平一般，很多东南沿海地区的人在听到"宁夏"二字时会以为是西北某个省份中的城市名。于是，对曾经遇到过这类尴尬事儿的我们来说，任何能够正面提升自治区知名度的事儿都会让我们激动和兴奋。

平复了一下激动的心情，我想起了刚才张金东话中的两个简称，“这‘四专’和‘五特’分别是指哪些呢?”虽然经过前些日子的接触对张氏了解颇多，但这具体的“四专”与“五特”是什么，还真的不清楚。

张金东笑了笑，找出展会上发放的宣传材料给我，上面写着“……本院具有专家、专室、专治、专药，以及特色技术、特别疗法、特殊回药、特优服务、特惠费用的办院体系……”

“对了，我这儿还存了一个视频，是宁夏电视台在中阿博览会期间的新闻。展会那几天每天都有电视台的记者来拍摄，尤其是第一天的时候，由于有不少阿拉伯国家的外宾来我们医院的展位参观，摄影师和记者在我这边拍摄了不少的（镜头）。这条新闻播出后我的朋友都给我发信息祝贺我，说我们上新闻了!”说着，他打开电脑，调出了专门保存的视频材料。

在这段视频中，宁夏电视台的主持人介绍了此次参展的企业和机构，全是来自全国医药卫生领域的各个知名企业。展会现场更是热闹非凡，偌大的会展中心里满满当当，各个展位前都聚集了大量的参观者。虽然不在现场，单看着这段视频就可以感受到当时人头攒动的热闹景象。配合着旁白“各国将以中阿博览会为纽带，弘扬丝路精神，加强中阿医疗合作，推动卫生事业发展，为各国人民的健康事业做出贡献”，镜头有序地移动着。这条新闻总长不过 3 分钟，大部分展位都是一晃而过，唯独给张氏回医正骨医院来了个 10 多秒的特写。在长达 10 多秒的特写镜头中，有外宾、领导来参观的，还有张金东为患者现场诊治的镜头。

“这些资料，您能给我邮箱发一份吗?”还没看完视频，我就迫不及待翻找 U 盘，要将其他有关展会的资料一并拷贝一份，可是翻遍所有口袋，都没有找到 U 盘，这才猛然想起临出门时换了个包，U 盘落在家里了。不得已，只能拜托张金东将这些信息发给我。

张金东爽朗道："那我晚上回去发，家里电脑上还有一些，我回去整理一下打个包发给您！"

解决了这个小问题后，我们又继续聊了起来。根据我以往去博览会参观的经验，参展团体都会多多少少的以成本价售出一些产品以吸引参观者，可是这个健康产业博览会上能出售什么呢？医疗设备、医疗技术、药品？我将疑问告知了张宝玉父子，希望两位能帮助我解答疑惑。

父子俩听到我的问题后释然一笑，在父亲的示意下，张金东谈起了他对这次博览会的感受："你说的销售情况在食品商品展览会上很常见，对于这次的健康产业博览会，我觉得它更像是一次政府为大家提供的交流合作平台。大家把各自的技术、优势、特长都拿出来摆在桌面上，在查看别人的同时，自己也在被查看。最重要的是，在展会这样的环境下，为了能吸引更多的人关注自己，参展的各方都拿出了压箱底的本事，所以我们在选择合作交流伙伴的时候，能够一下子就找到我们想找的，这大大提高了合作的成功率。"

顿了顿，他又说道："还有就是，这次展会不仅是参展者的盛宴，还给群众提供了很多的优惠和福利。比如说我们医院，这次就免费为上百名患者义诊，光这个减免的医药费用就高达 5 万余元！除了提供相关骨伤科疾病的诊治及咨询解答外，还为患者进行了传统的回医拔罐放血疗法，这些都是我们免费提供给现场患者的。3 天时间，别的我不敢说，但凡接受了我们义诊的患者，他都会对张氏回医有一个全新的认识，而且这种亲身体验比广告能造成更好的宣传效果。有些银川周边的患者，在听说我们有现场义诊活动后，还专程来展会现场接受义诊呢！”

义诊啊！居然没赶上啊！我维持着表面上的平静，心里却惋惜地呐喊着。

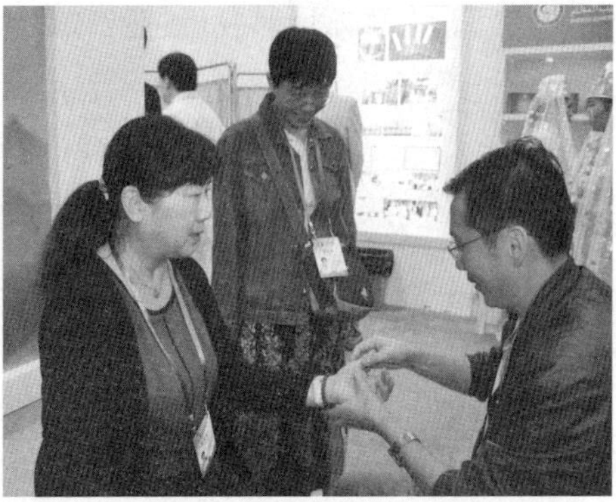
张金东为刘女士诊治疾病

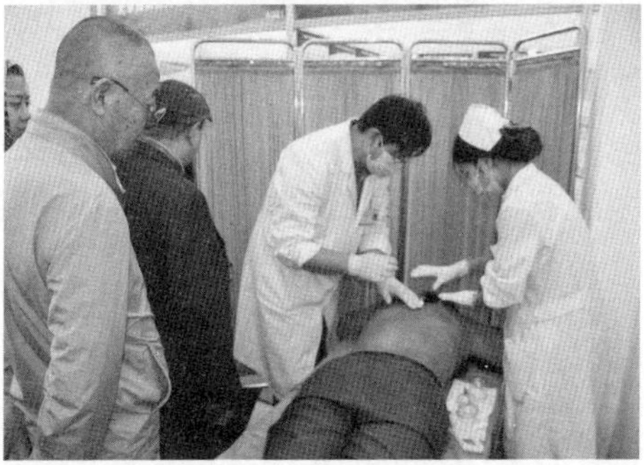
针灸科朱主任现场为患者做回医拔罐放血疗法

在接触张宝玉父子之前，我对于骨伤疾病的认知非常有限。在我看来只有严重到需要打针、开刀、打石膏的骨病才能称为骨伤，而像崴脚、扭伤等自己在家养两天也能痊愈的就不算是骨伤了。直到有一次和张老去患者家回访时，我才发现以前的认知太狭隘了。

那次去回访的时候还是夏天，进门后屋子主人就热情地邀请我们坐下喝茶。可能是室内外温差较大，也可能是我膝盖弯曲得太快，总之当我坐下时膝关节那里发出了轻微的“咯咯”声。声音微不可察，加上之前经常发生，我并没有在意，而一旁的张老却瞬间看向我的左膝，问道：“你这膝盖经常响吗？就像这么屈膝的时候？”

“好像是吧，不疼不痒的，我就没在意过。”我点点头，有些漫不经心地答道。

张老又看了我的左膝两眼，搭手轻轻地在膝关节附近按了按，然后非常严肃地对我说道："你这个里面有积液啊，应该是以前过度磨损过，趁着年轻要注意保养治疗呢，不然过几年就有你受得了。"随后张老告诉我，好多人年轻的时候不注意骨头上的小问题，到稍微上了年龄的时候，接踵而来的骨质增生、骨刺、关节炎等一系列问题会让人疼得下不了地。现在好多家庭都定期进行身体检查，以预防和发现身体存在的问题，器官上出现的问题无论大小大家都会重视，但是没有几个人会在意骨头上的小问题，直到真正疼起来的时候才会去关注它。

至此我才意识到了问题的严重性，幸好张老帮我发现了膝盖关节上的问题，不然任由其发展下去，也许哪天我就会成为张老口中那个"疼得下不了地"的典型了！

那次回来后我查阅了不少书籍资料，发现骨伤疾病的涵盖范围非常广，往往一些非外力造成的骨伤疾病都是由于日常生活中的不注意而导致的，真是应了那句话"提前预防，小病不小视"。

一想到展会上接受了义诊的人们，不仅能发现和预防疾病，还能得到一次免费治疗，真是羡慕他们！

和张老聊天总是轻松而又充满知识的，不论是医学专业方面的知识，还是自己的人生经历，他都会向你娓娓道来。离开医院的时候，已经是下午6点多了，街上满是工作了一天正在回家的人们。张老父子欲留我和他们家人一起用晚餐，好久没见，我也想与张老多聊聊，可一想到不消停的肠胃，只得拒绝了张老的好意。临出门时，张老还特意叮嘱我回去一定记得吃药，不能硬扛。看着这位慈祥和蔼的老先生，我心里满满的感动。十余个月的接触中，张老对身边的每一个人都付出着长辈般的关爱，这种温暖的生活态度，让这个小人物活出了不一样的大精彩。

结束语

在开始田野调查之前，根据调查对象的实际情况，笔者曾做出过多种假设，诸如：研究对象在日常生活中如何处理工作与家庭间的平衡关系；作为一个回医，他所处的回医群体目前的生存现状，以及如何处理在社会发展中西医文化与中医文化二者之前的碰撞；在面对社会热点问题“医患问题”上，回医是如何处理医患关系的；如何通过现有的社会资源，来延续和发展非物质文化遗产……随着田野调查的进行，这些问题逐一得到了解答，不仅如此，还有一些意外的收获。

第一节　对其他“非遗”项目保护与发展的启示

以往对于“非遗”项目保护与发展的建议都是站在政府或社会层面视角展开的，但就“非遗”项目本身而言，外界的支持与帮助只能起到一定的保护作用，真正的发展取决于传承人本身对“非遗”项目的定位和认识。尤其在经济快速发展的今天，取得市场的认可就等于取得了一定的生存空间。张氏回医正骨在稳定建设传承人队伍的基础上不断向外扩展和发展，相比较其他非物质文化遗产在被社会各界呵护照顾下勉强维系的情况而言，张氏回医正骨的良好发展现状可以为其他非遗项目提供学习和借鉴的经验。

对于各个非物质文化遗产的传承人来说，他们面临的最大难题来源于两个方面：资金支持和传承队伍的建设。资金可以用于筹建传承工作室，为传承人提供良好的学习环境，解决在“非遗”项目发展中遇到的各类资金问题；传承队伍的建设决定了该项目未来的发展前景。在这两个方面，张老和他的回医团队通过多年实践，摸索出一套有利于自身良好持续发展的办法。根据田野调查中取得的资料，以及笔者自己的观察，现做出如下总结：

1. 积极申请政府支持

为了能更加全面、及时地保护非物质文化遗产，我国政府按照国家、省、市、县四级划分，分别设立了专门的工作队伍，并有专项资金用于保护和支持非物质遗产项目的发展。

调查中我发现张老和其子女积极申请各类专项课题，目前承担的项目有国家公共卫生资金专项（民族医药适宜技术推广项目）、自治区科技重大专项、自治区科技惠民计划等多项科研课题。通过申请课题，不仅能获得专项支持，还能申请大量资金用于技术研究，从一定程度上缓解了经费短缺的问题，为传承创新奠定了坚实的基础。因此，各非物质文化遗产项目传承人应积极关注各类专项课题的发布情况，主动申请课题及研究资金。

2. 努力发掘自身优势，取得消费者和市场的认可

事物存在的价值一般要通过它的社会贡献来表现，非物质文化遗产也不例外。在国家的专项政策保护下，一些非物质文化遗产项目虽然能够得以保存，但如果不能通过市场化来体现

它的社会价值，是很难有进一步发展的。来自外界的保护终究不能取代内部的发展动力，因此，如何有效地发掘自身优势，并将其与市场化相结合，是每一个非物质文化遗产项目取得市场认可的重要因素之一。

在面对激烈的市场竞争时，张家人能够清楚地认识到自身优势，扬长避短、趋利避害，不断挖掘研究回医药诊疗技术，突出回医药诊疗特色，有选择、有针对性地展开宣传推广工作。例如，西医在进行粉碎性骨折时至少需要经历金属物穿刺固定、摘取固定物等两次手术，这样做的好处是可以直观地对伤患处治疗处理，但也存在手术费用高、术后恢复困难等诸多问题；而张氏在骨伤治疗上主推“不开刀、不打石膏、不用内外金属物穿刺固定，采用手法复位结合小夹板外固定，配合骨伤回药膏外敷”的治疗手法，这与西医的治疗方法大相径庭，患者不仅可以免除手术痛苦，还能节省一大部分医疗费用。其堪称“无痛苦的骨折治疗术”，为群众提供简便廉价的回族医药服务，吸引了大批患者前来就诊。

3. 合纵连横，扩大知名度

尽管在骨伤治疗上张氏明显优于西医，但这并不妨碍两者相互学习、取长补短。2010 年，“张氏回医正骨技术”被国家中医药管理局确定为国家公共卫生资金民族医适宜技术推广项目，确定在全区范围内推广应用。为了让更多的医生和患者接触了解回医正骨的独到之处，张氏针对其 4 个优势病种的诊疗规范及临床路径，制定 4 项特色技术推广规范及操作文本，制作培训教材和手册，分别于 2011 年 6 月和 12 月在银川市举办了两期“全区回族医药张氏回医正骨适宜技术推广应用培训班”，对来自全区 28 家各级医院的 160 多名临床技术骨干进行专项培训。

在与区内的西医医院友好往来的同时，张宝玉还定期参加国内其他民族医药类非物质文化遗产项目保护论坛，与参会的其他民族医传承人交流学习，讨论在医疗方面的新发现和新问题；国际方面则与马来西亚、埃及等国的卫生部门联系，相互派医疗卫生代表团考察学习。

4. 内外兼顾，技艺文化共同发展

在自身技艺和文化发展方面，张氏回医正骨经过四代人150余年的不断实践与完善，已经自成一脉，建立了张氏回医正骨流派。然而建立流派并不是仅仅有过硬的技术就可以完成的，除此之外，还要有所在学科的理论支撑。其所依托的回族医学起源于唐宋时期，相关的医学典籍有《海药本草》（已失传，其他医学文献中散见）、《回回药方》等，在漫长的历史进程中，很多典籍已经失传或损毁。为了能重新建构回族医学的理论，张老及其子女、区内回医工作者等联合国内其他回族医学者、研究人员共同搜集整理医药典籍，从历史文献中查证信息，结合伊斯兰教思想，整理出一套较为完整全面的回族医学理论：回族医学是以人天混同与有机整体思想为主导；以元气一无论与阴阳七行说为基础；以动态和谐与过程论的观念，探索人的生命活动中身体和心性健康的整体规律，以其与疾病失序的关系；以辨质为主，结合辨证、辨病、辨经，论证养生、预防、治疗、康复为特点的一门综合性实用学科。

另一方面，张氏传承人加强对医院医护人员的技术培训工作，发展医院文化、培养医护人员的职业自豪感和荣誉感，帮助员工规划职业生涯，提高医护人员工作待遇，使员工看到回医未来的良好发展前景。医院还定期举办护理技能大赛、“医师节”活动等，增强成员凝聚力，这从一定程度上减少了医护人员因缺乏积极性而跳槽的可能性，稳定了张氏传承人队伍。

5. 主动出击，加大宣传力度

在为期 10 个月的田野调查中，张氏回医正骨共举办及参加各类公益活动 10 余次。其中参加吴忠市政府举办的“非物质文化遗产公益活动”5 次，每次活动时间为一天，主要为前来参观的群众讲解非物质文化遗产文化，为患者提供义诊帮助。2015 年 9 月，作为宁夏医疗机构成员参加中国—阿拉伯健康产业博览会，接待了 10 个来自伊斯兰国家的参展嘉宾及领导，在展会上为上百名患者义诊，减免医药费 5 万余元。2010 年，青海玉树地震时，张宝玉还带领医院的医护人员主动参与到当地的医疗救助工作中。对张氏回医正骨的传承人而言，参与这些活动时他遵从医者本心，所想的只有如何能更好地为患者提供帮助。

在笔者展开田野调查之前，张氏回医正骨还多次在国际舞台上展示回族医学文化——先后参加了 2008 年北京奥运会与 2010 年上海世博会宁夏宣传周，通过与区内其他非物质文化遗产项目一起，用独特的回医技艺为世界各地游客展示精湛技艺，让世界友人感受回族医学的独特魅力，得到了国内外友人的高度关注。

第二节 “他者”的心路历程

对我来说，这次研究的整个田野调查过程，更像是一次成长的旅程。在这个旅程中，我要跨越年龄及职业上的巨大鸿沟，以“走进张宝玉的生活”为目标，去了解他、观察他，进而研究他。这对我来说是一次巨大的挑战。

庆幸的是，曾经以为最难解决的问题——年龄差距，并没有成为阻碍我前进的困难。虽然年近 70，但张老对生活的热情和饱满的精神态度，以及他对新生事物保持好奇的求知欲，让我们很快就打开了话匣子。

于是，我顺利地开始了这次成长的旅程。沿途中看到了回族医学之花，听到了医患发自心底的笑声，感受到了张家儿女团结共进的力量。这一路上，我也发现了很多不为人知的事情，泪水、汗水、矛盾、算计、无奈……我听着他的故事，感受着他生活中的酸甜苦辣，喜怒哀乐。短短十几个月，我由一个“我”变成了两个“我”：作为民族学研究者的“我”，和作为了解并热爱回族医学的“我”。

当我走到曾经以为是终点的目的地时，却发现自己站在了通往“回族医学传承人”的入口处，眺望远方，是那千千万万为民族医学传承付出过努力的人们。

“你们即将走进他（她）们的生命，他（她）们也将走进你们的生命，你们必定结成别样的‘生命伴侣’！你不仅是研究者，还是一位交心人！接受这种洗礼，重新体验生命的意义！”

我，做到了。

参考文献

[1]宋岘. 古代波斯医学与中国. 经济日报出版社,2001.

[2]单于德,马成义,陈卫川等. 中国回族医药——国家中药管理局民族医学文献整理丛书. 宁夏人民出版社,2005.

[3]杨启辰,杨华. 中国穆斯林的礼仪礼俗文化. 宁夏人民出版社,1999.

[4]王代舆. 正教真诠·清真大学·希真正答. 宁夏人民出版社,1999.

[5]〔美〕唐纳德·里奇. 大家来做口述历史. 当代中国出版社,2006.

[6]曾伟清,陈锋,魏华等. 当代中医正骨十二家简介. 西部中医药,2012.

[7] 王峰, 宋岘. 中国回族科学技术史. 宁夏人民出版社,2008.

[8]何星亮,郭宏珍. 略论人类学民族志方法的创新. 思想战线,2014.

[9]宋红娟.格尔茨从“记”到“写”的民族志实践. 中南民族大学学报(人文社会科学版),2014.

[10]康敏. 论民族志者在田野作业中的“自我”意识. 广西民族研究,2013.

[11]钱茂伟. 口述史实务流程相关问题思考. 学习与探索,2014.

[12]曹幸穗. 口述史的应用价值、工作规范及采访程序之讨论. 中国科技史料,2002.

[13]吕屏,王庆仁,彭家威. 非物质文化遗产保护语境下的文化传承研究综述. 贵州民族研究,2009.

[14]彭兆荣,谭红春. 民族志的“真实性”. 广西民族研究,2009.

[15]曹能秀,王凌. 论民族文化传承与教育的关系. 云南民族大学学报(哲学社会科学版),2009.

[16]陈庆德,郑宇. 民族志文本与“真实”叙事. 社会学研究,2006.

[17] 何晓丽. 文化传承的社会记忆探析. 河南师范大学,2013.

[18]窦红莉,牛阳,南一等. 回医典籍——《大拱北医术》之哲学思想浅析. 内蒙古中医药,2012.

[19] 苏凤娟. 张氏接骨续筋回药膏临床应用案例. 医学信息,2015.

[20]张宝玉,张金东,张金海等. “张氏回医正骨疗法”的特色与保护方式. 首届回医药学术交流大会(2013·北京)论文集,2013.

[21]张金东,张金海,张金垒等. 张宝玉学术思想及诊治特色总结与研究. 第三届全国回医药学术论坛暨中国民族医药学会回医药分会成立大会论文集,2013.